LA RÉVOLUTION ASEXUELLE

Jean-Philippe de Tonnac

LA RÉVOLUTION ASEXUELLE

Ne pas faire l'amour

Albin Michel

Pour Laurence en qui se rencontrent
et s'aiment le ciel et la terre.

« D'un costé nature nous y pousse, ayant attaché à ce desir, la plus noble, utile, et plaisante de toutes ses functions : et la nous laisse d'autre part accuser et fuyr, comme insolente et deshonneste, en rougir et recommander l'abstinence. Sommes nous pas bien bruttes, de nommer brutale l'operation qui nous faict ? »

Montaigne, *Essais,*
livre III, 5, « Sur des vers de Virgile ».

Introduction

Le désir et l'obstacle

> « Je lui ai dit que j'étais une vierge inorgasmique. »
>
> Hanif Kureishi, *Le Corps* et sept nouvelles.

À l'origine de cette enquête, il y a, je le confesse, un sentiment de lassitude devant cette société pornographique. Le mot « confesse » n'est sans doute pas des plus heureux ici, mais il est temps pourtant de passer aux aveux. Un sentiment de lassitude, voire d'écœurement devant la manière dont cette société parle de la sexualité, la montre, avec un acharnement qui nous fait douter de ses bonnes intentions. Ne dit-on pas que ceux qui en parlent beaucoup le font peu ? Il y aurait bien des questions à se poser à partir de cette singulière et monomaniaque obsession, n'est-ce pas ? Par exemple, pourquoi, si nous nous sommes libérés des morales héritées des anciens régimes qui emmaillotaient nos plaisirs, pourquoi, si nous sommes libres d'aimer qui nous voulons, quand nous voulons et comme nous le voulons, sommes-nous encore si préoccupés de sexe et si éloignés du corps des autres ? Si nous étions malheureux de ne pas pouvoir faire l'amour librement et si nous sommes désormais libres de le faire à discrétion, pourquoi la presse stigmatise-t-elle de manière récurrente notre misère sexuelle ?

Dans ces prémices, je voudrais solidement arrimer trois propositions l'une à l'autre avant d'aller plus avant. Si le sexe reste, en dépit des guerres menées contre les pudibonderies de naguère, notre sujet de conversation favori, c'est sans doute que nous le faisons peu ou bien que nous faisons semblant de le faire. Sinon, pourquoi en parlerions-nous ? Ou bien alors, nous le faisons par procuration. Ce sont ceux qui se trémoussent sur nos écrans, qui gémissent en disant « Aaaah ! » ou « Encore ! Encore ! », qui le font à notre place. Pourquoi ? Parce que, rendu libre, accessible, débarrassé de ses voiles et tabous, le sexe ne nous intéresse plus autant. Pas de la même façon. Peut-être sommes-nous en petite forme. Nous avons des soucis. Nous sommes stressés. Nous manquons de temps pour parcourir toute l'étendue de la carte du Tendre. Nous avons peur les uns des autres. Et, dans ces conditions, il nous est plus facile de le dire que de le faire.

La seconde remarque est que nos sociétés du spectacle privilégient nécessairement les images crues, hautes en relief, et que lorsqu'elles parlent de la sexualité, c'est-à-dire sans aucun répit, elles préfèrent montrer l'acrobatie, la performance, le rendement, la transgression, le scandale. Compte tenu que tout a déjà été montré, et sous toutes les coutures possibles, il faut saluer le génie inventif des marchands de rêves obscènes qui savent nous tenir en haleine. Dans un monde où le spectacle est le mot d'ordre, le spectacle du sexe et de tout, rien d'étonnant à ce que chacun cherche peu ou prou à évaluer ses aptitudes humaines à l'aune d'une pratique sexuelle appréciée en nombre de partenaires, de coïts, d'expériences transgressives. Pas de citoyen respectable sans un casier sexuel bien rempli et une faim affichée. Mais puisque, par un hasard malheureux, nous nous retrouvons avec la libido dans les talons, au moment précisément où nous aurions pu en profiter, nous voilà condamnés à surjouer et à faire semblant. Les hommes accusaient autrefois leur partenaire de simuler. Il semble que l'un des acquis de ces révolutions sexuelles tonitruantes soit d'avoir mis tout le monde d'accord : celui qui simule n'est pas celui qu'on croit.

De cet écart abyssal entre ce qui se montre et ce qui ne se fait pas ou peu, il est résulté un certain malaise dans la civilisation des plaisirs. Comment imaginer que la vision outrée, chirurgicale, pornographique enfin de cette *chose* qui n'existe presque plus dans nos sociétés postsexuelles, sinon à l'état de fossile, de sperme congelé, ait pu favoriser autre chose que des carrières en abstinence ? Et, en effet, l'injonction de jouir dont parlait si bien Jean-Claude Guillebaud dans *La Tyrannie du plaisir* [1], si pathétique à bien des égards, cette réduction odieuse de la sexualité à ses caricatures ont favorisé toutes sortes de réactions de suspicion, de méfiance, voire de dégoût, impropres évidemment à réveiller et à stimuler nos désirs. Et plus le discours sur le sexuellement correct se durcissait, se faisait arrogant, plus nos motivations déclinaient, plus nous étions contraints de nous protéger de cette charge d'obscénité. C'est probablement dans ce cercle plus vicieux que vertueux que s'origine la *réaction,* la volonté qui s'affiche aujourd'hui haut et fort de se démarquer du discours marchand qui travestit nos désirs en besoins et nos besoins en addictions.

Ma réaction intuitive fut de donner raison à ceux qui « défroquaient ». Pourquoi ne pas parler de « défroquer » ici, puisqu'il s'agit bien de quitter un ordre contraignant, un ordre qui édicte des normes, des normes qui exigent de nous que nous pensions d'une certaine façon et que nous agissions en conséquence ? Comment une société qui répète à l'envi que chacun doit tricoter sa vision du monde, engendrer seul sa loi, agir librement, peut-elle se mêler de nos sexualités, précisément de ce qui ne la regarde pas et, de surcroît, de façon aussi normative ? Avons-nous donc souscrit sans combattre à cet impératif de jouir, avons-nous alors perdu toute aptitude à revenir à nous-mêmes, à nos propres désirs, avons-nous fait la preuve définitive que nous étions les proies faciles de la réclame ? Mais non. NON. Si le sexuellement correct prescrit le grand jouir comme condition du bonheur sur terre, il fallait bien imaginer qu'un mouvement de dissidence d'une très grande ampleur finirait par se mobiliser, par se séparer du troupeau, emportant peut-être avec lui quelque chose d'une contre-expérience ou d'une non-expérience de la sexualité, qui nous permettrait de tempérer la hideuse caricature ambiante. Et c'est ce qui est arrivé.

En quelques décennies, quarante années à peine après ces grandes vagues de subversion carabinée qui ont déferlé sur l'Occident, les positions se sont raidies. Les Églises, traditionnellement réservées sur l'intérêt de la *chose*, ont rappelé leurs ouailles à davantage de modération. Le désir ne mérite pas d'être galvaudé avec le premier venu. Les mots d'ordre partout ont fleuri qui réclament l'engagement ou la jachère. Sur le site True Love Waits[2], par exemple : « Jusqu'à ton mariage, la pureté sexuelle signifie de renoncer aux relations sexuelles, au sexe oral, et même aux attouchements. Cela signifie dire non aux relations qui peuvent te faire basculer dans la sexualité. Cela veut dire ne pas regarder quelque chose de pornographique qui puisse amener des pensées sexuelles. » Sur le site www.air-islam.com/je_parle_a_toi : « S'il est interdit de coucher avant le mariage, il est aussi interdit d'embrasser, de caresser, de faire la bise et même d'être seul avec la personne du sexe opposé. » Plus loin : « Petit péché deviendra grand. » Péché ! On se croirait retombé en enfance, l'enfance de nos sociétés. Que nous dit-on ici ? Que la sexualité en elle-même n'est la preuve de rien. Elle n'est pas une fin en soi. Le moins qu'un homme ou qu'une femme souhaitant surmonter ses pulsions puisse faire, c'est bien de mettre la sexualité au service d'un idéal. L'exigence de tumescence, d'éjaculation, de frisson, d'orgasme, ne participe en aucune manière de la sanctification de l'humain. Il n'est donc pas si étonnant que quelques-uns aient décidé de s'abstenir : « Est-ce que le genre humain va disparaître parce qu'une dizaine ou une vingtaine d'hommes désirent ne plus vivre comme des porcs ? » demande Léon Tolstoï dans *La Sonate à Kreutzer*[3]. Probablement pas. Nous vautrer dans la fange ne nous grandit en rien.

La réaction était attendue et l'on n'en aurait pas fait une si grande affaire si les Églises ne s'étaient découvert des alliés inespérés. Des asexuels, tout d'abord, s'organisent en quatrième sexualité – celle qui ne se fait pas – et, sur la toile, prennent enfin la parole. « *Asexuals have other things in their minds* » (Les asexuels ont d'autres choses en tête), disent-ils. « *Asexuality : it's not just for amoebas any more* » (L'asexualité, ça ne concerne pas que les amibes), autant de slogans imprimés sur des tee-shirts et vendus (moins de vingt dollars) sur le site AVEN (Asexual Visibility and Education Network, c'est-à-dire Réseau pour l'éducation et la promotion de l'asexualité). Ensuite, des non-libidoïstes déclarent non seulement ne pas aimer le sexe, mais ne jamais avoir eu de pulsion sexuelle[4], ce qui les amène à se considérer comme plus asexuels que les premiers. « Peut-être que les gens sans libido ont plus de temps pour lire au lit », écrit Geraldin Levi Joosten-van Vilsteren, jeune artiste hollandaise, elle-même non libidoïste, auteur d'un livre manifeste sur le sujet, dont le site fait la promo[5]. Il y a un ensemble d'avantages à sortir du « devoir sexuel » : elle les énumère dans son ouvrage.

Toutes sortes de mises en garde viennent de là où on ne les attendait pas, de personnes sans foi et sans loi, pas sectaires non plus, profitant de leur notoriété pour rappeler tout le monde à un ordre qui n'est plus moral, ou puritain, mais qui se définit seulement comme anti-ordre. Un an-ordre. Dans cette mouvance où se côtoient des peu-sexuels venus d'horizons très divers, l'unanimité s'est faite autour des bienfaits de la diète, de la détente, de l'oasis réparatrices. Ils sont quelques-uns à prôner le renoncement définitif, à répéter comme Andy Warhol, prophète en son pays, que le sexe est *« the biggest nothing in all the times*[6] », ou bien comme Jenny Fields, la mère de Garp dans le roman de John Irving, que « le monde est malade de concupiscence ». Mais pour les autres, il ne s'agit que d'une pause et ils ne tarderont guère à retourner au turbin. Quel que soit l'avenir auquel cette parenthèse va les ouvrir, ils partagent cette liberté rare de s'affranchir du « bien-baisant », si l'on peut dire, et de faire l'apprentissage de leur vrai désir.

Des conversations que j'ai engagées avec eux, la sexualité est sortie à mes yeux réparée, grandie. La sexualité dont ils parlaient, bien que refusée, ou empêchée, sans doute sublimée, correspondait davantage à l'idée que chacun s'en fait : un implicite dont le centre est partout, la circonférence nulle part, et qui déborde toute tentative de l'assujettir à une norme, quelle qu'elle soit.

Lorsqu'on cherche par le réseau de ses amis, de ses connaissances, en demandant l'aide des médecins du sexe – gynécologue, andrologue, urologue, sexologue –, à pouvoir rencontrer des hommes ou des femmes asexuels, ou abstinents, ou chastes, ou vierges (en précisant bien chaque fois que l'abstinence peut être aussi bien voulue que subie), on finit par dégager des spécificités dans ce refus ou dans cette incapacité provisoire ou définitive de faire l'amour. Des tendances. Les témoignages recueillis au cours de plusieurs mois d'enquête ont ainsi été regroupés en sept problématiques, sept foyers du *peu de sexualité* où mes pas m'ont tout naturellement conduit :

1. D'abord, qui ne fait pas l'amour dans une société où il est conseillé de le faire ostensiblement ? Les gens seuls, les célibataires en exil du corps des autres, parfois du corps de l'humanité elle-même, qui crèvent d'être seuls, ne comprennent même pas que la solitude soit cette prison dans un temps où ils semblent disposer de toute sorte de moyens pour se trouver. Y mettent-ils un peu de mauvaise volonté ? Qu'est-ce qui cloche ?

2. Les célibataires se battent pour sortir de leur solitude, mais pas ceux que la *chose* dégoûte. Peut-être n'osent-ils pas se l'avouer, mais mille détails prouvent que si la mode n'était pas au *rentre-dedans*, ils demeureraient *en dehors*, bien à l'abri de ces affleurements ou effractions intimes. Comme le dit le sexologue Jacques Waynberg, le dégoût n'est jamais absent de l'acte de chair, mais dans les cas évoqués, il a fini par paralyser toute la dynamique d'aimer.

3. Ils sont partants, enfin, ils l'étaient, mais le désir manque tout d'un coup à l'appel, ou bien ses expressions en sont trop pâles, qui risquent de faire passer leurs assauts pour des enfantillages. C'est la panne et le recours à toute la gamme des produits sexoactifs que la pharmacologie met aujourd'hui sur le marché. Qui veut voyager loin, connaître de grands transports, ménage sa monture.

4. Le malheur, comme le répètent les sexologues, c'est bien qu'il faut être au moins deux pour faire l'amour. Or, par un caprice du sort, je suis dispo, partant, bandant, mais elle ne veut pas. Elle rejoue le coup de la migraine. Ou bien elle veut bien, mais il regarde la télé en buvant sa bière et en écoutant pousser son ventre. L'impossibilité est extérieure à moi, elle tient au peu de motivation de mon partenaire, à sa dérobade, ou bien au fait qu'il me met en quarantaine.

5. Viennent les champions de la chasteté. Ils ont choisi de ne pas le faire, parce que la chasteté est gravée par un Dieu peu porté sur la *chose* dans quelque marbre de la Loi. C'est un commandement dont ils ont compris qu'il ne fallait pas discuter. Le défi est immense, inhumain, comme de gravir un sommet enneigé les pieds nus, mais ils le tentent et, de cet effort prométhéen, ils tirent un orgueil souverain. Peut-être un plaisir.

6. Au pays des anges asexués, les eunuques sont rois. Ils ont échangé les attributs de l'amour contre une place au soleil, ou bien pour se débarrasser à jamais d'une sollicitation infâme. Ou encore pour chanter comme ces enfants adulés par les plus grands compositeurs de leur temps. Ils ont gardé de leurs blessures intimes des séquelles dans toute leur personne, mais par un retournement du sort,

c'est cette infirmité qui nourrit la passion que les femmes leur vouent et qui a fini par faire d'eux des amants très ingénieux.

7. Chez ceux-là, tout s'est arrêté. Chez ceux-ci, rien n'a jamais commencé. Le soleil ne s'est jamais levé ou le prince charmant ne s'est pas pointé, et tout est resté dans la douce torpeur d'une aube figée. La virginité n'est pas seulement relative ici à l'absence de vie sexuelle. Elle témoigne plutôt de ce que rien dans leur comportement, conscient ou inconscient, ne paraît refléter la moindre activité libidinale. Il faudrait parler d'hibernation si l'on pouvait dire à la fois les circonstances qui l'ont provoquée et ce qui s'est trouvé ainsi pétrifié. Mais leur asexualité ne semble connaître qu'une seule saison.

Ces différentes expressions du peu ou du pas de sexualité ont fait lever bien des interrogations. Quand un obstacle vient s'interposer entre le désir et l'objet qu'il voudrait embrasser, par où va le désir ? Par où ne va-t-il pas et plus ? Celui qui est privé de la relation en acte peut-il la rejouer quelque part dans ses rêves ? Le désir va-t-il emprunter d'autres voies pour réaliser autrement ce qui lui est refusé ? Le désir peut-il être totalement absent, comme le suggèrent certains ? Ce sont quelques-unes des questions que nous avons posées au psychanalyste Jacques Sédat.

Nous terminons cette enquête sur les peu-sexuels en nous tournant vers d'autres champions de la retenue. Que cherchent-ils, ces adeptes du *coïtus reservatus*, ces contempteurs des petites morts, ces dompteurs de désir ? Ils disent vouloir s'accoupler selon d'autres modalités, cultiver le désir pour le désir, aller le plus loin possible selon cette pente, mais sans mourir. Sans finir. Ils ont tiré des hautes sexualités, courtoise, tantrique, chinoise, l'enseignement que l'homme doit sacrifier son éjaculation pour que s'ouvrent aux deux amants les espaces célestes d'un grand jouir auquel ils voudraient ensemble accéder.

Dans ce livre qu'on va lire, les gens ne font pas l'amour. Par choix ou par contrainte. Ou alors très peu, et selon des modalités qui feraient regarder ce qu'ils font comme des récréations angéliques. En même temps, le désir accompagne leurs pensées, guide leurs pas, rythme la marche sourde de la vie en eux, bien que les voies du plaisir leur soient provisoirement ou définitivement fermées. Ils avaient mille raisons de souffler, de s'absenter de cette sollicitation surfaite. Ou bien mille empêchements, interdits, obstacles les retenaient, avec lesquels ils ont dû composer. Dans tous ces cas où la sexualité paraît refusée, ou impossible, la sexualité demeure. La seule qui nous intéresse ici, parce qu'elle excède les normes, les mesures, qu'elle n'est à proprement parler nulle part, définitivement irréductible à toute injonction et à toute manœuvre pour la circonscrire et la réduire. Ni nécessité, ni plaisir, ni orgasme, rien ne viendra faire ici loi. Dans la mesure où la sexualité aime à s'accoupler avec la liberté – moins décrétée qu'à conquérir par chacun de nous –, nous rendons ici hommage à ceux qui, à l'encontre de la société toujours pourvoyeuse de leçons et de devoirs, sont sortis de ce qu'on appelait le « devoir conjugal ».

1

La faim recommencée

Ceux qui cherchent le corps de l'autre

> « Les combats de gladiateurs supprimés, les chrétiens instituèrent la vie conjugale. »
>
> Guido Ceronetti, *Le Silence du corps.*

Un « totem ». C'est l'expression que le pasteur Antoine Nouis utilise dans une prédication [1]. Il écrit – et sans doute l'a-t-il dit un jour dans son temple : « La sexualité n'est plus un tabou, elle est devenue un totem. » Nous nous sommes rencontrés sur un plateau de télévision pour deviser sur la résurrection de ce malheureux Lazare. J'étais invité en tant que « témoin extérieur » dans cette émission où se rassemblent, le dimanche matin, les membres et sympathisants de l'Église réformée [2]. Antoine Nouis donnait la réplique au pasteur Vincent Esterman, homme de belle conviction, au verbe haut, puissant, solaire. On me demandait de trouver dans l'anorexie, à laquelle je venais de consacrer un essai [3], une manière de métaphore de la résurrection.

La fréquentation des ressuscités nous ayant rapprochés, je me suis permis d'engager, loin du plateau, une parole plus libre avec eux. Je leur parlai des « abstinences » à propos desquelles j'avais commencé à enquêter. Il y avait dans mon esprit une passerelle entre cette passion que nos sociétés manifestent pour les jeunes filles maigres et cette inquiétude qui montait autour de la sexualité. Je les invitai à l'emprunter.

Vincent Esterman me proposa tout de suite que nous nous rencontrions et d'Antoine Nouis, dès le lendemain, je reçus par mail ce texte où j'ai trouvé mon totem : « Pour dire l'amour, le grec a trois mots différents », écrivait-il, et je sentis qu'il allait m'aider à clarifier cette affaire d'aimer, de faire l'amour ou de ne rien faire du tout. Car ne plus rien faire du tout, l'avoir choisi ou en être empêché, se définit encore et toujours par rapport à ce qui est momentanément ou définitivement interdit. Trois mots, donc. « *Éros* veut dire désirer, aimer passionnément, c'est le sentiment, plus ou moins impétueux, qui me pousse vers l'autre pour franchir la séparation d'avec lui. C'est l'amour, parfois dominateur, qui peut dévorer son objet. Celui-là, notre société le connaît bien. Sa figure est celle de l'amant passionné. *Philia* évoque l'amitié. C'est l'amour qui accueille et qui rencontre le prochain avec bienveillance. Il évoque l'attention, la réciprocité, le partage. Sa figure est celle de l'ami. *Agapé* est l'amour du Christ dans la Bible, l'amour auquel nous sommes appelés, l'amour inconditionnel qui n'attend pas de réciprocité, même s'il la désire. » *Éros*, la passion dont je veux te dévorer. *Philia*, l'amitié que je ressens pour toi. *Agapé*, l'amour que je te voue et dont je n'attends rien en retour. Quelque chose comme cela.

Après quoi Antoine Nouis tentait des combinaisons : « Il y a la sexualité qui ne repose que sur l'*éros*. C'est la sexualité sur le registre de la consommation, de la satisfaction d'un besoin. Quand il n'y a que de l'*éros*, l'autre n'est pas un visage, il est réduit au plaisir qu'il nous procure. Il y a la sexualité qui englobe l'*éros* et la *philia*. Elle articule le désir et la nudité. Elle est un partage profond avec l'autre, la quête d'une intimité avec la totalité de sa personne, mais sans histoire, sans engagement, sans don. Enfin, il y a la sexualité qui joue sur les trois registres de l'*éros,* de la *philia* et de l'*agapé*. Elle ajoute au désir et à la nudité le fait de quitter son père et sa mère, c'est-à-dire l'inscription dans un projet, une histoire. Cette sexualité intègre toutes les dimensions du désir, du partage, de l'offrande, de l'engagement et de l'histoire. »

Je m'inquiétai aussitôt de savoir où, dans ce schéma, j'allais ranger ceux qui, pour des raisons qu'il leur appartiendrait de dire, ne pratiquaient pas. Ceux qui nouaient bien sûr une relation avec leur semblable, mais, à en croire ce pasteur, amputée de cette part qui fait qu'on entre ou qu'on n'entre pas dans la sexualité, c'est-à-dire l'*éros.* Étaient-ils tous des êtres qui vouaient au genre humain et à ses représentants une amitié voire un amour désintéressé, exempt de toute trace de désir ?

Chassés-croisés

Comment les exclus de l'amour – l'amour qui se fait – allaient-ils alors engager leur effort de réinsertion ? Car c'est bien de ceux-là que nous parlons ici et dans la mesure où, à les entendre, ils n'avaient de cesse de vouloir le faire, comme tous les autres, si tant est que tous les autres le faisaient sans aucun empêchement, à volonté. Ce qui n'était peut-être pas assuré non plus. Devait-on se contenter de faire savoir son intention de le faire pour le faire ? Dans cette société libérée d'à peu près tout, qui avait donc érigé le sexe en *totem,* n'existait-il pas comme un droit au jouir, un droit inscrit dans la Constitution ? Pourquoi une chose aussi simple que faire l'amour, dans une société qui ne parlait que de cela, aurait-elle posé le moindre problème ? Ces gens-là étaient-ils des sortes de manchots ?

À la décharge de ces exclus, en mal de réinsertion, en mal d'autres corps pour jouir, il était possible de noter quelque ambiguïté dans cette exaltation de la jouissance, de l'amour qui se fait, qui pouvait décourager bien des ambitions. Un paradoxe, quelque chose comme cette double injonction dont parle la psychanalyse, le *double bind,* dont notre époque est si friande. D'un côté, cette invite persuasive à prendre du bon temps et qui, pour cette fin de jouissance, autorise tout, *tout,* et ferme les yeux. Et, de l'autre, une *suspicion* qui monte de la chair, des bas-fonds du sexe, comme un ver dans le fruit. Ce malaise dans la civilisation des plaisirs que nous avons dit. Peut-être déjà un dégoût. Mais n'allons pas trop vite. Et sur la scène où chacun vaque à ses petites affaires, où les êtres se croisent et se reniflent, où les destins président au brassage des vies et des corps, c'est une extraordinaire confusion qui règne. Un pêle-mêle ahurissant où Aphrodite ne retrouverait pas même ses petits.

Sortir de la solitude, mais comment ? C'est la question que se posent de manière lancinante quelques millions de célibataires et célibattants dans le monde, dont quatorze tout de même en France, occupés à toucher le corps de l'autre, à *jouer à la « renverse »,* au *« trou-madame »,* à

« touche-pipi », à *« papa-maman »,* au *« repeuplement »,* à *« la bagatelle »,* au *« docteur »*, autant de manières, évoquées avec délectation par Jean-Claude Carrière[4], de dire le « *jeu de la bête à deux dos* », qui, elle, est de Rabelais. Un sauve-qui-peut. L'un des signes distinctifs, en tous les cas, de la postmodernité. Des solitaires ? Oui, mais qui en crèvent. « Notre société, qui exacerbe le besoin sexuel, en organise aussi la pénurie, écrit Laurent Jouannaud. Du coup la misère sexuelle est immense. Maladie honteuse, on la cache. C'est pourtant la souffrance qui monte en Europe. On ne la voit dans toute son ampleur que chez les psychologues, à la lecture des faits divers ou dans les romans de Houellebecq. Nous avons tous besoin de la peau des autres[5]. » Solitaires qui vivent seuls ou qui ternissent au sein d'un couple où l'autre a déjà perdu son corps et bientôt son visage, bientôt son nom. C'est même chose. Un autre qu'on voudrait planter là si ce n'était la crainte de finir ses jours avec soi-même, qui n'est pas un meilleur partenaire.

Solitaires dans le sens où Hubert Prolongeau évoque ceux qu'il appelle les « exclus du nirvana » : dans une enquête sur le comportement des Français, il nous apprend que 6,2 % d'entre eux et 12,4 % d'entre elles ne font en effet jamais l'amour[6]. Comment savoir si ces chiffres qui datent de 1992 ne sont pas à revoir à la hausse, s'ils sont fiables, s'ils sont autre chose qu'une façon de *chiffrer pour ne rien dire* (autre signe distinctif de notre postmodernité) ? Car on se doute bien que ceux qui « ne le font pas » ou « ne l'ont jamais fait » n'ont aucune raison de le clamer sur les toits, de se lâcher face à un enquêteur qui vient, le stylo à la main, cocher des cases. Diète, ceinture de chasteté. Sans éluder la difficulté qui est qu'à ce régime des basses émotions, il faut chercher quelque part (mais où ?) un peu de cette confiance en soi sans laquelle il est impossible de se relancer. De séduire à nouveau. On ne plaît pas, croit-on, on n'a jamais plu, jamais vraiment, alors on renonce. Bien sûr les solitaires se battent, comme on va le voir, bien sûr nos sociétés ont perçu leur désarroi et leur sont venues en aide, tout simplement parce qu'ils sont à eux seuls un marché considérable qui exacerbe les appétits (et cela ne les rassure pas de savoir qu'ils plaisent de cette manière), bien sûr les seuls ne le restent pas toujours. Mais l'âme sœur longtemps se cache dans ce monde où l'impossibilité de tout semble bien découler directement de la possibilité de tout faire.

Songeons encore que parmi ces martyrs de l'abstinence contrainte et forcée viennent, en un nombre qui étonne ou stupéfie, ceux qu'on croyait au-dessus de toutes les faiblesses qui empêchent les autres de demeurer seuls : les prêtres, les nonnes, les moines et les moniales. Parmi ceux qui quittent le sacerdoce, nous dit l'historienne Elizabeth Abbott, 94 % invoquent la chasteté comme principal obstacle à leur vocation[7]. Ainsi, selon ses estimations, quelque cent mille prêtres (dix mille en France), soit près d'un quart de ceux qui sont actifs aujourd'hui dans le monde, ont défroqué depuis Vatican II. Aux États-Unis, 42 % des prêtres quittent leur Église dans les vingt-cinq années qui suivent leur ordination, ce qui a pour conséquence que les novices ne se précipitent plus pour prononcer leurs vœux définitifs. En France, près de la moitié des paroisses n'ont plus de curé. Même chose pour les couvents où, bien que les règles de la vie monacale aient été assouplies, distendues, les effectifs se réduisent comme peau de chagrin.

Et l'on ne voit pas ce qui pourrait venir enrayer un tel mouvement.

Bien entendu, l'Église, qui continue à faire de la chasteté et du célibat les conditions de l'exercice de tout ministère, compte sur les nouvelles vocations qui se font jour dans les pays émergents ou du tiers-monde pour reconstituer ses rangs. Il est assez peu concevable, pourtant, qu'un prêtre en Afrique épouse la chasteté si les traditions auxquelles il se rattache favorisent la polygamie et en aucune façon l'abstinence. Même chose en Amérique latine où, par exemple, 80 % des prêtres péruviens cohabitent avec une femme. Curieuse manière de remédier au problème crucial du renouvellement des vocations en misant sur des Églises qui ne respectent culturellement pas la chasteté. D'ailleurs, ces libéralités, ces curieuses indulgences n'empêchent pas que, comme le dit le cardinal Claudio Humes, archevêque de Sao Paulo, « pour chaque prêtre catholique au Brésil, on trouve déjà deux pasteurs protestants pentecôtistes [8] ». Pourquoi alors cet acharnement de l'Église catholique autour de l'abstinence et du célibat ? Préférera-t-elle disparaître le front levé, le front haut, avec le sentiment rassurant de son incorruptibilité, comme un capitaine qui n'abandonne pas le navire qui sombre ?

Quand j'interrogeai le pasteur Antoine Nouis à propos du célibat, il me fit cette réponse que l'Église de Rome devrait méditer. Je lui demandai s'il aurait pu assumer son ministère sans la présence de celle qui partage aujourd'hui ses jours. Il me répondit : « Je suis marié et je ne pense pas que j'aurais exercé mon ministère si j'avais dû renoncer à mon couple. Dans ma réflexion théologique, je suis influencé par le judaïsme et je ne suis pas loin d'adopter sa position sur ce thème : il n'est pas bon pour l'homme d'être seul et le célibat est toujours une souffrance. Cela dit, je sais que des hommes et des femmes ont des vocations au célibat. Je le comprends intellectuellement et spirituellement, mais je reste réservé. L'immense majorité des pasteurs sont mariés. »

Si l'on cumule ces chiffres un peu sombres, tout de même, on obtient depuis Vatican II un total de près de « un demi-million d'hommes et de femmes, ex-religieux, [qui] se sont réinsérés, avec plus ou moins de succès, dans le monde laïque[9] ». Pareil reflux ne s'est constaté, avec cette ampleur, nulle part ailleurs que dans l'Église. Dans une société qui insiste tellement sur le plaisir comme dû, on ne voit pas pourquoi les prêtres d'Occident n'en feraient pas autant que les prêtres d'Afrique. Pourquoi poursuivraient-ils un effort que la société dévalorise ? À moins de parier sur la déception qu'engendreront chez eux le sexe roi et la nostalgie de leur ascèse ancienne. Peut-être demanderont-ils alors à réintégrer la maison de la chasteté. Et pourquoi ne le pourraient-ils pas, d'ailleurs ?

Le nouveau célibat

Il ne manquera pas de bonnes âmes pour nous convaincre que la condition sexuelle de la femme ou de l'homme célibataires est ce qui se fait de mieux dans le meilleur des mondes possibles. Peut-être y a-t-il en effet des avantages à ne plus dépendre, à s'assumer. Peut-être quelque chose comme un onanisme social s'est-il développé dans nos sociétés, qui consiste pour les personnes vivant seules à ne compter que sur elles-mêmes, à se porter à elles-mêmes secours, assistance et plaisir. En tous les cas, il vaut la peine d'écouter ceux qui ont cherché à s'en persuader pour mieux nous en persuader, car leurs arguments ne sont pas facilement contestables. Ne serait-ce que parce que, dans nos vies toujours recommencées, nos vies désormais si longues, presque interminables, nous aurons à nous satisfaire, bon gré mal gré, de ces saisons de plus ou moins hautes solitudes entre des périodes de partage. Et parce que nous ne pouvons rester sourds aux enseignements de ces nouveaux ermites qui nous apprennent à nous défaire de l'autre. Ermites d'un genre un peu particulier, il est vrai.

Peut-être est-il aussi difficile de quitter l'état de dépendance affective, de *love addict*, voire de *sex addict*, que de s'affranchir de sa condition d'ange asexué en quittant la vie religieuse. Nul doute que l'expérience de quitter les ordres soit entre toutes traumatisante, comme le rappelle Elizabeth Abbott, de celles qui peuvent nous aider à imaginer ce que vivent, dans l'autre sens, les déçus du couple. Ainsi, ce n'est pas sans quelque raison qu'on parle en Italie de « meurtre blanc » pour évoquer le calvaire des prêtres qui renoncent. Songeons par exemple qu'après quelques années de bons et loyaux services dans le sein de l'Église américaine, celle-ci les gratifie de 300 dollars et d'une petite tape dans le dos afin de les encourager à embrasser leur nouvelle vocation, laquelle ne se laissera pas embrasser facilement pour autant. Rien d'étonnant alors à ce qu'on retrouve ces malheureux auto-excommuniés traînant sur la toile et proposant, à travers l'association Rent-A-Priest, de louer leurs services [10]. La chasteté mise à part, ils sont demeurés des serviteurs du

Très-Haut. Pourquoi ne pas continuer à leur faire confiance ?

Même difficulté d'adaptation pour ces femmes qui décident de vivre seules et à qui la société demande de se justifier de leur étonnante vocation. « J'imagine les gens disant : "Pas de blague ! Elle n'est même pas fichue de garder un homme. C'est une femme incompétente"[11]. » Donna Marie Williams a trente-quatre ans lorsqu'elle prend conscience qu'elle ne se satisfait pas des relations qu'elle a pu avoir avec les hommes. Elle se décide à faire une pause, un bilan, dont sortira bientôt son manuel à l'usage des célibataires abstinentes[12]. Publié aux États-Unis en 1999, il a connu un succès étonnant qui témoigne de ce que les femmes américaines n'attendaient peut-être que ce genre d'incitation pour franchir le pas.

Pause et abstinence qui l'ont aidée à rompre avec l'idée que sa situation de femme célibataire était scandaleuse. Quitter un homme n'était pas entrer dans une sorte de mi-temps avant de recommencer autre chose. Donna Marie Williams est croyante, a deux enfants et n'a pas fait le deuil des hommes. Alors, comment « convertir les temps de famine en temps de fête ? » se demande-t-elle. Reconvertir d'abord le handicap en atout. Elle élève peut-être seule ses deux enfants (de deux pères différents), mais rien de tel pour décourager les fausses exaltations et repousser les éventuels prétendants ! Elle va profiter de cette saison de calme plat pour se poser les questions qu'on n'a jamais le temps de se poser tant qu'on refuse de passer ne serait-ce qu'une heure avec soi : qu'est-ce que le célibat ? Qu'est-ce que la sexualité ? Qu'est-ce qu'être féminine et qu'est-ce que la féminité ? Qu'est-ce que la passion ? Et voilà que ces interrogations la stimulent au point de lui faire considérer sa condition de femme seule comme une chance. C'est donc à partir de ses tâtonnements qu'elle conçoit son *Sensual Celibacy Program*, mis bientôt avec succès à la disposition des Américaines qui veulent tenter la traversée, qui n'ont pas dit non au sexe, bien sûr, mais non à toute forme d'aliénation à celui-ci ou à ceux qui peuvent le dispenser. Il s'agit d'un parcours en dix étapes destiné à affermir l'âme, l'esprit et le corps des renonçantes. Donna Marie Williams veut faire de l'abstinence la condition d'une restauration globale de soi. Les candidates au « célibat sensuel » suivent des exercices, répondent à des questionnaires, font retour sur leur histoire, cherchent à mieux préciser leurs attentes. « Je crois qu'au prochain millénaire, on verra un nombre incroyable de femmes et d'hommes choisir le célibat avant le mariage comme une voie de restauration et de cicatrisation de leur corps, de leur esprit et de leur âme. » *Maybe.*

Il est évident que la cohabitation fait aujourd'hui problème, dans un temps où chacun joue la surenchère et n'est pas disposé à traiter avec les revendications d'un autre, quel qu'il soit. Il n'y a qu'au sein de l'entreprise ou de la fonction publique qu'on accepte encore, trente-cinq heures par semaine, parfois davantage, de vivre ensemble. Partout ailleurs, les rapports se sont tendus et chacun a préféré se mettre à l'abri de l'autre. Si on persiste et signe dans la voie périlleuse, alors il faut composer avec le principe de réalité, comme l'indique Catherine Vincent[13]. Mettre en partage, le plus souvent, deux célibats destinés à le demeurer. On a forgé pour ce faire le terme de « couple non cohabitant », qui dit cette tendance nouvelle à être ensemble sans l'être, à se tenir prêt à remballer. Au couple fusionnel, nous dit la journaliste, fermé sur lui-même, succède le couple « centripète », ouvert sur l'extérieur. « Centripète » n'est pas très heureux, mais le mot dit cette aspiration à se tenir sans se retenir : « Je reste, moi non plus. » Les familles se recomposent ainsi sans se recomposer, dans la mesure où elles restent encore tout à fait tributaires de leurs anciennes incarnations. L'amoureux contemporain est un formidable « passe-muraille ». À moins qu'il n'ait ce don d'ubiquité (ambiguïté) qui le préserve d'être jamais entièrement là, ni ailleurs, jamais nulle part engagé, toujours entre deux marées.

Jeux subtils où ne survivent que ceux qui ont intégré la dimension absolument égalitaire de la relation, deux êtres libres de s'aimer et de se désaimer à tout instant, de partager et de se replier, de se fondre l'un dans l'autre et de s'absenter l'un de l'autre. Défi de haute intensité pour les femmes qui se défont de leurs anciens devoirs, mais pour les hommes tout autant que ces nouvelles aspirations étonnent ou terrorisent. Comment être à la hauteur de cette fonction de mâle dominant qu'on ne leur demande plus d'exercer ? Comment être à la hauteur voulue ? Hauteur, distance, même chose. Juste distance où la relation égalitaire va pouvoir se déployer. Peur de s'engager et peur de donner le sentiment qu'on n'est pas prêt à le faire. Peur de ne pas témoigner, à travers cette relation insaisissable, suffisamment de passion, de puissance, pour ces hommes qui continuent à mesurer leurs performances. À l'ère du Viagra, du Cialis et du Levitra, peut-être aussi à cette époque où les hommes ne peuvent plus dire leur attachement qu'au lit, les dysfonctionnements érectiles sont devenus un sujet de préoccupation exorbitant. On le verra tout à l'heure en allant consulter un urologue à l'hôpital Saint-Louis. « Je n'ai pas connaissance d'un seul suicide de femme pour cause de frigidité, disait déjà ce contemporain de Freud, tandis qu'un grand pourcentage de suicides masculins ont eu celle de l'impuissance [14]. »

Mais de même qu'on renonce à la vie commune, on peut sacrifier aussi sa sexualité, de manière non plus provisoire cette fois, mais définitive. On l'a éprouvée avec délice, on l'a aimée plus que tout, mais il est temps de s'en détacher. Peut-être est-on parvenu à l'âge où le sacrifice ne coûte plus. D'une certaine façon, la coupe est pleine. C'est le choix qu'a fait Elizabeth Abbott, cette historienne canadienne citée précédemment. Elle a passé quelques années à étudier les différentes formes que la chasteté a prises dans les cultures du monde entier. Un travail de référence pour toute personne qui s'absorbe un tant soit peu en ces sujets. Or voilà ce qui arriva : « Au cours des années que j'ai consacrées à la recherche et à la rédaction de ce livre, écrit-elle, j'ai moi-même embrassé le célibat sexuel – et cela en dépit de décennies d'anticélibat déclaré, pendant lesquelles je n'hésitais pas à affirmer, en plaisantant, que j'avais inventé la sexualité (il m'arrivait même d'y croire). » Rescapée d'un « mariage et des difficultés inhérentes à la reconstruction d'une nouvelle vie », elle réalisa que les inconvénients liés à l'absence de vie sexuelle s'étaient trouvés palliés par le bien-être qu'elle en avait retiré. Sa vie professionnelle, d'autant plus intense qu'elle tirait avantage de cette disponibilité nouvelle, l'avait amenée à se déprendre de la tentation de regarder cette vie passée avec nostalgie. Le livre et ces déclarations datant de six ans, je lui demandai par mail si elle persistait : « Laissez-moi d'abord vous dire que je me suis maintenue célibataire et que je mène une vie très fructueuse », me répondit-elle. Suivait la liste de ses engagements (travaux, écriture, vice-présidence d'une société d'histoire régionale, participation à un orchestre baroque, cours, trois chiens, deux chats...). Tout a l'air d'aller plutôt bien pour Elizabeth Abbott.

« Il m'est arrivé d'y céder de manière passagère... »

Dans l'histoire des « confidences » de l'abbé Pierre, lesquelles ont fait grand bruit, c'est l'extrême ténuité des propos qui ne cesse d'étonner, leur douceur. Comme une tempête dans un verre d'eau. L'abbé est un homme admirable, un saint des temps modernes, un de ceux qui font espérer encore en l'homme quand l'homme, avec une insistance désespérante, ne cesse de décevoir. Il n'est pas question de répéter ici ce que tout le monde sait de son abnégation, de sa charité en acte, du don qu'il est, tout cela qui aurait pu lui valoir les palmes romaines, la canonisation, si ce n'étaient ce verre et la tempête qui s'ensuivit. Si ce n'étaient ces entretiens accordés à Frédéric Lenoir. Ce livre que les Français, à la fin de l'année 2005, se sont arraché [15].

Voilà ce qui, semble-t-il, a fait débat, problème, scandale : « À titre personnel, j'ai fait très jeune le choix de la vie consacrée à Dieu et aux autres, et j'ai donc fait vœu de chasteté. D'une certaine manière, j'ai eu la vie d'un captif. Lorsqu'on sait que quelque chose de désirable est irréalisable – puisque ma vie de moine, ensuite totalement absorbée par l'aide aux plus démunis, ne pouvait permettre une relation amoureuse –, il faut l'écarter. Ne pas laisser le désir prendre racine. Je parlerai de servitude consentie. »

L'Église de Rome, on l'a vu, ne plaisante pas avec le dogme de la chasteté, et il était bien normal que ce saint homme, appelé à de si hautes missions, ait fait ce sacrifice. Pour autant, comme on l'a vérifié aussi en considérant le nombre de ceux qui ont quitté l'Église, le choix n'est pas allé sans conflit intérieur, sans souffrance, comme il s'en explique : le choix « n'enlève en rien la force du désir et il m'est arrivé d'y céder de manière passagère ». Alors voilà l'aveu et le scandale : le serviteur de Dieu, l'icône d'une foi et d'un peuple aurait fini par céder, par chuter. Icare le premier, qui avait voulu monter dans le ciel comme si le ciel était sa condition, fut jeté dans la mer. Qui veut faire l'ange, on le sait, fait aussi bien la bête, et ce serait une étonnante méprise que de considérer l'un sans l'autre car, alors, Dieu n'aurait plus rien à nous demander. Jésus aurait pu faire le choix de mener campagne parmi des anges. Non, il est descendu parmi des hommes.

« De manière passagère... » Qu'est-ce à dire ? A-t-il connu une femme, au sens « biblique » du terme ? A-t-il aimé ? A-t-il vécu avec celle qui l'avait un instant distrait de Dieu ? Non, répond-il, « je n'ai jamais eu de liaison régulière car je n'ai pas laissé le désir sexuel prendre racine. Cela m'aurait conduit à vivre une relation durable avec une femme, ce qui était contraire à mon choix de vie. J'ai donc connu l'expérience du désir sexuel et sa très rare satisfaction, mais cette satisfaction fut une vraie source d'insatisfaction car je sentais que je n'étais pas vrai. J'ai senti que pour être pleinement satisfait, le désir sexuel a besoin de s'exprimer dans une relation amoureuse tendre, confiante. Or une telle relation m'était fermée par mon choix de vie ». Son cœur un instant a balancé puis, parce que Dieu ne partage pas, il a choisi de se dégager des liens dans lesquels son désir l'avait un moment emprisonné. Mais à l'endroit de cette incartade, il garde une profonde indulgence, comme il pardonne à ceux qui, parce qu'ils sont homme et femme, peuvent un jour se trouver abdiquer devant la puissance impérieuse du désir : « Il peut arriver à tout le monde de céder à la tentation charnelle, qui est une force vitale extrêmement puissante, mais c'est autre chose pour un prêtre ou un moine de ne pas arriver à faire de choix et de mener une double vie qui peut conduire, dans certains cas, à faire souffrir des femmes pendant des décennies. »

Parvenu à ces conclusions, on s'attendrait maintenant, non pas à une condamnation, mais à une sorte d'admonestation à l'adresse de ces religieux qui vivent un pied dans le monde et un pied dans le Royaume. Il n'en est rien : « Je connais des prêtres qui vivent en concubinage avec une femme qu'ils aiment depuis des années et qui acceptent bien cette situation. Ils continuent d'être de bons prêtres. » La ligne de partage ne passe donc pas entre ceux qui ont embrassé le célibat et peut-être la chasteté, et qui se consacrent au service de Dieu, et les autres. Pas de manichéisme chez ce saint homme. Il croit qu'il peut exister des prêtres mariés et des prêtres célibataires et que c'est à chacun de savoir de quelle manière il peut être le plus honnête avec Dieu. Jésus n'a-t-il pas choisi pour apôtres des hommes qui étaient mariés et d'autres qui ne l'étaient pas ? Tout cela a-t-il au fond l'importance que l'Église veut aujourd'hui encore et toujours souligner ? D'ailleurs, des hommes mariés ont été ordonnés prêtres jusqu'au concile du Latran (1123), présidé par ce pape qui prit la responsabilité de la croisade contre les hérétiques albigeois – même si, depuis le synode d'Elvire (305), il leur était déjà fait devoir de renoncer à toute relation sexuelle avec leur compagne et, qui plus est, de procréer. Comment les serviteurs de Dieu se distingueraient-ils encore de leurs semblables s'ils n'adoptaient pas cette réserve ? « Comment ces messes pourraient-elles être célébrées par des prêtres qui, quelques heures plus tôt, se sont contorsionnés dans un lit avec une femme, se livrant avec elle à des gestes immoraux[16] ? » Restrictions progressives et bientôt définitives, mais qui n'ont pas interdit, qu'on sache, que les Églises orthodoxe, maronite ou copte ordonnent des hommes mariés ou bien qu'elles acceptent d'anciens pasteurs anglicans ayant anciennement convolé, lesquels s'y étaient convertis, choqués que leur Église ait ordonné des femmes prêtres. Ce qui ne laisse pas espérer chez eux beaucoup de cordialité pour l'autre sexe. Sans parler de l'Église réformée qui rappelle qu'on ne saurait gruger Dieu par de pauvres subterfuges destinés à travestir en chasteté la concupiscence inhérente à la condition de l'être incarné. La chasteté, pour Luther, est un don. Dieu l'accorde à quelques-uns et les autres ne penseront jamais qu'à ça. Les pauvres. Les heureux !

Il a fallu se résoudre à demander combien ils étaient, ces enfants nés des amours interdites, et combien étaient ces maîtresses refoulées quelque part dans la vie inconsciente, si loin d'ailleurs que des carrières ecclésiastiques avaient pu se dessiner sans que l'ombre ne vînt jamais contrarier la lumière, à des profondeurs que Dieu lui-même n'aurait daigné sonder. Combien d'enfants de la honte et du chagrin, à l'exemple de cet animateur de centre de vacances qui explique à la journaliste Claire Chartier qu'un jour de colère, il est allé distribuer dans toutes les boîtes aux lettres de Sarceaux (près de Caen) une brassée de feuilles dactylographiées sur lesquelles il révélait que le curé du village était son père. « Je n'ai pas agi par vengeance, je voulais juste que ça se sache avant que mon père ne meure[17]. » Ses aveux ont alerté les médias et il a eu l'honneur des plateaux, des gros titres. Pourtant, l'homme ne réglait pas ses comptes avec le pays, mais avec son père et le village où il avait exercé, jusqu'à sa retraite, son ministère.

Dans ce contexte des vérités plus ou moins bonnes à dire ou à taire, les confidences de l'abbé Pierre ont une fraîcheur inespérée pour ces hommes et ces femmes qui portent la chasteté comme une croix. Émanant d'une personne aussi unanimement respectée, si ce n'est quelques dérapages de langage aux abords de l'extrême vieillesse et déjà plus ou moins pardonnés, elles offrent à tous ceux qui veulent voir l'Église assouplir ses positions sur le célibat un grain précieux à moudre. Reste à l'Église le soin de décider de revenir ou non à cette radicalité des origines, radicalité dite « encratite » (de *enkrateia*, « continence ») des courants les plus extrémistes du premier christianisme. De refluer vers la clandestinité, laquelle avait pu signifier, pour ces premiers chrétiens, faire advenir, dans la rectitude de leur âme et de leur corps, le Royaume. « Les encratites, écrit l'historien Peter Brown, se disaient capables d'arrêter instantanément les processus naturels à partir desquels, dans Sa providence, Dieu avait tissé, à travers les rapports conjugaux, l'humble et nécessaire étoffe de l'espèce humaine[18]. » S'arracher à la malédiction de la chair. Interrompre l'odieux dessein de la nature. Rendre à Dieu ce qui lui appartient, et le lui rendre en l'état de pureté où il nous l'a transmis.

De la violence à l'amour

Sortir du couple pour sortir de la solitude. L'histoire de Solange est exemplaire de cela. Solange n'est pas son nom, mais je crois que celui-ci lui va bien en ce qu'il associe ce monde avec ses arêtes coupantes et l'autre : le sol et l'ange. D'ailleurs, son vrai prénom lui a été donné sans aucune bonne intention, elle me l'a dit, comme on jette un dé sur un tapis et comme on attend de connaître la face et le chiffre que le sort va désigner.

Les premiers paysages intérieurs de l'enfance sont dominés par la présence d'une mère qui régente tout, prend les initiatives à votre place, parce qu'elle sait mieux que vous, parce qu'en tout, bien sûr, elle vous précède. Ce sont des schémas de construction et de déconstruction des êtres assez banals et, jusque-là, la vie de Solange ne brille pas par un excès d'indignité. Écrire le destin de sa fille, lui choisir son mari, s'arranger pour que le couple reste à portée de voix et de main de la mère (région de Montpellier), exiger un enfant et pas deux, protester lorsque le second vient au monde, distribuer des bons points, très peu, et plein de blâmes. Choisir un mari inoffensif qui laissera au tyran son empire sans le lui contester.

Solange parle de ce mari avec ressentiment. La voix est chantante et en même temps paresseuse, alanguie, blessée, sans doute la colère qui l'agit depuis si longtemps a-t-elle fini par l'étouffer. Elle a aujourd'hui soixante-cinq ans et n'en revient toujours pas d'avoir réussi à s'éveiller de ce si mauvais rêve. Peu importe l'âge de ce réveil, pourvu qu'il nous soit donné, avant de mourir, de revenir quelques heures durant, juste une poignée de secondes, à nous-mêmes. Elle parle de son compagnon de longtemps, mais plus d'aujourd'hui, comme d'un homme docile et *insignifiant*. Docile parce qu'il fait partie de ces meubles humains qui acceptent qu'on les place et les déplace et ne se plaignent de rien. Peut-être avait-il une raison d'être dans la stratégie de sa mère, mais il n'en a aucune dans l'idée que Solange se fait d'une vie sur terre, une terre qui baigne dans l'immensité du ciel, un ciel qui annonce ce monde qu'on va rejoindre. Solange prie et c'est ce qui l'a aidée dans son désert.

Un homme qu'elle n'aime pas, ne désire pas, même si, en elle, elle sent une profonde aspiration à la jouissance. Mais qu'il ne satisfait pas. Il est son premier amant et elle se fait une tout autre idée de la chose. Comment deux vies si mal assorties permettraient-elles autre chose que le divorce des chairs ? Tellement insignifiant qu'on ne l'entend jamais parler, ou penser, pas même s'adresser à ses filles. Mais tout éteint qu'il est, il n'est pas en reste lorsqu'il s'agit d'exiger qu'on s'accouple, qu'on se secoue, peut-être pour vérifier qu'on n'est pas mort. Alors il faut faire des concessions, donner son corps lorsqu'il ne le prend pas de force. C'est le seul endroit où il beugle, mais dès qu'il a beuglé, la vie reprend. La survie. Elle résume les choses en disant : « Ou bien je me prostituais, ou bien il me violait. »

Lorsque les deux filles quittent la maison, Solange accepte un emploi d'intendante dans différents établissements scolaires du Cantal. Elle ne croit pas qu'elle ait fui cette vie de zombie, entre le mari et la mère violeurs. Elle a privilégié un avancement de carrière, un salaire plus important. Ce sont les arguments qu'elle a pu avancer pour s'en aller et, déjà loin, elle comprend qu'elle ne reviendra pas. Elle aurait pu refaire sa vie là-bas si la mère n'était tombée malade (accident vasculaire cérébral qui l'a rendue aphasique), justifiant qu'elle rentre dare-dare s'occuper de son bourreau. Elle s'installe dans un appartement de fonction dans une cité scolaire près de Montpellier. Avec ce bénéfice que le mari, ne supportant plus la belle-mère, préfère se tenir à l'écart. Aubaine. Puis la mère lâche la rampe et Solange rédige de sa propre initiative la convention de divorce. Le gentil époux signe. Elle reste dans son logement de fonction et lui abandonne tout.

Nous sommes en 1999 et Solange vient d'avoir cinquante-neuf ans. Les séparations d'avec l'homme et la mère ont eu pour contrecoup qu'elle s'est trouvée du jour au lendemain dans une sorte de vide sans fond. C'est à cette époque qu'elle a commencé à s'approcher de la chartreuse de Mougères qu'occupent les Petites Sœurs de Bethléem, « un ordre cloîtré très dur », et qu'elle s'est demandé si elle ne trouverait pas là un lieu pour renaître. Elle se dit un peu « mystique » – son côté « ange » –, toujours prête à se souvenir des belles choses que la vie ne lui a jamais donné de connaître. Elle a flirté avec cette idée de venir recommencer quelque chose derrière ces murs.

Un jour, elle s'attarde plus que de coutume. Il y a un temps de visite après quoi les portes se referment et les sœurs se retirent sur leur terre, laquelle est un escalier qui monte au ciel. Le sacristain la prévient que la visite est terminée. Elle ose alors lui adresser la parole et lui demander comment on peut entreprendre une démarche. Derrière eux, elle ne l'avait pas vu, il y a un homme qui les écoute. Il vient rendre visite à une sœur qui est en même temps, dans la vie du monde, sa sœur. Sa sœur tout aimée. Il dit : « Je voudrais voir la mère supérieure... »

Il vient de très loin, de Bretagne. Il voudrait qu'on lui donne le droit de voir sa sœur.

– Ce n'est pas possible, répond le sacristain.

– Ma sœur est moniale. J'ai là quelque chose pour elle que je voudrais lui donner. Ce ne sera pas long...

Pendant tout ce temps où le sacristain et Joseph parlementent, Solange a l'impression de reconnaître celui qu'elle attendait. Joseph obtient de voir sa sœur, après quoi ils discutent pendant des heures. Devant le couvent, sur la route, au restaurant. C'est la même émotion partagée, la même certitude. Ils deviennent amants le soir même. « Et là, me dit Solange, j'ai su que le bonheur existait. Je l'avais rencontré. »

Qui est Joseph ? Un homme élevé par des femmes et aimé des femmes, et probablement vierge lors de leur premier rapport. Un homme qui a éprouvé une passion immense pour cette sœur rentrée au couvent et qui ne guérit pas de l'avoir perdue. Un homme qui, lorsqu'il accueille Solange en Bretagne, la cache comme si cette relation ne pouvait s'officialiser dans son monde à lui, quand elle voudrait, elle, crier partout son bonheur. Défiler. Ancien carreleur, il est à la retraite aujourd'hui, mais toujours très dévoué et très estimé, particulièrement de certaines communautés religieuses où l'on apprécie son savoir-faire.

Tout bascule le jour où Solange apprend qu'elle a un cancer de l'utérus et où elle sort des séances de rayons avec une impossibilité de vivre comme elle le voudrait sa vie sensuelle avec Joseph. Lui se montre rassurant en répétant que ça ne changera rien, mais pas elle. Elle croit que le passé l'a rattrapée, qu'elle n'a pas couru assez vite et que tout sera maintenant empêché. Elle le lui dit par téléphone et il pleure comme une madeleine. Sans doute cherche-t-elle aussi à lui dire qu'elle ne peut s'accommoder de cet amour auquel Joseph paraît ne croire qu'à moitié. C'est l'époque où le gynécologue de Montpellier qui la suit lui conseille d'aller voir une consœur formée à la sexologie. Il est sûr qu'elle pourra l'aider. « La pénétration n'est pas le but, lui dit pour commencer cette femme médecin. Il y a mille façons de donner du plaisir et de le prendre. Ne lâchez pas cet homme. » Un homme qui vous fait bien l'amour, qui paraît vous aimer, ne pèse pas, n'est-ce pas tout ce qu'on peut souhaiter ? Solange ne proteste pas. « Il suffit qu'il me touche... », lui dit-elle. Et Joseph l'a touchée.

« Cherche homme impuissant pour relation longue durée »

Les solitaires se tiennent aujourd'hui par leurs mains électroniques. Pas de célibataire qui ne se soit une fois ou l'autre connecté, décidé à faire la rencontre amoureuse ou sexuelle de sa vie. Ou de sa nuit. On ne compte plus aujourd'hui sur la toile les sites de rencontres, immenses gares ou centres de tri dont l'intention louable est d'ajuster une demande pléthorique à une offre qui ne l'est pas moins.

Recherchant des témoignages sur des abstinences hautes en couleur, je me suis moi-même inscrit, sous pseudonyme comme c'est l'usage, et en adressant ma requête aussi bien à ceux qui se présentaient en tant qu'hommes qu'à ceux qui se déclaraient femmes, sans donner d'autres preuves. La toile est bien le paradis du leurre et j'en donnerai tout de suite un exemple. Voilà donc le message que j'envoyai.

Bonjour.

Je mène une enquête sur les nouveaux comportements inspirés par l'abstinence, enquête qui devrait aboutir à un livre.

Mon intention est de déboulonner cette dernière idole héritée de la libération sexuelle : le coït. La sexualité-propagande actuelle se focalise exclusivement sur ce qui est donné comme le but ultime de tout rapport hétéro ou homosexuel : la pénétration et la jouissance ; et l'état de frustration ou de « misère sexuelle » dans lequel se trouvent la majorité de nos concitoyens vient de ce que le coït, pour des raisons multiples, leur est interdit (raisons que je voudrais explorer). Pourtant, le désir qui ne se donne pas pour fin cette intrusion dans le corps de l'autre ou la réception de l'autre dans son corps, et l'orgasme pathétique qu'il doit nécessairement induire, peut emprunter mille chemins ouverts.

Ce livre serait une manière de réhabiliter des pratiques sexuelles à la marge de la sexualité exclusivement génitale, de rappeler l'extraordinaire grammaire de la sensualité que les individus savent mettre en pratique pour peu qu'on ne les abreuve pas de discours sur le sexuellement correct. Je ne louerai pas la chasteté comme renoncement à la sexualité, je dirai les bienfaits d'une érotisation du rapport qui ne se donne pas obligatoirement pour fin la possession de l'autre. Pour moi le désir, à la manière courtoise, est le miracle et rien ne doit venir le dégonfler, le mettre à mort (même à petite mort).

Dans une telle perspective m'intéressent les témoignages rapportant une expérience autour de l'abstinence choisie ou subie. Accepteriez-vous que nous en discutions, ici ou ailleurs ?

Puis je signai Bartleby the Scrivener qui est, comme on sait, le héros de Melville. Un gratte-papier new-yorkais chez qui Freud n'aurait sans doute pas trouvé une once de libido. À ma grande satisfaction, je reçus dans les jours qui suivirent un joli petit lot de messages. Le premier était laconique et assez déplaisant : « Salut l'eunuque et bonne chance. » Que la personne (une femme) ait souhaité accompagner son insulte d'un encouragement m'étonnait. Les concepteurs du site avaient-ils voulu, de leur propre initiative, et pour ne pas perdre un client, atténuer la rudesse du propos ? Vint ensuite, comme pour réparer un peu l'outrage, un compliment. La dame (quarante-cinq ans, sur la fiche, région des Pyrénées-Atlantiques, profession artistique) était enchantée qu'on s'intéresse enfin à autre chose qu'à la chose et se déclarait prête à dire son ras-le-bol quant aux insanités et autres obscénités déposées chaque nuit dans sa boîte. Le site avait-il été pris d'assaut par des orangs-outangs ? Le troisième était plus intrigant, qui me déclarait une indifférence au sexe et acceptait de m'en parler. Le quatrième était une demande d'informations à propos de l'homme qui se cachait derrière ces lignes. Le dernier un poème.

Les internautes hommes étaient plus nombreux et, dans l'ensemble, beaucoup moins bien disposés à mon endroit. D'une manière générale, l'insulte était de mise. Comment un homme doué des attributs de la virilité (était-ce le cas ?) pouvait-il s'inscrire sur un site de rencontres pour venir y chercher des abstinents ? Cela ne tenait pas la route. Sans doute étais-je de cette race maudite qui nuit tant à l'image de l'homme, une « pédale », une « pauvre tapette » ou, pire encore, un « châtré », de toutes les manières un « pauvre enculé » qui n'avait qu'à aller se « faire mettre ». Je les avais atteints quelque part, au lieu où les hommes cherchent à bander leur puissance et à se rassurer dans leur poursuite recommencée d'une femme toujours autre et à jamais identique.

Impossible de ne pas évoquer ici ce roman qui raconte comment une jolie jeune femme de trente-cinq ans, fatiguée de ce que les hommes n'aient invariablement qu'une seule et unique demande à lui faire, passe un jour cette annonce dans son journal :

> WANTED : HOMME BIEN DANS SA TÊTE
> JF 35 ans, jolie, succès prof., cherche homme pour bons moments, discussions, camaraderie.
> Indispensable : intelligent et impuissant.
> N° d'annonce : RZ 3417.

Le roman de Gaby Hauptmann[19], qui connut un grand succès en Allemagne, cherche à traduire le sentiment de lassitude qu'évoquait cette internaute à propos de ces hommes tellement prévisibles. Dans le roman, Carmen Legg explique aux candidats qu'elle reçoit qu'elle « cherche tout simplement un homme plein d'imagination, qui aime avoir des discussions intelligentes, et prenne plaisir à vivre sans être obsédé par la même chose du matin au soir. C'est un truc qui peut vraiment vous taper sur les nerfs, vous savez ? » Si le prétendant rougit, s'il a l'air tout d'un coup de s'excuser de n'offrir que le service minimum, elle ajoute : « C'est pour moi un plaisir incroyable que d'être ici avec vous sans la moindre arrière-pensée. Je suis ravie de n'avoir pas à me creuser la cervelle dès maintenant pour savoir comment me tirer d'affaire si je n'ai pas envie de finir au lit avec vous ! »

Parmi les internautes qui m'ont fait la leçon, un homme, un seul, accepta de témoigner. Il s'était sorti d'un mariage de vingt ans et de la dépression qui s'en était suivie, sa femme étant partie rejoindre le premier et sans doute unique amour de sa vie. Il était seul depuis quatre ans et s'arrangeait mal et de ces ruminations et de cette solitude, si bien qu'il était devenu, par force, un forcené des sites de rencontres, ce qu'on désigne déjà par le terme peu amène de *net slave*[20]. Bientôt mis en confiance, il voulut me raconter une histoire qui lui était arrivée et qui pouvait agrémenter mon enquête. Je la crois emblématique de ce que ces sites, s'ils raccordent sans doute entre elles les solitudes, quelques-unes tout au moins, induisent aussi l'idée d'une fraternité de tous les connectés unis par l'expérience du manque et de l'absence. Mais il n'est pas certain que les voluptés promises soient beaucoup plus que virtuelles.

Une fois accepté le principe de la rencontre, Isis45 n'avait pas souhaité donner davantage de précisions sur qui elle était. Peut-être Isis45 était-elle un homme. La chose était arrivée et il avait fallu couper court car mon internaute ne cherchait pas une aventure homosexuelle. Isis45 était peut-être d'une laideur qui l'avait découragée de se montrer et le découragerait, lui, de s'enhardir. Pourvu que la femme soit à son goût, ces détails ne constituaient pas une disqualification immédiate. Et voilà qu'elle s'était présentée dans un habit inattendu. Elle avait bien parlé d'une écharpe et d'un grand chapeau rouges, mais elle n'avait pas dit l'essentiel : sa corpulence. Un tour de taille, une poitrine, un fessier tout à fait extravagants. Ce généreux embonpoint aurait pu le décourager, mais il se trouva qu'Isis45, avec son lourd vêtement de chair, séduisit notre internaute. Il la trouva charmante et, ma foi, sexuellement parlant, tout à fait attirante. Ils passèrent cette journée à se promener dans Paris, sans aller jusqu'à partager leur nuit. L'intérêt que mon internaute porta à Isis45 mit celle-ci en grand émoi. Elle entreprit un régime draconien durant les six mois qui les séparaient de leur prochaine rencontre. Il est possible, me dit-il, qu'elle ait perdu vingt kilos, ce qui l'étonnait, mais voilà, encore une facétie du destin, lorsqu'il la découvrit amincie, il la trouva moins avenante et ne chercha plus à la revoir. Isis45 avait-elle perdu tout son charme en perdant un peu de poids ? Il n'avait pas su trancher. Peut-être avait-il trouvé là une parade contre ce qui ne laissait pas de l'inquiéter encore, plusieurs années après sa séparation, à savoir la perspective d'une liaison et d'un engagement. En définitive, sa réponse était qu'il se sentait mieux derrière son écran à cliquer sur la photo des candidates. Il était encore trop tôt.

Rendez-vous manqués

Cette insistance à trouver le ou la partenaire selon nos vœux surprend toujours dans une époque où le *turn over*, l'infidélité, le divorce, les machismes de tous poils, la misogynie indécrottable, les insultes partagées, voire les coups, les viols, tous ces crimes sexuels qui font les gros titres de nos journaux sont la chose, semble-t-il, la mieux partagée.

Pourquoi se précipiter dans cette cage dorée du couple d'où vont jaillir bientôt deux fauves enragés prêts à s'étriper et comment pouvons-nous ne tirer aucune leçon de ce que nous avons vécu ? Voilà une question bien désagréable à poser. On voudrait ici partager l'optimisme de Paule Salomon, qui explique qu'après des siècles de tâtonnements, d'adolescence de la relation, le couple entre dans sa période de maturation, chacun des protagonistes travaillant à inventer chaque jour la juste distance avec l'autre : « Tout se passe comme si l'humanité avait expérimenté le règne de la mère puis le règne du père ; et nous nous acheminons vers l'expérience de la coopération de l'homme et de la femme, du féminin et du masculin[21] [...]. »

Dans la rubrique *chiffrer pour ne rien dire*, incontournable comme on sait, ajoutons tout de même ces précisions qui montreront que si l'enthousiasme reste grand, le chemin est encore long pour que monsieur et madame Cro-Magnon daignent sortir de la savane des sentiments puérils et des pulsions de mort. Lorsque le conflit yougoslave éclate, Eve Ensler, auteur des fameux *Monologues du vagin,* s'étonne et se scandalise que de vingt mille à soixante-dix mille femmes, selon les sources, aient été violées. Comment une chose aussi monstrueuse peut-elle ressurgir au cœur de l'Europe ? Elle fait part de son désarroi à une amie qui lui rappelle que chaque année aux États-Unis, cinq cent mille femmes sont violées « et, en théorie, ajoute-t-elle, nous ne sommes pas en guerre[22] ». Pourtant si. Une guerre d'usure qui n'ose pas dire son nom. Le retour à pulsions continues d'un refoulé mortifère, assassin, comme le disent Marcela Iacub et Patrice Maniglier : « [Le sexe] est devenu le lieu de quelque atavisme par lequel les restes d'une culture fondée sur la violence et l'exploitation sexuelle continueraient à hanter cette utopie en voie de réalisation que serait notre société. Il est la porte par où les ténèbres du passé reviennent dans la lumière du présent[23]. » Et si l'on veut se garder de stigmatiser les violences au-delà des Pyrénées – c'est toujours commode –, on ajoutera au palmarès les chiffres donnés par Daniel Welzer-Lang, cette fois pour notre pomme : dans la nouvelle préface à son étude sur la violence des hommes, rééditée en 2005, il écrit que même en limitant les violences aux seules violences physiques, c'est-à-dire aux coups, 416 228 hommes en France ont porté la main sur leur compagne durant les douze mois précédents ; 416 228 femmes ont été brutalisées[24]. Pour ne rien dire de tout ce que la statistique n'attrapera jamais, puisque c'est sa vocation. Tristes estimations que vient confirmer le fait que « le nombre de personnes qui se trouvent en prison après avoir été condamnées pour des infractions sexuelles n'a cessé d'augmenter à mesure que la société était censée se libérer[25] », la répression du crime sexuel étant désormais le facteur premier de l'inflation carcérale. Cette délinquance sexuelle est jugée préoccupante par le législateur, l'obligeant à envisager toutes sortes de mesures qui vont de la castration chimique (médicaments antiandrogènes agissant sur la suppression du désir) à la pose d'un bracelet électronique mobile, mesure phare du projet de loi sur la récidive examiné par l'Assemblée nationale en octobre 2005[26].

La guerre du sexe qui sévit partout, témoin ce que nous rapporte Elizabeth Abbott à propos des « patrouilles du pénis » en Thaïlande. Parce qu'elles ont décidé de se faire justice elles-mêmes, des femmes thaïlandaises, insupportées par l'infidélité de leurs conjoints, les droguent pour les castrer. On a bien lu. Que fait alors la police, autrement dit la « patrouille du pénis » ? Il ne s'agit pas d'empêcher l'ablation, car quel mari infidèle pourrait imaginer que sa femme ourdisse pareil châtiment ? Non, il s'agit, lorsque le crime a eu lieu, de prévenir cette patrouille afin qu'elle retrouve l'appendice coupé, seule condition pour qu'une greffe soit tentée. Il n'est pas rare qu'une femme pousse la vengeance jusqu'à faire disparaître le pénis en l'accrochant, par exemple, à un ballon et en le faisant grimper dans le ciel, sans doute jusqu'au septième. « L'une des conséquences de cette vague d'amputations est que les chirurgiens thaïlandais sont devenus des autorités en matière de greffe du pénis[27]. » Un mâle pour un bien.

Pourquoi cette violence universelle que viendrait gonfler encore le chiffre des mutilations pratiquées sur le corps des femmes depuis la nuit des temps (j'y reviendrai, ce chapitre est déjà suffisamment sanglant), et pourquoi ce perpétuel manque d'un autre qu'aucun autre ne semble pouvoir combler ? Pourquoi voulons-nous sauver l'amour coûte que coûte dans un monde où il paraît à ce point méprisé ? Que recherchons-nous que nous pensions trouver dans la relation et que nous n'y trouvons jamais, ou par éclairs ? Faut-il que nous soyons perpétuellement en avance ou en retard sur l'amour ? Peut-être vit-on sous le coup de représentations culturelles du désir qui continuellement nous fourvoient. Peut-être le couple n'est-il que le lieu d'un fantasme pas même partagé. Un non-lieu. Une relaxe et sans aucun gagnant. Comme si les hommes qui se présentaient au rendez-vous n'étaient jamais les hommes qu'il fallait.

Où sont les hommes ? La question est lancinante dans une société qui leur demande tout et son contraire et s'étonne de les retrouver un peu songeurs, incroyablement mous. Réponse d'Anne Dufourmantelle, psychanalyste, auteur d'un magnifique essai sur la sexualité[28]. Si les hommes maudissent ce triste sort qui leur est fait, sans doute le confient-ils sur le divan. Alors, que disent-ils ? Les hommes parlent de leur bisexualité, me dit-elle, bisexualité autrefois inavouable et que la communauté homo, le plus souvent, prend en charge. Mais pas tout à fait non plus. « Il y a en nous des processus de masculinisation ou de féminisation évolutifs, explique-t-elle. Nous ne cessons jamais de nous recomposer en fonction des attentes qui se font jour à un moment donné de notre existence. » Un autre chassé-croisé. Des hommes qui ne sont plus à la place où les femmes voudraient les rencontrer et des femmes qui ne demandent plus ce que les hommes voulaient traditionnellement leur administrer. Une leçon de leur puissance. Un jeu d'ombres et de dupes où personne ne s'y retrouve plus. « Les jeunes femmes méconnaissent souvent la demande d'un homme, ses appétits, et finissent par traiter ses demandes répétées, insistantes, par le mépris. Elles le jugent ou bien trop obsédé ou bien trop peu intéressé par le sexe. À l'inverse, la demande des femmes, elle, est instable. Il faudrait parler chez elles de cyclothymie du désir. »

Mais quand l'homme déçu par ce peu de considération se tourne vers son semblable, il se peut que l'homosexualité tapageuse l'effraie tout autant. « Alors il choisira la chasteté. » Même chose peut-être pour ces femmes qui, à force d'avoir entendu qu'elles étaient clitoridiennes et pourvues d'un pénis miniature, ont fini par s'entretenir avec elles-mêmes et à fermer la porte aux hommes. Puis, quand le plaisir qu'elles pouvaient se donner n'a plus suffi, elles ont préféré renoncer, et voilà à quelles impasses nous sommes maintenant rendus. Pendant ce temps-là, les internautes s'écrivent comme des bêtes virtuelles et rêvent encore de l'étreinte qui les sortira de l'ornière de l'auto(in)suffisance.

« Mais dire je et tu, c'est entrer dans cette faim de l'autre dont le désir témoigne et qui ne cesse jamais tant que nous sommes vivants, écrit Anne Dufourmantelle dans son essai. Et même dans le désert, même dans la stérilité, l'abstinence, même dans le sommeil, persiste cette faim. » Le matin de notre entrevue, je me souviens qu'elle portait des bottines qu'elle n'avait pas eu le temps de lacer.

2

Cette infâme ardeur

Ceux qui pensent le sexe avec dégoût

« Je serais content si nous pouvions procréer comme les arbres, sans accouplement, ou s'il y avait quelque moyen de perpétuer le monde sans cette triviale et vulgaire nécessité du coït. »

Thomas Browne, *Religio medici.*

Ces quarantaines, ces réclusions, ces hautes solitudes où vivent et s'étiolent les femmes et les hommes de nos sociétés génèrent ces vocations de secouristes d'un nouveau genre : promoteurs de sites de rencontres et de fantasmes déjà évoqués (la moitié des mariages aux États-Unis procéderaient d'un premier contact par le net) ; concepteurs de *speed dating* (sept rencontres au cours d'une même soirée de sept minutes chacune [1]) ; responsables de rubriques de petites annonces dans la presse, qui continuent à passionner un public informatiquement faible ; organisateurs de soirées dansantes, la danse demeurant l'un des rituels d'approche les mieux éprouvés ; voyagistes et gentils organisateurs préoccupés d'embarquer dans le même bateau et pour un voyage de rêve de gentils célibataires, etc.

Au-delà de cette quête de se rencontrer, à la fois si touchante et si légitime, il ne faut évidemment pas mésestimer chez certains une véritable *passion* de la solitude, au sens doloriste du terme. Passion qui pourrait n'être, au demeurant, que le versant glorieux de la vocation au célibat, lorsque son versant sombre parlerait, lui, d'une certaine méfiance à l'égard d'un *autre* sexué. Une peur de celui ou de celle dont on devine que l'aspiration première est de vous envahir. De venir en vous. Un dégoût, osons le mot. Dégoût plus partagé qu'on ne voudra l'admettre.

Il n'est pas inutile de rappeler ici que l'étude engagée par Freud sur le cas Vinci, qui aboutira au fameux *Souvenir d'enfance de Léonard de Vinci* auquel le père de la psychanalyse avouait tenir d'une manière particulière, procédait d'une interrogation à propos de l'asexualité apparente du peintre : « À une époque qui vit s'opposer une sensualité débridée et un sombre ascétisme, écrit Freud, Léonard donna l'exemple d'un froid refus de la sexualité, qu'on n'attendrait pas d'un artiste et d'un peintre de la beauté féminine[2]. » Plus loin : « Les écrits qu'il a laissés, qui, bien sûr, ne traitent pas seulement des problèmes scientifiques les plus élevés, mais renferment également des bagatelles qui nous paraissent à peine dignes d'un si grand esprit [...], sont chastes – on serait tenté de dire abstinents – à un degré qui aujourd'hui encore surprendrait dans une œuvre de littérature. Ils éludent tout ce qui est sexuel, aussi résolument que si l'Éros mainteneur de tout ce qui vit était, pour le désir de savoir du chercheur, la seule matière indigne. » Et de citer, enfin, Léonard lui-même : « L'acte de procréation, et tout ce qui s'y rattache, est si répugnant que l'humanité s'éteindrait bientôt, s'il ne s'agissait là d'une coutume traditionnelle et s'il n'y avait pas encore de jolis visages et des prédispositions sensuelles. » Curieuses réticences, en effet, qui valent que nous y revenions.

Bien entendu, cette sainte distance ou répulsion à l'égard du sexe est loin d'être l'apanage du génie italien. L'eunuquisme est une velléité toujours recommencée dans l'histoire occidentale, et d'autant plus valorisé qu'il s'origine en Matthieu (19, 12), autrement dit dans l'un des livres saints du christianisme. L'évangéliste s'attarde à distinguer, en effet, entre les eunuques qui sont nés eunuques, les infirmes de l'amour donc ; ceux qui ont été faits eunuques par la volonté des hommes, autrement dit qui ont payé par là même une faute ou un privilège (entrer par exemple au service des femmes du souverain) ; et, enfin, les eunuques « qui se sont rendus tels à cause du Royaume des Cieux ». Il faut sans doute se garder de glorifier ces organes épouvantables dont la fonction est de nous détourner de nous-mêmes en tant que candidats à la grâce divine. La fornication est un écart. Le sacrifice des pâles et modestes plaisirs qu'elle nous promet nous remet instantanément dans l'intimité de Dieu. Épouvantes que ne partage pas le judaïsme : « Contrairement au christianisme et à nombre de religions orientales, écrit Adin Steinsaltz, le judaïsme n'a jamais considéré le mariage comme un "mal nécessaire", indispensable pour la perpétuation de l'espèce mais méprisé à tout autre égard. Les sages estimaient que le désir sexuel est un instinct naturel comme les autres et non une chose condamnable[3]. » Non plus que l'islam : « Mis à part certaines initiations ou retraites dévotionnelles (*khalwa)* pratiquées par les soufis, écrit Aziz al-Azmeh, cette religion dissuade plutôt de toute forme d'ascétisme de longue durée comme de toute pénitence charnelle[4]. » Les macérations coutumières aux anachorètes puis aux moines et moniales ont fait ainsi « l'objet de dérision de la part des auteurs musulmans, lesquels les tiennent pour contraires aux intentions divines ». Souvenons-nous que nous, qui sommes pétris par les vieilles mains de la religion de Paul, d'Origène, d'Augustin, d'Irénée, avons un compte particulier à régler avec le sexe.

Leçon de choses

Pour le sexologue Jacques Waynberg, le dégoût est au cœur de la fonction érotique : « L'amour permet un temps de traverser à gué la distance qui sépare la peau d'un corps des sécrétions d'une autre peau, d'autres muqueuses, de mélanger les salives, de respirer la moiteur des orifices[5]... » Une passerelle au-dessus de l'abîme vertigineux qui nous empêche de concevoir dans leur crudité adamique ou crudité d'écorché le corps et l'intérieur du corps de l'autre. Il faut une bonne dose d'abnégation, d'inconscience, d'ignorance angélique pour aller y voir, pour tremper son corps dans un autre. Qui n'a pas fait l'expérience de boire son propre sang et de ne pas en supporter la trace l'instant d'après sur le mouchoir qu'on exhibe pour savoir si on saigne encore[6] ? L'amour et le désir qui le pulse sont sorciers ou magiciens, en ce sens qu'ils nous font considérer les sécrétions du corps d'un autre comme autant de prolongements de celui-ci, des ambassades en somme, que nous accueillons en nous sans jamais rompre leurs amarres. Un *tout un*, corps et salive, sueur, larmes, suc, sperme, et peut-être faut-il s'arrêter là car le dégoût n'est pas loin de reprendre le dessus. Témoin cette unanime mise à l'écart de la femme durant ses menstruations et la manière, nous dit Germaine Greer, dont les femmes intériorisent encore ce rejet : « Si vous vous croyez émancipée, envisagez donc l'idée de goûter votre sang menstruel. Si cela vous donne la nausée, c'est que vous avez encore un long chemin à parcourir[7]. » Du courage, messieurs, mesdames, que diable ! Il s'agit de l'être désiré, ce dieu vivant ! Quoi de repoussant pourrait sourdre de ce corps ! Le désir, lorsqu'il est fort, glorieux, plus fort que la mort et le dégoût, est alors un désinhibiteur sans rivaux.

Prenez maintenant une femme et un homme qui s'aiment d'un amour qui se fait, qui n'ont ni leurs yeux dans leur poche ni leur langue dans leur bouche – notez que deux hommes ou deux femmes, tenus par les mêmes liens du désir, feraient tout aussi bien l'affaire. Convoquez-les maintenant séparément chez le gynécologue de madame (un homme, en l'occurrence) et soumettez-les à la question. L'amante est une femme de quarante-cinq ans, restauratrice, vive, travailleuse acharnée, sans enfant. L'amant, un homme de trente-huit ans, soucieux de son hygiène, de sa forme, de son image, travaillant dans la grande distribution. Ils se connaissent depuis dix-huit mois. Bien que séparés de corps pendant la semaine (l'amant voyage en France et à l'étranger), ils se créent toutes les occasions pour se retrouver chez elle ou chez lui et pour faire l'amour. Lorsqu'ils évoquent ces retrouvailles, ils disent simplement, elle : « Nous faisons l'amour », lui : « On prend un peu de bon temps ». Rien d'ostentatoire.

Avec une demi-heure de retard sur l'horaire prévu, la femme prend place en face du médecin qui nous salue et entame, sans perdre davantage de temps, son questionnaire (le retard est de son fait). Il s'agit pour chacun des amants de tester son niveau d'intimité avec le corps de l'autre.

« Votre partenaire est-il circoncis ? » demande, pour commencer, le médecin.

Elle me regarde en souriant, manière de dire : si tout est du même tonneau, je vais décrocher mon certificat d'aptitude les doigts dans le nez ! Puis elle répond :

– Il ne l'est pas.

– Avez-vous l'impression de bien connaître tout ce qui a trait au sexe de votre compagnon ?

– Je crois... Interrogez-moi.

– Par exemple... avez-vous remarqué que lorsque vous le décalottez, le prépuce paraît retenu par quelque chose...

– Quelque chose ?

– Un frein, c'est le nom que nous donnons à ce petit élastique, au niveau de la face inférieure du gland...

Il y a un silence, puis elle demande :

– Un frein ?

– Oui, vous est-il arrivé en le décalottant, par mégarde, de tirer trop énergiquement sur ce frein, et s'en est-il plaint ?

– Il ne s'est plaint de rien.

– J'imagine que votre partenaire a des érections, n'est-ce pas ?

Elle rit :

– Plutôt, oui.

– Savez-vous comment se gonfle la verge ?

– C'est un ensemble de muscles que le désir, je crois, met en action... mais je n'en connais pas le détail.

– Des muscles ?

– Peut-être que ça ne s'appelle pas comme ça.

– D'après vous, le conduit qui laisse passer le sperme

est-il celui qui laisse passer l'urine, ou bien s'agit-il de deux voies distinctes ?

– J'imagine que c'est la même chose.

– Votre partenaire est-il suffisamment turgescent lorsqu'il vient en vous ?

– Ça pourrait durer plus longtemps.

– Vous voulez dire qu'il souffre d'éjaculation précoce, ou bien qu'il a des difficultés à maintenir son érection ?

– Je ne sais pas si, au bout de deux minutes, c'est précoce.

– Nos études montrent que lorsque la pénétration a eu lieu, la majorité des hommes éjaculent au bout de trois minutes. Votre compagnon est dans la moyenne.

Elle a un geste de la main qui peut vouloir dire qu'elle se moque bien de ce que font les autres, ou bien qu'elle est sans illusion sur les performances des hommes en général. Le médecin m'interroge du regard et je lui fais signe de poursuivre.

– D'après vous, où se fabrique le sperme ?

– Dans les...

– Vous voulez parler des testicules.

– Oui.

– Le sperme fabriqué par les testicules passe alors directement dans la verge ?

– Sinon où ?

– N'avez-vous pas senti comme une excroissance, puis un fil dur qui roulait sous vos doigts en pinçant doucement les testicules de votre partenaire ?

– Un fil dur ?

– Un cordon, si vous préférez...

– Non. Je ne pince pas les testicules. De quoi s'agit-il ?

– L'excroissance est le lieu de stockage du sperme, nous l'appelons l'épididyme...

– Ça me fait penser à des bas.

– ... Le cordon est le canal déférent qui conduit le sperme vers la région prostatique.

Elle est un peu agacée. Ou elle s'ennuie. Le médecin poursuit :

– Savez-vous ce qu'est la testostérone ?

– ... Une hormone ?

– À quoi sert-elle ?

– Je n'en sais rien.

Là-dessus, le médecin sort un schéma très explicite et rassemble les morceaux du puzzle. La jeune femme fait mine d'y prendre un peu d'intérêt. Nous sortons.

Même épreuve pour monsieur quelques jours plus tard. Monsieur est mal à l'aise. Il me dit en souriant, avant d'entrer, qu'il n'a pas eu le temps de réviser.

– Pouvez-vous décrire le plaisir qu'éprouve votre partenaire lorsque vous faites l'amour... Elle éprouve bien du plaisir ?

– Oui...

– Comment le lui procurez-vous ?

– Par des caresses.

– Vous parlez de cunnilingus ?

– C'est ça.

– La faites-vous jouir à chaque fois de cette manière ?

– Je crois.

– Éprouve-t-elle du plaisir aussi lorsque vous êtes en elle ?

– Pas vraiment.

– Diriez-vous que votre compagne est clitoridienne ?

– C'est sûrement ça.

– A-t-elle connu le plaisir vaginal avant vous ?

– Il me semble...

– Décrivez-moi le sexe de votre partenaire.

– C'est délicat...

– Vous êtes dans un lieu où ça ne devrait pas poser de problème.

Il hésite.

– Faites alors un dessin.

Il lui tend une feuille qu'il a sortie d'un tiroir et un stylo. L'amant dessine un triangle sur lequel il place le clitoris, « un peu en haut », et l'entrée du vagin.

– Vous n'avez rien oublié ?

– Il faut que je dessine aussi l'intérieur...

– Non, là, sur votre dessin...

– Je ne vois pas.

– Les lèvres.

– Ah oui !

Il fait deux longs traits verticaux.

– C'est tout ?

– Oui.

– Continuez.

Il fait un triangle, à côté du premier, mais celui-ci plus allongé.

– Vous avez représenté l'intérieur du sexe ?

– Oui.

– Montrez-moi où vous situez le vagin.

Il montre le bas du triangle.

– Après ?

Il hésite.

– Où situez-vous l'utérus ?

Il fait avec son stylo un point dans la partie supérieure du triangle.

– Le col ?
Il ne sait pas.
– Les trompes ?
Il est étonné.
– Les ovaires ?
Il me demande d'interrompre ce jeu stupide.
– Quelle est la durée moyenne du cycle menstruel ?
Il abdique sa couronne.

Nous quittons le cabinet du gynécologue, que je remercie chaleureusement, puis nous rejoignons, monsieur et moi, la dame qui nous attend un peu plus loin. Elle veut savoir comment cela s'est passé. Il le lui dit. Il se doute qu'il a fait des erreurs grossières. Je lui conseille la consultation de bons ouvrages. Je l'ai fait moi-même pour préparer ces entrevues. Comme le dit le docteur Ronald Virag, chacun de nous est un « analphabète de son corps[8] », et j'ajoute : du corps de l'autre. Ce n'est peut-être pas sans raison.

Jenny Fields et Pozdnychev

Cette piètre curiosité dans l'amour, comment devons-nous la comprendre ? Qu'est-ce qui nous dissuade d'aller y voir, de regarder avec autre chose que cette réprobation ? Pour les Pères de l'Église, l'Église de la chasteté, le corps n'est pas en cause car il est œuvre de Dieu. Ce qui est en cause, en procès, c'est la *chair*, c'est-à-dire le corps lorsqu'il est la proie de la *concupiscence*, ce mot terrible qui, si on l'effeuille un peu lentement, apparaît déjà comme une sorte de partition de la débauche. La chair, autrement dit tout ce qui peut conduire le moi à préférer sa volonté à celle de Dieu. « Si la *concupiscentia carnis* était en fait pour Augustin une affliction tragique, écrit Peter Brown, c'est précisément parce qu'elle avait très peu à voir avec le corps. Son origine se trouvait dans une déviation durable de l'âme. Avec la chute d'Adam, l'âme avait perdu son aptitude à se rassembler dans sa totalité, dans un acte unifié de volonté, pour aimer et louer Dieu dans toutes les choses créées. La concupiscence était une sombre pulsion pour contrôler, s'approprier et détourner à des fins privées tout ce que Dieu avait créé de bon pour être accepté avec gratitude et partagé avec d'autres. Elle se trouvait à la racine de la misère inéluctable qui affligeait l'humanité[9]. » Le mal est nommé.

Lorsque son fils Colin (douze ans) s'enferma dans sa chambre pour se plonger dans le manuscrit du *Monde selon Garp* à peine achevé, John Irving prit conscience tout d'un coup « du rôle primordial de la concupiscence dans [son] histoire, et, circonstance aggravante, du discours férocement répressif que le livre [tenait]. En effet, tous les personnages de l'histoire qui satisfont leur concupiscence [étaient] sévèrement punis[10] ». Il croyait jusque-là avoir rendu compte du conflit ouvert entre les femmes et les hommes, conflit dont, en effet, la génération d'Irving avait passablement souffert. Les femmes ayant commencé à donner de la voix, les hommes ne pouvaient plus faire semblant de s'interroger sur ce qu'elles attendaient d'eux. En bon analyste, Irving avait entendu que cela impliquait la fin de la sexualité que les hommes imposaient à leurs partenaires depuis toujours, sans se soucier jamais de savoir si cela leur convenait. Si les femmes pouvaient dire désormais leurs quatre vérités aux hommes – et elles s'y essayaient –, alors elles ne tarderaient pas à leur faire comprendre que quatre-vingt-quinze fois sur cent, comme le dit Brassens, elles « s'emmerdent ». Une menace pesait dès lors sur la relation sexuelle, son avenir. En même temps, ces incertitudes laissaient augurer que les protagonistes n'en resteraient pas là. Ils chercheraient des solutions, des compromis pour satisfaire leurs pulsions. À moins que ces conflits maintenant ouverts ne favorisent le retour des formes anciennes d'abstinence et de chasteté : la condamnation de la chair, ce corps concupiscent qui est l'instrument que l'ego choisit pour se détourner de Dieu. Avec trente ans d'avance (le roman fut publié en langue anglaise en 1976), Irving anticipait ce vaste mouvement de suspicion et de renoncement dont nous sommes aujourd'hui les témoins. L'écrivain est toujours prophète dans son pays.

Jenny Fields est une jeune femme d'allure athlétique qui a tout de la garçonne. Elle a quitté l'université pour devenir infirmière au Mercy Hospital de Boston et s'est fait la réputation d'une « louve solitaire », se passant très bien des hommes, de leur compagnie comme de leurs services – en dépit de la réputation de « vieille pucelle » que cela lui a valu parmi ses collègues. « Je voulais travailler et je voulais vivre seule, expliquera-t-elle plus tard dans son autobiographie. Cela me rendait, sexuellement parlant, suspecte. » Elle croit légitime pour les femmes de son temps de se tenir à l'écart des hommes. Si elle n'est pas contre le fait d'avoir un enfant, c'est à la condition que le géniteur ne s'y prenne pas à deux fois. Un seul essai.

Un jour, le petit ami de l'une de ses collègues l'aborde

à la cafétéria de l'hôpital et lui tend un verre de lait rempli à ras bord :

Du sperme, annonça-t-il en désignant le verre d'un hochement de tête. Et tout ça *d'un coup, d'un seul* – je ne me gaspille pas, moi. Si c'est vrai que personne n'a droit à plus d'un essai, alors je suis votre homme.

– Je veux un enfant, déclara-t-elle. Je ne veux pas ouvrir une banque du sperme.

Puis le destin lui sourit. Un pauvre mitrailleur de tourelle de queue sur un B-17 E affecté aux missions de bombardement du continent à partir de l'Angleterre débarque un jour dans son service. Grièvement atteint d'éclats de mitraille à la tête et mentalement assez diminué, il ne peut plus dire que « Garp ». Émue moins par cette tragédie qu'une guerre rend malgré tout banale que par les généreuses érections du mitrailleur de tourelle, Jenny Fields le traite comme un pauvre enfant régressant et n'hésite pas à le coucher contre son sein, et à le lui donner, allant même, un jour où elle sent sa fin prochaine, jusqu'à se ficher à califourchon sur son sexe turgescent.

– Garp ? demanda-t-elle. Ça va ? Est-ce que c'est bon, Garp ?

– *Bon*, approuva-t-il distinctement.

Mais ce n'était qu'un mot rescapé du naufrage de sa mémoire, illuminée soudain, un bref instant, lorsqu'il l'avait pénétrée. C'était le premier et ce fut le dernier véritable mot que Jenny Fields l'entendit prononcer : bon [11].

Témoignage inoubliable de l'hospitalité vers laquelle tendaient autrefois les soins hospitaliers, et dont naquit le fameux S.T. Garp. Rescapée de cette intrusion de l'homme en elle, maintenant mère, Jenny Fields en revient à des dispositions plus chastes. Elle prend même les devants de la rébellion féministe en répétant à qui veut l'entendre, et jusque dans sa célèbre autobiographie, *Sexuellement suspecte,* qu'une femme peut très bien se passer d'un homme. Tout le mal dans ce monde, tout ce qui ne tourne pas rond, absolument tout, est la faute de la *concupiscence.* « Le monde est malade de concupiscence. » Nous y voilà.

Imaginons maintenant un dialogue entre Jenny Fields (laquelle va finir frappée d'une balle en plein cœur, le jour d'un meeting) et cet autre fanatique du célibat chaste, le fameux Pozdnychev, le héros de *La Sonate à Kreutzer* de Léon Tolstoï [12], roman qui date des années 1890, soit quatre-vingt-dix ans avant qu'Irving ne jette son pavé dans la marre et n'éclabousse un peu tout le monde. Imaginons-les devisant comme Tolstoï a imaginé que Pozdnychev se confiait au narrateur de ce court roman, en vis-à-vis dans un train traversant les steppes blanches de la Russie ou bien les grands espaces étatsuniens.

Pozdnychev s'est expliqué longuement sur les raisons qui l'ont poussé à assassiner sa femme qu'il soupçonnait de le tromper. Jenny Fields n'a pas protesté devant ses arguments. Ces deux-là, sur le sujet qui les retient maintenant, s'entendent à demi-mot. Ils ont pour la *chose* une réticence telle qu'on pourrait les laisser tous les deux nus dans une chambre noire sans redouter le moindre dommage : « Quand une bigote épouse un dévot, cela ne donne pas toujours un couple en éjaculation », dit le philosophe romantique Georg Christoph Lichtenberg. Mais méfiance. On sait que lorsque Tolstoï faisait macérer son esprit dans ce jus de pudibonderie, le couple qu'il formait avec Sonia redoutait une quatorzième grossesse, laquelle eût donné à ces sombres méditations sur la chasteté une conclusion hilarante.

– Je ne comprends pas cette *idée* d'avoir *envie* de vivre avec quelqu'un, dit Jenny Fields. Pourquoi les gens se marient-ils, après tout ? La religion le leur commande-t-elle ?

– Le Christ n'a donné aucune règle de vie, répond Pozdnychev, il n'a même pas institué le mariage.

– Alors pourquoi les gens se marient-ils ?

– On a pris l'enseignement du Christ à la lettre. On en a fait un ensemble de règles extérieures, appelé doctrine chrétienne de l'Église, et celle-ci s'est substituée à la véritable doctrine de l'idéal du Christ. Mais bien évidemment, si les hommes continuent à se marier, c'est afin de se livrer dans l'intimité du foyer aux abominations que l'on sait.

– La concupiscence pousse les meilleurs des hommes à des conduites indécentes, admet Jenny Fields.

Pozdnychev en convient, même s'il ne s'est pas senti toujours au-dessus de la possibilité de la faute.

– À seize ans, la femme me tourmentait déjà et mes solitudes étaient impures, explique-t-il. J'étais devenu ce qu'on appelle un fornicateur. Or, être un fornicateur est un état physique semblable à celui du morphinomane. De même que le morphinomane n'est plus un homme normal, de même l'homme qui a connu plusieurs femmes pour son plaisir n'est plus un homme normal mais un homme corrompu à tout jamais : un fornicateur.

Pour Pozdnychev, la chasteté n'est pas acquise, jamais :

– La chasteté n'est pas une loi ni une prescription, mais un idéal, précise-t-il. Or, un idéal n'en est vraiment un que lorsqu'il ne se révèle accessible que dans l'infini et que, par suite, la possibilité de s'en approcher est infinie.

Si maintenant quelques champions atteignent leur but – il voudrait en être –, est-ce que cela doit faire problème ?

– Est-ce que le genre humain va disparaître parce qu'une dizaine ou une vingtaine d'hommes désirent ne plus vivre comme des porcs ?

Non, bien sûr.

– Pourquoi doit-il se perpétuer, le genre humain ?

Et voilà Jenny Fields toute songeuse[13].

L'« orifice d'immondices »

La méconnaissance générant le dégoût, et réciproquement, le peu de sympathie qu'on peut éprouver devant le sexe de l'autre peut s'enraciner dans de saintes frayeurs, d'archaïques terreurs, de celles qui occasionnent parfois chez les apprentis amants de persistantes carrières en impuissance. D'abord, comme le rappelle Alfred Binet dans son étude sur le fétichisme, nos goûts sont déterminés par la culture qui les a suscités, polis puis légitimés, et nous ne considérons pas ce que nous appelons la beauté de la même manière d'un point à l'autre du temps et de l'espace. Ainsi avons-nous fait preuve de bien peu de suite dans nos désirs en vénérant des femmes opulentes et maternelles que nous avons vouées plus tard aux gémonies. Même chose pour les amours homosexuelles, hier louées ensuite condamnées, puis à nouveau tolérées. Même chose pour cette oscillation, cette hésitation qui va de la chasteté à la débauche et retour, ces morales girouettes, ces emportements que les vents dispersent. « À Pékin, une femme est belle quand elle déborde de graisse et que ses pieds sont trop petits pour marcher ; à Java, quand elle a le teint jaune et les dents peintes en noir ; à Tahiti, quand elle a le nez écrasé. Il n'est même pas besoin d'aller chercher à l'autre bout du monde les preuves de la force de la coutume sur nos sentiments et nos goûts [14]. »

Sans doute par ailleurs y a-t-il un peu de dépit chez les mâles à se sentir *agis*, à bander à tour de bras, si l'on peut dire, à se connaître si difficilement maîtres d'eux-mêmes aussitôt qu'elles ou qu'ils paraissent, à se savoir davantage proies que chasseurs. « Je hais cette façon qu'ont les femmes de m'envahir, dit Vatsyayana, auteur présumé du *Kama Sutra* et héros du roman de Sudhir Kakar. Je hais ce qu'elles infligent à mon corps sans mon consentement. Je suis irrité par les érections importunes qu'elles suscitent [15]. » Haine pour ce qui s'enfle de moi malgré moi, mais tout aussi bien répulsion face à ces gesticulations obscènes, ces râles grotesques, ces simagrées, ces violences parées de monstrueux atours, ces odeurs qui envahissent bientôt la chambre nuptiale pour la transformer en un cloaque où débande le désir. « Qu'une fille puisse jouir comme une jument, en se tordant, en poussant des hurlements ou en lâchant des obscénités, ça leur fait peur et parfois ça les dégoûte [16] », note José Pierre. Ainsi la « copulation charnelle » et la « vénéneuse lascivité de l'acte » ont-elles été perçues le plus souvent par la gent masculine de l'Europe prémoderne, nous dit l'anthropologue Piero Camporesi, « comme de voluptueuses et tentantes expériences à haut risque, délicieux avant-goût de cet enfer dont la femme était malicieusement porteuse [17] » – Boccace employant l'expression « mettre le Diable dans l'enfer » pour désigner l'accouplement. Car non seulement la copulation pouvait vous sortir de vos gonds, vous jeter dans d'insondables démences, réduire à la folie les plus sages d'entre les hommes, mais elle était aussi une expérience néfaste pour la santé et d'une dangerosité que l'expression populaire « petite mort » rendait tout à fait bien.

La peinture du coït sous l'angle de la physiologie n'étant guère plus rassurante, ainsi que le montre Roger Caillois dans *Le Mythe et l'Homme*, la science donnait l'impression d'avoir partie liée avec la morale et toutes les idéologies stérilisantes. Ainsi la fornication et la fin qu'elle recherchait étaient-elles décrites comme « le soulagement *spasmodique* d'une *tension*, par conséquent comme le résultat d'une impulsion de détumescence[18] ». Une entreprise dirigée, dit Caillois, « vers le paroxysme de l'éjaculation », qui vient *briser* « à son plus haut point de développement un rythme croissant et fait succéder à une série de pulsions lancées dans un processus d'accélération continue et paraissant trouver sa fin en elle-même une *chute* abrupte, verticale, dans l'immobilité forcée, le repos, la demi-conscience ». On ne s'étonne pas alors que cette apothéose, qui est en même temps cette mort, « soit capable de provoquer les plus graves désordres organiques : évanouissement, vomissement, accès épileptique, mort ».

On ne s'étonnera pas non plus que, dans ces conditions d'apoplexie annoncée, les amants se soient retranchés derrière le constat, au moment du sacro-saint devoir d'amour, qu'ils étaient en petite forme. Nulle ardeur à descendre dans cette fosse d'ombre ou dans ce fâcheux sépulcre, ce puits noir où « stagnaient des eaux mortes et livides, des dangereux liquides fangeux, des sèves néfastes, sales comme le péché, poisseuses comme le mal, contagieuses comme une ignoble maladie[19] ». Ces « marais putrides » pouvaient abriter toutes sortes de créatures, hydres, tarasques, serpents et même des crapauds qui naissaient, disait-on, du sang menstruel putréfié, autant de bêtes monstrueuses et, bien sûr, jamais rassasiées. Autant de mises en garde adressées par les dignitaires de l'Église pour décourager l'esprit de concupiscence et qui témoignaient de bien mauvaises pensées pour celle qu'on voulait rendre responsable de tous les maux de la création. « Ne savez-vous pas que la femme fut appelée le portrait de l'inconstance, écrivait le dominicain Tomaso Caraffa, le type de la fragilité, la mère de la ruse, le symbole de la variété, la maîtresse des malices, la princesse des fraudes, l'inventeuse des tromperies, l'amie de la simulation, car elle est l'imperfection même ; en effet, elle est faible par la voix, volubile par la langue, lente dans les pas, hâtive dans la colère, tenace dans ses haines, prompte dans l'envie, débile dans la peine, docte dans le mal, habile aux mensonges, car elle est un terrain vague où se niche l'aspic mordant[20]. »

Rien ne justifiait qu'on se bouscule devant cette porte. Rien qui nous eût permis de surmonter notre répugnance pour assurer l'œuvre de chair dont les générations futures procéderaient. Après tout, comme le suggérait Pozdnychev, pour perpétuer l'espèce des hommes, il suffisait de se porter au secours de ces milliers ou millions d'enfants perdus qui erraient dans notre monde. En bons chrétiens, les couples chastes auraient dû préférer le devoir d'amour envers de ces innombrables orphelins aux tristes récompenses de la chair, surtout qu'on la savait faible et promise à aucune sorte de résurrection. Oui, vraiment, il y avait mille bonnes raisons de tenir les corps à distance si les corps ne devaient se connaître que pour nous perdre.

Virginité sous plastique

Une collection de diplômes, pour se rassurer, pour étoffer un peu cette vie et ce corps trop maigres entrés dans leur trente-quatrième année, mais dans lesquels on n'entre pas. Une jeune femme épuisée de se tenir en équilibre. Une âme peu vêtue, à nu, mais terriblement pudique. Une enfant qui tourne autour de sa mère comme autour d'un astre. Un être plume dont on se demande toujours comment il a pu se maintenir dans ce monde de bruit et de fureur, ce monde obscène où nous purgeons nos étranges peines. Des diplômes et de vraies implications dans le jeu social, comme aujourd'hui où elle me dit être rattachée au service de l'Aide sociale à l'enfance, quelque part outre-mer. Le plus loin possible de cette mère dont plusieurs années-lumière ne la sépareraient pas. Elle avec ses ailes sur son île. En partance encore et toujours, après quelques tentatives de suicide qui entaillent chaque fois plus profondément le cuir de la vie.

Une anorexie détectée très tôt et traitée jusqu'à l'âge de douze ans avec des drogues, les remèdes de l'impuissance médicale. Des libertés conditionnelles, des récidives, et ce cercle vicieux qui lentement se referme, moins sur une adolescente que sur un couple où c'est souvent la mère qui commence à ruer dans les brancards, parce qu'elle sent déjà où le bât blesse. Elle en appelle aux thérapeutes, nutritionnistes, gynécologues, acupuncteurs, psychiatres, sans lâcher tout le lest nécessaire, sans supporter cette ingérence, sans y croire. À la suite d'une émission sur le suicide chez les ados, une démarche auprès d'un psychiatre « vu à la télé » est tentée, qui justifie chez l'adolescente un engagement thérapeutique. Un lien se tisse avec cet homme qu'elle dit avoir « reconnu » et qui va l'aider à sortir de ses résistances, qui va obtenir que la jeune fille se décide déjà dans sa tête à plier bagage et à prendre le large. C'est l'expérience de l'île qui commence. Mais la mère trépigne et menace. Elle dit : « C'est lui ou moi ! »

Lorsque nous évoquons le sujet interdit, avec prudence, en nous excusant l'un et l'autre, sujet tabou qu'elle accepte de partager avec moi, elle dit qu'elle ne pense pas avoir réellement encore accepté « sa » sexualité. Elle se vit toujours comme « vierge, quasi immaculée », ceci en dépit de la relation qu'elle a nouée et dont on va parler, tous les deux, dans ce café situé place Edmond-Rostand, en face des grilles du Luxembourg. Des grilles, c'est tout ce qu'il nous fallait. Rostand n'est pas mal non plus, qui imagina Cyrano touchant l'âme de Roxane avec la seule force de son verbe haut, de son chant, de son organe. Toucher sans toucher. Le pied ! Vestale, elle se voyait vestale, sa vie entière, hors de portée, inaccessible à toute menace de défloration, requise pour le service chaste. Absente des corps qui se frôlent et se désirent, ces corps qui font la chair, la chair qui suinte la concupiscence. Forclose, hermétiquement fermée sur les paradis de l'enfance et d'autant plus que, depuis l'âge de ses seize ans, le sang a cessé de couler de son corps. D'ailleurs, comment concevoir l'acte de chair autrement qu'avec répugnance lorsqu'on a perçu par capillarité le dégoût ostensible de sa propre mère à l'endroit de la *chose* ? Un jour, l'enfant est placée devant un couple de lapins en grand émoi et se voit délivrer une première leçon. Elle regarde et écoute les commentaires peu amènes de la mère. Ne sont-ils pas ridicules, ces lapins ? Le lendemain, elle observe le comportement de la lapine, qu'elle trouve agressive. Sa mère le souligne aussi. Qu'est-ce que « faire l'amour » veut dire ?

Il y a cette exaspération à l'endroit de ce que les camarades de son âge donnent comme un passage obligé, une corvée nécessaire, après quoi on est un autre, on sort du Royaume pour entrer dans le monde, ce bon vieux sacré monde, avec ces filles qui se pâment et ces taureaux qui les montent. Mille subterfuges pour y couper, pour ne pas s'affronter à ce désir que les régimes et les jeûnes finissent par éteindre. Puis l'inquiétude est venue d'être moins que les autres, d'être disqualifiée. Avec l'âge, le goût de se conformer, d'essayer une seule fois avant de partir, si le départ avait lieu plus tôt que prévu. Une fois. Parce qu'elle ne fréquente plus que des thérapeutes, elle tente l'aventure avec un homéopathe. Durant la consultation, elle essaie de jouer la jeune fille qui est une bonne affaire. Elle fait ce qu'elle croit qu'une jeune fille doit faire. Mais il a vu le manège et a vite fait de désamorcer cette petite bombe. Elle voulait qu'il la désire un peu et voilà qu'il lui prescrit un traitement de la dernière chance. Raté.

Dans son île, ce fut différent. Le prétendant en était vraiment un et la première fois qu'ils s'étaient trouvés ensemble, elle s'était sentie attirée par lui. Était-ce du désir ? En tous cas un besoin de se rapprocher de lui, de lui prendre la main, de le décourager aussi chaque fois qu'il allait trop vite car, bien entendu, *on n'entrait pas*, pas de cette manière. Il fallait concevoir ces semaines, et peut-être ces mois, comme des préliminaires. Par chance il avait compris que la jeune femme était barricadée de l'intérieur, qu'il ne servait à rien de forcer sa porte sinon à la braquer davantage et à la perdre. Perdre dans le sens de meurtrir, peut-être assassiner. Il avait été patient. Mais une patience d'ange, et c'était cette patience qui avait constitué avec le temps un pont de son corps jusqu'au sien. Puis, lorsqu'elle l'avait senti s'approcher, elle l'avait laissé faire, à la seule condition qu'il emprunte l'« autre » voie, par-derrière, plus familière à cause des laxatifs, et ainsi ne la déflore pas. Pénétrée mais vierge ! Elle espérait qu'il s'en contenterait. Pour le reste, il repasserait. Mais bien sûr, tout patient qu'il se montrait, c'est bien la déflorer qu'il espérait, comme une sorte de récompense pour son ardente patience. Il insistait.

Vint la nuit où elle se rendit, et elle ne me cache pas qu'elle a été déçue. Cela ne méritait pas ce tapage. Quant à ce curieux sentiment qu'elle a d'être demeurée vierge, elle le fonde sur le fait que, s'étant protégé, son partenaire n'a pu se répandre en elle, la souiller. Ils eurent quelques rapports encore, toujours protégés. Puis l'inquiétude revint. Ce fut l'époque où, après qu'ils avaient fait l'amour, elle récurait sa chambre avec une serpillière imprégnée de Javel.

Des chiens obscènes

Immonde obscénité de cette chair incendiée par le désir que la mort seule viendra éteindre. Grotesques obscénités des corps qui s'entremêlent et vagissent. Universelle réprobation, ou à peu près, devant ce spectacle où l'homme risque son humanité, celui qui copule comme celui qui regarde. Le vu et le voyeur. Pas de termes assez durs pour réprouver le sexe qui se montre, qui déjoue toutes les règles et les mesures qu'on avait prises pour le faire disparaître, pour éteindre toutes les lumières.

Condamnation à Athènes, au temps d'Alexandre, devant ces philosophes qui, dans la rue, sur la place publique, font ce que font les chiens, ni plus ni moins : « Diogène avait l'habitude de tout faire en public, aussi bien les œuvres de Déméter que celles d'Aphrodite [c'est-à-dire manger et faire l'amour], et il formulait des raisonnements par interrogation du style : s'il n'y a rien de déplacé à déjeuner, il n'y a rien de déplacé non plus à le faire sur la place publique. Or, déjeuner n'est pas déplacé, donc il n'est pas déplacé non plus de déjeuner sur la place publique[21]. » Des philosophes cyniques qui lèvent la patte, copulent, aboient et mordent, et qu'on a fini en effet par appeler des chiens. Peut-être des chiens de race, comme le suggère Diogène, le plus enragé d'entre eux, mais des chiens par qui le scandale est entré dans la cité. Des scandaleux dont les agissements heurtent la morale des Grecs, un peu comme une porte dont on pressent qu'à force de coups elle finira par céder. Et ils insistent, ces chiens, avec l'intention de demander des comptes à leurs concitoyens si comme il faut. Car qui est le plus obscène ? demandent-ils. La question est d'importance.

Qui est obscène ? Celui qui méprise les conventions sociales, l'opinion, l'argent, les honneurs, les déshonneurs, vit sans logis, sans toit, sans l'idée de patrie, citoyen du monde, libre absolument, parce que mendiant, parce que vagabond, parce que n'ayant de comptes à rendre à personne, pas même aux dieux puisqu'on ne sait jamais très bien ce qu'on leur doit ? Un chien à qui il peut arriver, en effet, de se masturber au vu de tous, sur la place du marché, comme si de rien n'était, comme la chose la plus normale du monde, en disant : « Si seulement en se frottant aussi le ventre il était possible de calmer sa faim[22] ! » Ce chien philosophe ou bien celui qui n'a pas de mots assez durs pour le condamner, l'autre crasseux, l'immonde bête, condamner ses excès, ses débauches, son peu de respect pour la loi, les règles, les coutumes, son mépris souverain pour ce vivre ensemble que la cité a si patiemment érigé, auquel chacun doit faire l'effort de croire et que chacun doit servir ? Celui qui donne des leçons, qui est au-dessus de tout reproche, qui se conforme à ce que la cité, les dieux, exigent de lui, qui est sans faute, en tous cas pas au point de ne pouvoir saisir l'obscénité des chiens ?

Où est l'obscénité alors ? demande Diogène. Chez ceux qui copulent sur l'agora ou bien chez ceux qui croient qu'en faisant ces aspersions rituelles, ces mamours aux dieux, on peut se débarrasser de ses fautes ? Chez ceux qui possèdent leurs enfants, leurs femmes, leurs cités, la patrie et n'en ont jamais assez de posséder ? Qui s'encombrent de vérités, de savoirs, de biens dont ils n'ont que faire, plus larges et plus nombreux que leurs ventres n'en pourront jamais absorber, qui accumulent, qui entassent, qui souillent de leurs déchets la terre entière ? Qui volent leurs semblables, qui leur mentent, qui les bafouent, qui se mentent à eux-mêmes et n'ont de respect que pour l'enfer qui est tout ce qu'ils craignent ? Qui est obscène ?

Les chiens disent qu'il faut au contraire se débarrasser de ce fatras, de ces accoutrements de voleur, de menteur, d'imposteur, aller contre cette pente, faire marche arrière, « retrouver un état de nature qui finalement prend des allures de paradis perdu, en limitant nos besoins aux seuls besoins naturels et nécessaires, c'est-à-dire en menant une vie de frugalité et de pauvreté [...]. Méthode efficace s'il en est, car à l'homme qui ne possède rien, indubitablement la Fortune ne peut rien enlever [23] ». Faire la bête au lieu de faire l'ange et de si mal le faire, avec si peu de conviction. Faire comme cette souris que Diogène observe sous la paille, partageant sa litière, son chez-soi d'où on le chassera au matin. Être libre d'être chassé et ne jamais rien perdre. « Il la suit longtemps des yeux. Elle n'arrête pas. Pourtant, elle ne fournit aucun travail. Sur elle ne pèse aucune contrainte, aucun artifice. [...] À cet instant, précisément, Diogène comprit que manger, dormir, discuter, cela peut être n'importe où. Le trajet incessant est le seul endroit où vivre. Cela doit être ainsi [24]. »

Qu'est-ce qui est obscène ? nous demande le philosophe. Qu'est-ce qui nous dégoûte tant dans l'amour qui se fait et que la nature et donc les dieux ont bien dû nous commander de faire ? Pourquoi nous cachons-nous pour le faire, pourquoi, même seuls, à l'écart dans une chambre où personne ne peut nous voir, éteignons-nous la lumière ? De quoi avons-nous peur ? Enfin pourquoi, cette lumière éteinte, ces yeux fermés, continuons-nous à trembler de le faire, et pourquoi décidons-nous en fin de compte de ne plus le faire ? Ou si peu et de manière aussi distraite, comme si de penser à autre chose nous rendait un peu moins « coupables » ? Il faudra convoquer les médecins de l'âme pour connaître cette réticence que le chien philosophe avait pointée.

3

Pannes et dépannages

Ceux qui éprouvent des difficultés à pratiquer l'amour

« Pendant quelques mois, Adam et moi nous explorâmes la vie de son pénis. »

Susie Orbach, *The Impossibility of Sex.*

Malaise dans la condition masculine. Annoncent-ils une impuissance généralisée, ces hommes qui viennent consulter leur généraliste ou, mieux, un sexologue, pour se plaindre qu'il ne se passe presque plus rien, qu'ils ennuient et qu'ils s'ennuient, qu'après avoir tout essayé – les dopages sexuels –, ils sont prêts à jeter le pénis avec l'eau du bain ? Une immense débandade ? Ou bien les pannes, mieux acceptées parce qu'ayant meilleure presse, sont-elles soudain plus faciles à avouer et donc à traiter ? Les hommes commenceraient-ils à prendre leur sexualité au sérieux, en adultes, aussi bien le versant glorieux de la chose que l'autre, à l'abri désormais et des quolibets et des sarcasmes ?

Les spécialistes invoquent mille raisons pour expliquer ce fléchissement et, comble du comble, à peine quarante ans après qu'une vague de liberté sans précédent a fait voler en éclats de joie les insupportables pudibonderies qui endiguaient nos légitimes débordements. Le verrou et l'interdit ne sont plus culturels : nos périodes de rut, nos addictions au sexe ne représenteraient dans nos vies que quelques assauts, glorieux certes, mais dont on ne parlerait qu'au passé. On avait cru qu'en dotant chaque citoyen d'une boîte d'allumettes, le feu serait bientôt partout. Mais non, le feu était en intention et assez peu en actes. Seuls quelques délinquants sexuels, pédophiles et violeurs récidivistes ont continué à incarner pour la communauté entière l'illusion de la lubricité des temps.

À cela viennent s'ajouter ces études qui montrent que la qualité du sperme n'est même plus ce qu'elle était : « La pollution de l'environnement et de l'alimentation, écrit Piero Camporesi, les jeans trop serrés, le stress du travail [1], les frustrations des loisirs, les radiations atmosphériques ont rendu de plus en plus problématique ce qu'un prince de l'Église continue à appeler la "dignité de la procréation". » Quant aux banques de sperme et à leurs donneurs, « auxquels on a recours lorsque le sperme marital bien que renforcé et concentré n'a plus la *vis genitiva* indispensable », ils ont fini, nous dit-il, par retirer « toute auréole résiduelle de grandeur épique à ce que l'on nommait autrefois les dons de la Providence [2] ». Et parce que l'étude que cite le docteur Ronald Virag, spécialiste mondial des dysfonctions sexuelles, date un peu (depuis 1996, les choses ont bien dû s'aggraver encore), elle n'en est que plus inquiétante : en vingt ans, « la concentration du sperme en spermatozoïdes a décru de plus de 40 %, passant d'une moyenne de 89 millions par millilitre en 1973 à 60 millions en 1994. Or, ajoute Virag, lorsque le sperme d'un homme n'excède pas 20 millions de spermatozoïdes au millilitre, on s'inquiète pour sa fertilité, et en dessous de 5 millions, il est très probablement stérile. Aussi, si la diminution se poursuivait au même rythme partout, *en moins d'un siècle le potentiel reproducteur de l'humanité serait anéanti*[3] ».

C'est Pozdnychev qui aurait été content.

Éloge des « béquilles »

Steven est employé dans une société spécialisée dans l'équipement sécuritaire de grandes infrastructures sportives. Depuis la décision du CIO de convoquer les meilleurs sportifs du monde à Londres en 2012, il sait qu'il aura plusieurs fois par an à franchir le tunnel sous la Manche dans un sens et dans l'autre, ce qui ne lui déplaît pas. Il aurait pu choisir de quitter Rouen et de s'installer à Londres, si ce n'étaient ses deux enfants, qu'il a eus de deux femmes différentes, dont il ne veut pas s'éloigner.

Les difficultés ont commencé après sa séparation, il y a quatre ans, d'avec Carla, la mère de sa fille. Longuement discutée, la séparation n'a pas occasionné trop de dégâts. Peut-être pour l'enfant, mais il n'en est pas certain. « Par contre, me dit-il en souriant, un verre de vin à la main, j'ai presque cessé de bander depuis cette époque. Quatre ans d'une carrière d'homme quasi impuissant. Vous ne regrettez pas d'être venu ? » Non car, en plus de servir la cause, Steven est charmant, attachant et gagne à ce qu'on oublie les raisons pour lesquelles on a fait le voyage pour le rencontrer. Pour préparer l'entretien, il a rassemblé un monceau de livres et se propose d'y avoir recours durant nos échanges.

– Cela ne vous contrarie pas ?

– Pas le moins du monde.

– J'ai trouvé à me renseigner dans ces livres, parfois à me rassurer. À m'angoisser toujours. Je me demande si les sexologues qui les écrivent ne cherchent pas à favoriser des carrières d'impuissant. Peut-être que beaucoup moins d'hommes seraient défaillants si on n'avait pas d'une certaine manière légitimé leurs défaillances.

Homme séduisant, entreprenant, il n'a eu aucune difficulté à vivre une histoire après sa séparation, puis une autre, une autre encore, jusqu'à constater un problème. Cela ne lui ressemblait pas d'abandonner la partie, il veut dire : avant d'avoir un peu aimé, connu, savouré. Or, il se souvient avoir très tôt plié bagage. Il ouvre le premier livre, le roman de Gary sur le sujet, le must, et lit : « Combien d'hommes quittent une femme "trop exigeante" uniquement pour "sauver l'honneur", c'est-à-dire par lâcheté, parce qu'ils sont conscients de leur insuffisance et sentent venir le moment où ils vont être découverts [4] ? » Il cherche à mesurer sur moi l'effet de ces lignes :

– Comment trouvez-vous ça ?

– Éloquent. Impeccable.

– Plus loin, il y a cette autre merveille : « Et combien de fois ai-je entendu qualifier de "frigides" des femmes parce qu'elles n'ont pas un orgasme d'homme, mais chez qui la volupté est d'une qualité tout autre, "en paliers", d'une continuité merveilleuse et qui ne finit qu'avec l'homme lui-même, si bien que celui-ci est souvent hors d'état de leur tenir compagnie indéfiniment tout le long du chemin ? » En tombant sur ce roman, j'ai eu l'impression que Gary parlait de moi.

– Qu'avez-vous fait en constatant ces difficultés ?

– J'ai paniqué. C'est le mot adéquat, en l'occurrence. J'avais peut-être tendance à porter mon honneur au mauvais endroit... vous voyez ce que je veux dire.

Il cherche dans Gary :

– « Les couilles devraient pousser sur la tête comme une couronne. » Quel type ! Vous l'avez lu ?

– Oui. Comme vous, il me touche beaucoup.

– Je faisais un peu comme le personnage du roman. Avant d'engager une relation, je priais pour que ce soit une clitoridienne. Mais le problème, vous le savez bien, c'est que la panne est chez nous toujours ostentatoire. Vous ne pouvez travailler en confiance, ni votre partenaire s'abandonner.

– Alors ?

– J'ai consulté.

– Qui ?

– Un médecin de famille, ici, à Rouen. C'était la première fois qu'on me posait autant de questions sur mon sexe. J'ai découvert que ces petites bêtes peuvent hiberner et pour des raisons mal connues. Quand on ne sait pas, on dit : « Problèmes psychiques. » Il me confia que cent cinquante millions de bonshommes souffraient de dysfonctions érectiles. Je n'en revenais pas. Il n'y avait pas chez moi d'obstacle mécanique. C'était dans la tête, la tête avec ses cornes et ses couilles. Il évoquait, à la suite de ma séparation, quelque chose comme le « syndrome du veuf ». Peut-être avais-je souffert dans cette histoire plus que je ne voulais me l'avouer.

Le généraliste lui recommanda ces produits sexoactifs connus pour faciliter l'érection dans 80 % des cas et, si l'activité ne reprenait pas normalement, une thérapie avec un confrère de Rouen qu'il lui indignerait.

– Je me suis demandé s'il n'en faisait pas un peu trop. Je n'ai jamais fait d'analyse, ne suis jamais allé voir un psy. Mais que la proposition d'en voir un découle de problèmes d'érection me renversait carrément.

– Vous avez obtempéré ?

– Oui. J'ai commencé par essayer les pilules que ce médecin m'avait prescrites… je vous épargne l'inventaire.

– Si, si. Allez-y.

– Les labos qui font fortune sur notre dos devraient nous dédommager de nos efforts, vous ne croyez pas ? De toutes les pilules, j'ai eu un faible pour celle qui m'a fait croire un soir que c'était reparti. J'ai compris après que c'était ce que j'avais mangé avant de gagner l'appartement de la dame.

– Quoi ?

– Cuisine antillaise ! Mais j'ai tout essayé, bien sûr, et même ces amorphines… (il cherche un ouvrage dans la pile, puis la page, et se corrige), apomorphines, qui n'agissent pas au niveau de la verge mais (il lit) « au niveau de l'hypothalamus, dans le noyau paraventriculaire [5] ». Un laborantin, je vous dis.

Pas de miracle pour Steven. Il prit rendez-vous chez un sexologue parisien.

– Il me plut d'emblée, parce qu'il ne m'emmerdait pas avec ma verge en bandoulière. Il m'interrogea sur ma période faste, sur la manière dont je m'y prenais, sur ce que j'appelais « préliminaires », sur mes habitudes alimentaires, sur ce que je buvais, fumais, ruminais. C'était une enquête en règle, mais du point de vue de mes gloires et pas de mes fiascos.

– Épatant.

– Il voulait me rassurer… « Les pannes, me dit-il, ne

sont pas en dehors de la sexualité. Un coureur ne cesse pas de l'être parce qu'il prend des vacances aux sports d'hiver ou parce qu'il s'est foulé la cheville. » Il me fit un petit cours sur les aphrodisiaques genre ginseng, gingembre, noix de kola, corne de rhinocéros, piment. Un autre sur les poppers qui circulent dans les milieux gays...

– Poppers ?

– Ce sont des produits qui rendent euphorique et qui font bander, mais avec des effets secondaires peu sympathiques. On les trouve dans les sex-shops sous le nom de New Fun, de Magix, de Snapers...

À ces magies improbables il préféra les livres, les stages de relaxation, les cures.

– Vous vous souvenez de ce passage ?... (Il a repris son Gary) Jacques Rainier est allé consulter le professeur Mingard, qui lui cite un certain Silbermann, auteur d'une *Encyclopédie sexuelle* en six volumes, dont je n'ai pas trouvé trace. En cas de difficulté d'introduction, Silbermann recommande de placer sa main droite sous la cuisse de sa partenaire, une fois couché sur elle, et de soutenir « fortement la base et le tiers inférieur ou même la moitié de la verge avec la fourchette des doigts, afin de la maintenir à l'intérieur et l'empêcher de dévisser »... C'est ce qu'il appelle la solution des « béquilles ». » Et quand on en est aux béquilles...

– Qu'avez-vous fait de ces conseils ?

– J'ai arrêté de fréquenter ces thérapeutes et ces boutiques d'élixirs de sénescence. Je me suis mis à penser aux JO 2012.

La mer à son reflux

Il peut exister de nombreux obstacles sur la voie de l'érection. La défaillance, lorsqu'elle se répète et s'installe, peut susciter de sérieuses interrogations sur l'aptitude et la puissance et provoquer, à la longue, une paralysie dont certains hommes ne sortent plus. Si l'érection n'est pas empêchée, si elle est constatée par exemple au matin, on peut être sûr qu'il doit exister un moyen pour remettre la libido sur ses rails. Comment ? Il existe mille mauvaises raisons pour qu'un homme ou une femme ne ressente plus de désir, ou bien, croyant en ressentir, ne trouve plus les voies de son expression – voies impénétrables, qui justifient qu'on affronte les problèmes sous l'angle de la sexologie, de la gynécologie, de l'andrologie, de l'urologie, chaque science privilégiant une expertise particulière et les traitements adéquats. Il est amusant de noter que ces mêmes médecins du sexe, qui se sont donné mission de favoriser les expressions les mieux accomplies d'une sexualité dont on venait, dans les années 70, de redorer le blason, reçoivent aujourd'hui des couples qui viennent vérifier s'ils sont encore « normaux » de ne plus faire l'amour. Le couple comprend intuitivement que c'est de sa tranquillité, de son asexualité qu'il tire sa force de cohésion et qu'il aurait tort de faire entrer le loup dans la bergerie et de mettre tout l'édifice en danger. Et le sexologue n'a plus qu'à entériner la situation. Nous y reviendrons.

Notre sexualité porte l'empreinte la plus explicite de l'éducation que nous avons reçue, de la manière dont nous l'avons intériorisée, des injonctions contradictoires auxquelles, dans le champ de nos expérimentations, nous avons tour à tour voulu la contraindre. Cette imprégnation dont les sources sont multiples, indiscernables, nous empêche de savoir tout à fait ce qu'est notre sexualité, dans quelle mesure elle sert notre vanité ou notre épanouissement, notre esprit de conquête ou notre sainte horreur de la solitude. *Éros* ou *agapé,* pour reprendre les catégories rappelées par le pasteur Antoine Nouis. Nous interroger sur notre sexualité, sur ce qu'elle est vraiment, à travers ce que nos partenaires peuvent nous en dire, dans ses phases lumineuses aussi bien que ténébreuses, permet d'anticiper ces époques (tant mieux si vous ne les traversez pas) où nous devrons essayer de la restaurer. La panne et les dépannages qu'elle appelle sont ainsi plus formateurs que l'on croit. Le fiasco apparaît alors davantage comme une manière de ruse de la libido qui nous convie à sortir de nos ornières, à ne pas nous répéter. Le désir et ses défaillances, ses déclins, sont des sourciers qui nous initient à nous-mêmes. Chacun doit tendre l'oreille et cesser de chercher une norme, fût-ce la sienne, à partir de laquelle on devrait se satisfaire ou s'inquiéter de son aptitude au petit ou au grand jouir. Parce qu'il n'existe aucune norme. Pas de saint patron pour mesurer la taille des membres, pénis, clitoris, ni l'intensité de la jouissance. Un grand baiseur trouvera toujours le champion qui lui fera de l'ombre. Un puceau son eunuque.

Sans doute la sexualité, lorsqu'elle est un échange, une grammaire des saveurs et des plaisirs, a-t-elle toujours été rare dans une vie d'homme et de femme, quelles que soient les cultures convoquées. Sans doute devrions-nous parler non pas de sexualité mais d'hyposexualité pour dire ces quelques minutes ou ces quelques heures de bonheur à quoi se résument nos exploits en ce domaine. Si nous retenons en effet, comme notre époque tend à le faire, le seul critère de la pénétration et si nous convenons qu'un rapport ne dure en moyenne que quelques minutes une fois que l'homme s'est introduit (trois minutes en moyenne, avons-nous dit), nous devons convenir que cette « grande affaire » n'occupe qu'une place dérisoire dans nos vies. « En moyenne, nous rappelle Robin Baker, biologiste anglais, spécialiste de l'évolution à l'université de Manchester, les hommes et les femmes, qu'ils habitent dans une grotte du désert de Kalahari ou dans une maison cossue de cadre supérieur, auront des relations sexuelles avec pénétration environ deux ou trois mille fois durant leur vie[6]. » Si vous multipliez trois mille (hypothèse haute) par trois minutes, cela vous donne neuf mille minutes consacrées à la chose, autrement dit cent cinquante heures et donc six jours et vingt-cinq minutes sur le total d'une vie. Qu'est-ce qu'un dieu qu'on honorerait 6,25 jours sur 29 200 (soit une vie longue de quatre-vingts ans) ? Une religion de l'indifférence.

Réponses et questions de l'écrivain américain Emily Jenkins : « Les gens à notre époque se demandent à propos des personnes qui ne s'intéressent pas au sexe : sont-elles des solitaires ? des anorexiques ? des religieux fanatiques ? Ou bien se maintiennent-elles dans une sorte de neutralité, coupées de leurs besoins à cause de quelques traumas infantiles ou de quelques défauts de personnalité ? Ainsi qu'Abbott l'écrit [notre historienne canadienne], la sexualité est vécue comme étant la norme à l'âge de la révolution sexuelle, et l'abstinence devient le symbole d'une déviance émotionnelle, une errance de l'âme dans un monde où la sexualité adulte est le symbole de la santé mentale et la mesure de l'homéostasie sociale[7]. » Elle ajoute que s'il lui arrive de se sentir disposée certaines fois à faire du sexe une épique et systématique débauche, elle ne peut l'apprécier d'autres fois qu'avec une modération qui justifie que le désir disparaisse après quinze ou vingt minutes.

Considérons donc qu'il existe aujourd'hui un fossé infranchissable : d'un côté, ce discours normatif sur le sexuellement correct, c'est-à-dire cette injonction au plaisir ; de l'autre, la pratique des hommes et des femmes en ce début de XXIe siècle. Une pratique tranquille, bonhomme, familiale en somme, qui a sans doute, depuis la nuit des temps, connu bien des oscillations en termes de fréquence ou de jouissance. Un hiatus plus ou moins grand entre le discours et la pratique semble ainsi caractériser chaque culture dans son rapport avec la sexualité. Et plus l'odyssée de l'espèce s'affranchirait des déterminations naturelles – ces périodes de rut auxquelles est astreint tout le règne animal –, plus le rôle de la culture serait de réinstaller au-dessus des têtes une norme apte à favoriser les ébats ou à les endiguer. Une manière d'homéostasie sociale procéderait ainsi d'une harmonisation implicite entre le dire et le faire. Plus grand le désir et l'esprit de lubricité, plus sévère la loi morale. Plus fluet le goût de la chair, plus tonitruante l'incitation à copuler.

« C'est grand pitié, il ne nature point »

Une norme au-dessus de nos têtes, censée se substituer à la loi naturelle, restaurer un équilibre général, et nous rendre, individuellement, la vie impossible. Aujourd'hui comme hier. Ici, c'est l'hymne au coït détaché des devoirs de procréation et qui finit par dispenser tout le monde de *le faire*. Là, c'est la louange au coït mais comme symbole de fécondité et dont il faut donner les preuves qu'on *l'a fait*.

Nous sommes dans la France de l'Ancien Régime, et on ne plaisante pas avec la question de la consommation du mariage, allant jusqu'à vouloir, si le mariage n'est pas consommé, rompre des liens dont Dieu a pourtant été le témoin à l'Église. Si le mari ne touche pas sa femme, alors la chrétienté s'égare et l'on doit briser ce pacte stérile. Mais comment prouver que l'homme n'assure pas ? Rien de plus simple. Qu'on rassemble des médecins « ayant licence de la justice », des matrones, peut-être quelques proches des conjoints mal joints, et qu'on administre la preuve du « congrès » – l'historien Jean-Claude Bologne rappelle que le mot « congrès » n'a jamais désigné, jusqu'au 18 février 1677, date de son interdiction, que ces ébats publics où un mari soupçonné d'impuissance devait donner la preuve que l'accusation portée par son épouse contre lui était sans fondement [8].

En voici le détail. Le médecin commence par examiner « la complexion et la composition des membres génitifs ». Si l'examen est concluant, il ordonne que les époux

« gisent ensemble durant quelques jours en présence de la matrone [...] laquelle donnera des espices et clerets, les eschauffera et oindra d'huile chaude, les frottant auprès d'un feu de sermens [sarments], et leur commandera de deviser, se caresser, et embrasser[9] ». Quatre jours, c'est bien que la chose sera lente à mûrir. Une fois le délai expiré, la matrone s'empresse d'aller rapporter au médecin ce qu'elle a vu. Mais, prévient l'auteur de cette description, que le médecin « se garde s'estre abusé : car on a accoustumé de commettre plusieurs tromperies en telles choses : et il y a très grand danger de separer ceux que Dieu avoit conjoints, sinon, que tres-juste cause le requiere ».

On peut concevoir que la publicité dont l'acte était entouré ne devait pas faciliter la prestation. Pauvre mari en effet, nous le rappelle Bologne, « amené sous les quolibets de la foule dans la maison ou l'établissement de bains où il devra faire ses preuves, sommé de s'exécuter sous l'œil goguenard des matrones ou, au mieux, dans un lit aux rideaux clos, menacé en cas d'échec d'être séparé de sa femme, de devoir rembourser la dot et de ne pouvoir convoler en justes noces ». Quant à l'épouse qui s'est plainte de n'être même pas encore déflorée, elle dispose là, à une époque où le divorce est interdit, du moyen le plus imparable de se séparer d'un compagnon indésirable, fût-il doté d'une aptitude érectile suffisante à l'accomplissement des œuvres de chair : l'épreuve du congrès restant le modèle par excellence de la cérémonie castratrice. On se demande d'ailleurs pourquoi l'Église n'avait pas privilégié la question de la stérilité du couple, laquelle pouvait aisément être démontrée, plutôt que celle de l'impuissance de l'homme, qui impliquait qu'on se livrât à cette étrange ordalie. Justice de jambes en l'air qui ne paraît pas correspondre à ce qu'on exigerait des ministres du culte.

Cette présomption d'impuissance qui pèse sur le mari n'a pas pour autant disparu après qu'on eut supprimé, en 1677, la pratique du congrès, jugé décidément « infâme ». Alors on exigea du mari, sans plus le soutien de sa femme, « les preuves de l'"érection", de la "tension élastique", du "mouvement naturel", voire de l'"éjaculation", qui légalisaient en quelque sorte le vieux monstre de l'onanisme [10] » ! Parmi les rapports médicaux qui s'ensuivaient, et que l'histoire nous a conservés, Bologne cite celui-ci, attribué aux experts ayant examiné dans ses œuvres, en janvier 1692, un dénommé Henry le Hous : « Nous avons trouvé les parties génitales foibles, mal conformes, la partie principale se trouvant courbée par son milieu, ce qui empêche l'érection, les vaisseaux spermatiques trop lâches et alongez, les testicules remplies de mauvaise pituite ; le tout provenant d'une habitude cacochime de tout le corps, dès le ventre de la mère ; c'est pourquoi nous estimons qu'estant incapable d'intromission, il n'a pû et ne peut porter l'éjaculation nécessaire pour la génération dans les vaisseaux qui la doivent recevoir ; ce qui nous fait conclurre qu'il est et sera impuissant d'une impuissance irreparable. »

Dans cette histoire de la preuve, on fait comme si l'homme pouvait la donner sur-le-champ, aussitôt convoqué par ses juges, on ne le gratifie d'aucune pudeur qui pourrait empêcher qu'il s'exécute comme on le lui ordonne, et ce en dépit de protestations qui ne tardèrent d'ailleurs pas à se faire entendre. On commença à se douter qu'il y avait beaucoup d'« indécence » dans cette épreuve, et qu'il existait peut-être un lien entre l'impuissance attestée par les juges et la manière dont on en avait arraché la preuve :

« Quelle est la verge, quelque gonflée qu'elle put être, s'indigne maître Simon, venu défendre son client (1739), qui, examinée et maniée par Garengeot [médecin de la plaignante]... ne deviendroit pas sur-le-champ dans l'état de relâchement [11] ? »

Rencontre avec un urologue

L'hôpital Saint-Louis est une cité dans la cité avec ses rues, ses trottoirs, ses gens pressés, son lot de bonnes et de moins bonnes nouvelles, sans doute ses dieux, ses démons et, pour moi, quelque part, un urologue qui m'attend, qui a accepté de répondre à mes questions. François Desgrandchamps me reçoit dans son cabinet qui ne comporte sur ses murs, encadré, qu'un texte en caractères chinois. Signe que ce bel homme renoue avec une culture qui place la sexualité au cœur des stratégies de la grande santé. Ou que sa discipline reste, pour le commun des mortels, du chinois ? Pas du tout.

– Il semble que les hommes considèrent davantage leur sexualité du point de vue de la santé que du point de vue de la pratique et donc de la jouissance. Êtes-vous d'accord avec cela ?

– Pour ce qui est de l'urologie, l'évolution s'est faite sous l'emblème ou l'oriflamme du PSA, l'antigène prostatique spécifique [*Prostate Specific Antigen*], et du risque du cancer. Le dépistage du cancer de la prostate [premier des cancers de l'homme ; quarante mille nouveaux cas en France chaque année] pouvant désormais se faire à partir de marqueurs sanguins, c'est-à-dire à partir d'une simple prise de sang, la consultation est devenue, aux alentours de la cinquantaine, un passage obligé. La plupart des hommes qui viennent nous consulter entrent donc avec le cheval de Troie de la santé prostatique. Mais quand vous grattez un peu, vous vous rendez compte que la démarche est souvent motivée par le désir de savoir si, sexuellement, tout est normal.

– Avez-vous vocation à occuper dans la vie des hommes la place que le gynéco-obstétricien occupe dans celle des femmes ?

– La sexualité n'est pas une élégance de la vie. Certaines études épidémiologiques établissent par exemple une corrélation entre les déficits et défauts d'érection et les risques cardiovasculaires. Une plainte relative à un défaut de virilité peut ainsi permettre de sauver une vie. Par ailleurs, il semble qu'un taux faible de testostérone à l'âge de cinquante ans induise un risque majoré d'Alzheimer dans les vingt ans qui viennent. Une baisse de libido n'est donc pas à prendre par-dessus la jambe, si je puis dire. Ces études donnent toutes leurs lettres de noblesse à l'andrologie et à l'urologie, et leur médiatisation entraîne un désir plus grand de consultation. Nous ne savons presque rien non plus des mécanismes neuro-humoraux qui déterminent le plaisir ni de l'importance biologique de l'orgasme. Nous n'en sommes qu'aux préliminaires ! C'est donc une chance de pouvoir venir au secours de ses contemporains à propos de ce qui occupe une si grande place dans leur fantasme, mais qui entre aussi pour une part déterminante dans ce que nous appelons la santé.

C'est la réponse à la question que je n'ai pas posée sur le cadre enfermant des caractères chinois : la sexualité en Occident sort des sex-shops et rejoint une réflexion plus généreuse sur la dimension ontologique du plaisir. Bonne nouvelle.

– La sexualité de vos patients, comment la jugez-vous ?

– Lorsque vous tombez sur un couple exceptionnellement soudé par une sexualité harmonieuse et riche, je vous assure que cela se voit. C'est un éblouissement. Vous avez envie de vous mettre à genoux.

– Vous n'exagérez pas ?

– Pas du tout.

– Pourquoi alors viennent-ils vous voir ?

– Elle a décidé son compagnon à venir s'assurer que tout allait bien, à prévenir un cancer de la prostate. Ces couples fusionnels sont rares, je vous assure. Deux ou trois par mois, pas davantage. La grande majorité est unie par une sorte de combat fratricide mais qui n'en est pas moins une bonne glu. Ajoutez à cela les collectionneurs, les hommes à femmes qui, même à l'approche de la retraite, continuent à survaloriser leur désir sexuel, à répéter qu'il n'y a que cela qui compte dans leur vie. En dehors de ces Don Juan pathétiques, la sexualité au sein du couple est presque toujours l'expression d'une certaine affection qui est demeurée. Pas davantage.

– Si la sexualité n'est pas ce qui maintient deux êtres ensemble, n'y a-t-il pas un risque à la réveiller ?

– Bien entendu. Il faut connaître ce qu'est l'équilibre du couple avant de prendre le risque de venir l'investir d'une exigence qu'aucun des partenaires ne voudra véritablement prendre à son compte.

– Comment savoir ce qui se passe vraiment entre eux ?

– Vous avez droit en général aux confidences après le toucher rectal, moment particulièrement riche en émotions pour le patient et qui va favoriser entre le médecin et lui une immédiate intimité ! Alors, pendant que votre patient se rhabille, il n'est pas rare d'entendre : « Au fait, docteur, il fallait que je vous dise, avec ma femme, il ne se passe plus rien. » Le toucher rectal a libéré l'expression du fond de la pensée.

– Si la volonté du patient est de recouvrer une sexualité plus active, que lui conseillerez-vous ?

– L'expérience montre, encore une fois, que la démarche est moins de restaurer ce qui ne fonctionne plus ou peu que de trouver auprès de nous une légitimation. Deux exemples. Un homme de soixante ans opéré d'un cancer de la prostate et dont les nerfs caverneux [nerfs de la verge] ont été endommagés vous explique qu'il n'a plus d'érection depuis trois mois. Vous lui prescrivez du Viagra et vous le revoyez trois mois plus tard dans le cadre du suivi postopératoire. Vous lui demandez si les pilules bleues ont eu de l'effet. Il vous dit qu'il n'a pas essayé. « Vous savez, docteur, avec ma femme, on n'avait pas vraiment de rapports avant l'opération. » Les gens déclinent une difficulté et, lorsque vous voulez y remédier, ils se rendent compte que la sexualité n'était pas si importante dans leur vie. Ils ne veulent pas prendre le risque de bouleverser l'équilibre auquel ils étaient parvenus et que le retour de la sexualité vient menacer. Autre exemple. Ils avaient encore des rapports sexuels avant l'opération de la prostate et il se plaint à présent d'un déficit d'érection. Il oublie bien entendu de signaler que la sexualité n'était plus depuis longtemps le moteur de sa vie, qu'on avait détecté chez lui un taux de testostérone très bas et même diagnostiqué un début d'andropause. Ce sont ces cofacteurs qui déterminent ici la dysfonction érectile. Vous prescrivez alors la pilule dont il est demandeur, mais le traitement n'a pas l'effet escompté. Pourquoi ? Parce qu'on considère souvent le médicament comme un aphrodisiaque qui va réveiller le désir. Or, avant l'opération, la vie fantasmatique était déjà très pauvre. Vous proposez alors les injections intracaverneuses qui marchent à tous les coups, procurant des érections durant trois ou quatre heures. Vous revoyez votre patient six mois plus tard. Il n'a fait aucune injection. Il a trouvé le remède disproportionné par rapport à la plainte.

– Dans quelles conditions êtes-vous amené à priver un homme d'une partie ou de la totalité de ses attributs virils ?

– Dans le cas de prostatectomie totale, la majorité des patients ne recouvrent plus d'érection. L'âge aidant, la solidité du couple fait que cette impuissance ne sera pas vécue comme un traumatisme. Dans le cas du cancer du testicule, nous procédons à l'ablation d'un seul des deux, remplacé par une prothèse de silicone, et 95 % des hommes en guérissent sans séquelle. Le cancer de la verge n'est pas très fréquent, mais tellement traumatisant pour celui qui a souffert d'une tumeur nauséabonde, qui saignait et dont, longtemps, il n'a pas osé parler, que l'opération est ressentie comme une délivrance. Je me souviens d'un homme très connu, alors à la tête d'un grand hebdomadaire français, qui expliquait, lors d'une conférence de presse donnée à la suite d'une prostatectomie et du traitement hormonal qu'il avait subi, équivalent à une castration chimique, combien il se sentait soulagé de ne plus être la proie d'un désir insatiable, qu'il découvrait quelque chose qui ressemblait à ce qu'on appelle la sérénité. En revanche, si quelqu'un vient nous voir en nous disant : « Docteur, il faudrait que vous me débarrassiez de mes testicules », nous l'envoyons immédiatement chez l'un de nos collègues plus aptes à entendre sa plainte : un psychiatre, bien entendu ! C'est pourtant le lieu de rappeler toute la dette que l'urologie a contractée vis-à-vis des eunuques...

– Comment cela ?

– C'est à partir de travaux sur les eunuques châtrés avant la puberté, démontrant qu'aucun n'avait développé d'adénome ou de cancer de la prostate, qu'on a pu se rendre compte que celui-ci dépendait des androgènes.

Du tendre usage des sex-toys

Les entretiens avec l'urologue s'achevèrent ainsi par ce curieux hommage rendu aux eunuques. Je sortis de l'hôpital Saint-Louis avec la sensation désagréable d'un *sursis*. Il existait tant de menaces pesant sur la sexualité des mâles en Occident qu'on ne voyait pas très bien comment on pourrait réussir à passer entre les gouttes.

Mon programme prévoyant, au sortir de l'entretien, une visite dans l'une de ces boutiques qui proposent aujourd'hui à la vente libre, déculpabilisée, ce qu'on appelle des sex-toys, autrement dit nos bons vieux godemichés d'autrefois, je ne pus m'empêcher de faire un lien entre l'impuissance que l'urologie cherchait à restaurer et l'usage de ces instruments du plaisir féminin. Si les hommes ne bandaient plus, pour toutes les raisons que ce médecin avait dites, alors les boutiques de godemichés, de jouets érotiques fleuriraient aux quatre coins de nos cités et les femmes finiraient par se passer pour toujours du service poussif des mâles. Sombres horizons.

L'âme en peine, je me rendis donc chez Rykiel Woman,

la nouvelle boutique où Nathalie, la fille de Sonia Rykiel, s'est mise à vendre ce qu'autrefois on présentait sous le manteau ou derrière les rideaux des sex-shops. Il avait simplement fallu un bon coup de plumeau sur ces martinets, ces pinces à tétons, ces vibromasseurs, ces menottes, ces *godus ludicus*, ces rose-buds, et ce nouveau patronyme, sex-toys, pour leur assurer les honneurs des médias et bientôt la visite, au sous-sol du magasin de la rue de Grenelle, d'une clientèle chic et tendance.

Lorsqu'on interroge Nathalie Rykiel sur ses arrière-pensées au moment de lancer, à l'automne 2002, la première en France, ses sex-gadgets sur le marché de l'élégance, sur la place qu'ils occupent aujourd'hui dans ses boutiques (également à Londres, New York, Milan, Bruxelles et Moscou), elle répond : « J'y tiens beaucoup. D'habitude, ils sont toujours associés au moche, au vicieux. J'avais très envie de les vendre dans l'univers du luxe. Un vibromasseur, c'est la même idée qu'une bougie parfumée ou qu'un nounours [12]. » Un nounours. Bien. Comment s'y est-elle prise pour relooker ces vieux godemichés ? « Je suis allée à Londres, explique-t-elle. Après une sélection drastique d'objets, j'ai changé tout le packaging, inadapté à cette idée d'élégance que je voulais développer. Si les critères que je m'étais fixés étaient ceux de l'esthétique ou du kitsch, ces jouets intimes ne devaient pas non plus être de simples gadgets hypocrites. Ils devaient impérativement assurer leur fonction initiale [13]. »

À qui s'adressent ces jouets du plaisir ? « Absolument tout le monde, répond-elle. Des jeunes, des moins jeunes, des couples, des groupes de copines, des hommes... Ce succès s'explique : l'achat est dédramatisé, les prix volontairement abordables et le conseil complice, sans tomber dans la vulgarité. Il est vrai que je trouvais dommage que les sex-toys, qui, comme leur nom l'indique, sont des "jouets", ne soient disponibles que dans des lieux sordides, dans lesquels très peu de gens ont envie de mettre les pieds ! Nous avons choisi de sortir les sex-toys de leur ghetto, de les "rhabiller" de satin et de strass Rykiel, de montrer leur humour, non pas pour une sexualité triste ou solitaire, mais pour un jeu érotique seule ou à deux [14]. » À New York, précise-t-elle, presque toutes les femmes auraient déjà près de leur lit un *goody drawer*, c'est-à-dire un tiroir rempli de sex-toys. Aucune incitation ici aux jouissances solitaires. La preuve : « Beaucoup d'hommes entrent seuls et ressortent avec un paquet cadeau [15]. »

Rykiel n'est évidemment plus la seule marque dans le monde à faire la promotion des petits objets intimes, l'ouvrage de Bertrand Ferrier et Stéphan Lévy-Kuentz le prouve assez bien [16]. On se réjouit bien sûr de ce que notre société ait voulu réhabiliter ces adjuvants au plaisir connus depuis les temps les plus anciens, comme le rappelle le sexologue Jacques Waynberg : « L'usage de "copies" inertes de la verge en érection remonte à la plus haute Antiquité d'Extrême-Orient et les mosaïques romaines ne font pas non plus l'économie de détails prouvant le recours habituel à des substituts virils indéformables [17]. » Pourquoi alors cette frénésie technologique pour mettre à la disposition des femmes ces substituts sans faiblesse ? Tout simplement parce que les hommes, quelque *Homo erectus* qu'ils fussent nommés, manquaient déjà de vigueur. « Les premiers phallus en pierre polie rappellent que cette quête de l'orgasme est attachée aux balbutiements de l'érotisme, ajoute Waynberg. La naissance d'*Homo eroticus* n'exige-t-elle pas que l'un et l'autre sexes soient au bout du compte à égalité de jouissance ? »

Si elles prennent l'habitude de se rendre dans ces boutiques du sexe chic, il est à craindre que les femmes finissent par donner leur congé à certains de ces amants n'ayant pas encore mesuré combien leurs performances sont courtes, présomptueuses. Sauf à aimer un homme pour ses failles aussi bien que pour ses bons et poussifs services, sauf à entrer dans autre chose que ce dont parlent précisément ces objets de l'amour et où ils vont s'affirmer demain sans rivaux. Voyez plutôt, dans la catégorie des câlins vaginaux, ces vibromasseurs qualifiés de Waterproof, Terminator, Vagues du plaisir, Astro modèle Bélier, Dream, Gender, Jack Rabbit, etc. ! Comment se battre ? Comment lutter ? Et ces gadgets ne sont rien encore en comparaison de la « boule de geisha » télécommandée par laquelle la civilisation vient de signer son arrêt de mort : « Reliée par un fil à un boîtier électrique, cette boule de geisha vibrante possède l'avantage considérable de rester discrète. Si ce petit œuf de plastique peut être utilisé dans l'intimité, son dispositif ingénieux ne manquera pas néanmoins de susciter des vocations aventurières. En effet, une fois placé dans le sous-vêtement concerné, ce sex-toy ovoïde permet à l'intéressée de vivre sa vie (des cuisines de l'Alcazar aux remparts de Varsovie) auréolée de sa nouvelle assurance de femme libre. Et de tester *in situ* son self-contrôle. La télécommande qui, en fonction des besoins, en dose l'intensité déclenchera un orgasme en tout lieu, en toute situation, et surtout en toute impunité [18]. »

La visite avait été édifiante, ou désarmante. On ne voyait tout d'un coup pas comment rivaliser, nous dont mille infortunes menaceraient toujours notre puissance. Tout ça n'était décidément pas du jeu.

4

Les traversées du désert

Ceux qui sont sexuellement en quarantaine

« J'ai donc fort peu possédé, mais je n'ai pas laissé de jouir beaucoup, à ma manière, c'est-à-dire par l'imagination. »

Jean-Jacques Rousseau, *Confessions.*

Insidieux, l'obstacle qui ne se dit pas, qui sourd des limbes de la vie psychique, qui nous fait croire que nous n'aimons pas, ou que nous ne désirons pas, ou que nous n'avons pas la puissance requise pour entrer en acte, entrer dans l'autre, laisser l'autre venir en soi. Cet obstacle qui nous fait désespérer de l'amour, et de nous-mêmes, et partant du genre humain. Odieux, l'obstacle qui n'a pas de nom.

Les situations que nous examinerons à présent ont pour dénominateur commun l'impossibilité fortuite, extérieure à soi, de rendre hommage à Vénus. Les protagonistes ne doutent pas de leur puissance, des ressorts merveilleux de leur libido, de leur aptitude en somme à donner à l'amour sa dimension de baiser charnel. Ils ne s'affrontent pas à la panne, aux fiascos redoutés, mais se trouvent empêchés, pour des raisons extérieures à eux-mêmes et qu'il nous faut maintenant détailler.

Tout allait bien, les perspectives s'ouvraient devant vous, devant ce couple qui s'était formé, lorsque, patatras, tout fut gâché. Comme le rappelle le sexologue Sylvain Mimoun dans un entretien rapporté plus loin, l'ennui, dans la sexualité, est qu'*il faut être deux*. Au moins deux. Sauf à répéter l'effronterie d'Onan qui laisse sa semence « se perdre à terre » (Genèse 38, 9). Sauf à courir chez la fille Rykiel pour se pourvoir d'un membre, en plastique peut-être, mais infatigable. Deux désirs, donc, et qui doivent s'accorder. Dans certains cas insupportables, l'autre se dérobe. Il vous échappe. Vous n'êtes pas loin de crier au scandale car, pour vous, faire l'amour est la plus juste expression de ce qu'est l'amour. Vous ne concevez pas une vie sans cette exaltation de la chair. Le refus de l'autre, quelle que soit la manière dont l'autre le justifie, est alors un coup de force intolérable.

Aristophane, auteur grec de quelques savoureuses comédies, l'avait compris qui imagina comment les Athéniennes, pour obtenir que leurs époux arrêtent la guerre, cette guerre qu'ils font partout y compris au lit, décidèrent de faire la grève du sexe.

« Femmes, dit Lysistrata à ses semblables qu'elle a réunies, si nous voulons contraindre nos maris à faire la paix, il faut nous abstenir...

– De quoi ? Parle, dit Myrrhine.

– Le ferez-vous ? demande Lysistrata.

– Nous le ferons, dût-il nous en coûter la vie, répondent en chœur les Athéniennes.

– Eh bien, il faut nous abstenir du membre.

Il y a un grand silence parmi les femmes.

– Pourquoi vous détournez-vous ? demande Lysistrata. Où allez-vous ? Eh ! vous autres. Pourquoi faire la moue et hocher la tête ? Quoi ! Vous changez de couleur, vous laissez échapper une larme ? Le ferez-vous ou ne le ferez-vous pas ?

– Nous ne le ferons pas, répondent les Athéniennes qui n'imaginaient pas que Lysistrata allait exiger d'elles ce sacrifice.

– Autre chose, autre chose, ce que tu voudras. Même, au besoin, je consens à passer au travers du feu. Plutôt cela que le membre [1]. »

Les négociations vont bon train, mais Lysistrata ne désarme pas. Pour elle, c'est le seul moyen. Cette grève du sexe obligera les hommes. Bien sûr, il faudra aux femmes trouver le moyen de les priver non seulement de leurs corps mais aussi des ressources qui alimentent l'effort de guerre. Mais c'est le lit qu'il faut déserter d'abord. Tout le reste suivra, quand les hommes viendront manger dans leurs mains. Au-delà de la comédie qui devait faire bien rire le peuple d'Athènes, c'est une question d'une autre importance qu'aborde Aristophane, au centre de ces échauffourées empêchées.

« J'ai l'impression que tout le monde jouit sauf moi »

Ils n'avaient plus fait l'amour depuis le 31 décembre 1999, soit depuis cent onze jours, lorsque Laurent décida de consulter. Il ne pouvait trouver aucune explication lui permettant d'accepter qu'Ève, sa compagne, se refuse à lui. « Mon patient donnait à la sexualité une valeur métaphysique, nous explique le thérapeute que Laurent est venu consulter, il y voyait comme la preuve de son existence. Il aurait pu dire : “Je jouis, donc je suis.” » Or, cette preuve lui manquait et c’est à ce psy bordelais qu’il venait la demander, un certain Laurent Jouannaud qui, au sortir de cette odyssée thérapeutique, imagina même rapporter le cas de ce couple naufragé à travers un essai, *La Condition sexuelle*[2].

La vie sexuelle au sein d’un couple est soumise à bien des aléas mais, au dire de Laurent, le patient, les « carêmes », si longs avaient-ils été, s’étaient toujours heureusement achevés, Ève finissant par se jeter dans ses bras. Le désert le plus long qu’il avait traversé mesurait trente-deux jours. Pour un homme qui pourrait faire l’amour à la femme qu’il aime plusieurs fois chaque nuit, c’était, en soi, un supplice de Tantale. Mais que dire de ces cent onze jours ? « La satisfaction “corpsexuelle” n’a rien de spontané, explique le thérapeute : déjà régulée par la société, elle l’est une seconde fois au niveau du couple. Deux êtres vivant ensemble ont leurs codes et leurs rites sexuels. Un changement de lieu, d’aspect physique, de statut social modifie les équilibres et presque toujours dans un sens négatif. » Nous l’avons bien vu avec notre urologue.

Que s’était-il donc passé entre Laurent et Ève pour que l’équilibre des désirs, si fragile, fût maintenant rompu ? Laurent espérait l’aide de son psy pour finir par résoudre l’énigme. Espérance qui se trouva confortée à son insu le jour où notre thérapeute reçut en consultation, et bientôt en confidences régulières, une jeune femme qu’il ne tarda pas à identifier comme étant la compagne de Laurent. Par un scrupule déontologique, sans doute eût-il été préférable d’interrompre la thérapie engagée, mais tout au contraire, ayant sollicité l’avis d’un collègue, Laurent Jouannaud décida de poursuivre.

Voilà ce qui s’était passé. Dans leur maison de

Libourne, une ferme qui appartenait à Laurent, elle avait bientôt réclamé de faire chambre à part ou, plus exactement, « leur chambre à coucher commune était devenue la chambre d'Ève : elle voulait une pièce pour elle toute seule ». Elle l'avait réaménagée selon son goût, remplaçant le « lit conjugal géant » par un « futon d'un mètre vingt de large ». Ils avaient ainsi recomposé leur espace intime et, bien qu'ils aient continué encore à se rencontrer charnellement, négociant chaque fois les « conditions du plaisir », Laurent avait bien senti que le prochain « carême » aurait, dans cette configuration-là, des conséquences dangereuses. « Votre relation amoureuse est entrée dans une nouvelle phase, lui dit alors le psy. Votre partenaire a besoin d'espace, accordez-le-lui. Renouvelez vos propres centres d'intérêt, ce sera une bonne chose pour vous aussi. Un couple est un organisme vivant. Essayez d'évoluer tous les deux en même temps. C'est parfois la distance qui rapproche. »

Un jour, le psy finit par connaître la vraie raison de cette mise à l'écart : Ève était enceinte de Laurent. Elle n'avait pas voulu lui en parler car, pour le moment, elle se considérait comme la seule concernée. Elle se doutait d'ailleurs que Laurent serait « aux anges » lorsqu'il apprendrait la nouvelle, mais elle souhaitait garder encore tout cela pour elle, sans le partager. Pourquoi faudrait-il toujours mettre le plus indicible, le plus intime sur la table, sous prétexte qu'on vit sous le même toit ?

Dans l'attente d'une éclaircie, d'un peu de cette lumière dont Ève le privait, Laurent s'enfermait dans son studio d'enregistrement où il fabriquait des spots publicitaires pour les radios locales – et rongeait son frein. Des conseils de patience que lui prodiguait le psy, il se satisfaisait mal. « Qui ne fait pas régulièrement l'amour se sent un citoyen de seconde classe », concède l'auteur. Laurent souffrait parce qu'« il ne pouvait ni renoncer à sa libido [...] c'est la voie de la sagesse, la mienne aujourd'hui [...] ni la faire dériver [...] c'est la voie créatrice, celle qui réutilise l'énergie ». Si Laurent avait décidé sans le consentement d'Ève de rentrer dans la chambre que celle-ci s'était aménagée, cela n'aurait rien arrangé. Il n'aurait fait qu'hypothéquer davantage les chances de réconciliation. Le refus de l'un pétrifiait la dynamique du couple et le priverait bientôt de sa raison d'être. Ève était la femme de sa vie et, en attendant qu'il revienne en grâce, peut-être Laurent pouvait-il essayer de penser à autre chose, de prendre une maîtresse.

Le psy aurait rêvé lui révéler les raisons de ce nouveau et douloureux « carême ». Mais il ne le pouvait pas. « Laurent avait fait une fixation érotique sur Ève : on aurait pu parler au sens large de fétichisme. Il ne voulait jouir qu'avec cette seule femme. Sa libido, intacte, était fixée sur un seul objet féminin. Hors d'elle, point de plaisir. On appelle *amour* ce genre de névrose, et j'avais devant moi une forme douce d'amour fou. Laurent rêvait d'un paradis à deux qui lui assurerait l'exclusivité sur le corps qu'il désirait. L'Éden conjugal ! »

L'auteur de ces lignes, qui révèle qu'il a soutenu une thèse en 1995 sur « L'inconfort sexuel en cas d'hospitalisation de longue durée », et publié un premier essai deux ans plus tard[3], décida pour finir d'abandonner la partie. Pas seulement à propos de cette navrante (d'un point de vue thérapeutique) affaire, mais il mettait un terme à sa carrière de psy. « Je ne voulais plus me mêler des états d'âme d'autrui. » Il revint à la médecine générale, au service des urgences de l'hôpital Pellegrin.

Lorsque je m'inquiétai de savoir qui était précisément

l'auteur de cet étonnant document, au demeurant fort bien écrit, croyant le trouver là où il m'avait donné rendez-vous, c'est-à-dire dans un hôpital (il avait même pris soin de donner l'adresse d'un site où le lecteur trouverait les notes techniques à partir desquelles il avait établi le récit de cette thérapie), je me heurtai à un démenti ferme et cinglant : Laurent Jouannaud, que j'avais pu contacter, n'était ni médecin ni thérapeute. La thèse et l'essai cités dans son livre n'avaient jamais existé. Pas davantage le site mentionné. *La Condition sexuelle* n'était, par conséquent, ni le travail d'un chercheur ni celui d'un thérapeute, mais celui d'un écrivain. Peut-être fallait-il tomber des nues, comme l'auteur nous y invitait, si ce n'étaient l'extrême pertinence de son propos et la qualité indiscutable de ce qu'il fallait donc appeler un roman.

Métamorphoses de la migraine

Le couple : une espèce en voie de décomposition et de régénération permanente, qui après avoir beaucoup déçu fait encore tout autant espérer, pourvu que les partenaires aient tiré les leçons de ce roman rose et noir et acceptent de ne pas répéter *ad nauseum* les erreurs du passé. Tout irait pour le mieux si, sur la durée de vie du couple, le désir de l'un engendrait chaque fois celui de l'autre, comme la voix qui fait naître l'écho. Or, il n'en va pas ainsi, et cette mécanique du désir qui pulse au cœur du couple assure aussi bien sa cohésion que sa décomposition. Voilà toute la difficulté de la tâche du thérapeute, explique Sylvain Mimoun.

S'il y avait quelqu'un à qui demander ce qui se passe ou ne se passe pas au sein du couple moderne, c'était bien à ce gynécologue, andrologue et psychosomaticien, responsable du centre d'andrologie de l'hôpital Cochin. L'homme est chaleureux, prévenant, retourne souvent les questions et veut savoir les raisons qui ont pu justifier cette enquête sur le peu de sexualité ou sur une autre sexualité. Bien que jamais l'idée ne m'ait traversé l'esprit d'aller partager mon intimité avec un andrologue, voilà un homme à qui, j'imagine, on peut se confier.

L'ajustement. Encore et toujours. Comment suivre le rythme du conjoint si je ne me trouve plus en phase avec son désir ? Les couples viennent toujours pour tâcher de régler ce différend. « Si cela ne dépendait que de moi, dit la femme, je pourrais très bien ne pas avoir de sexualité. Nous sommes parfaitement bien tous les deux. » Pas si bien, puisqu'ils sont venus consulter et que l'un se plaint d'un trop et l'autre d'un pas assez. Le rôle du thérapeute n'est pas de prendre position pour l'un ou l'autre. Face à ce vieux problème évoqué tout à l'heure – faire l'amour réclame au moins deux partenaires –, il faut bien essayer de s'entendre. « Est-ce que vous avez seulement envie d'avoir envie ? » demande Mimoun à celui des deux qui avoue son désintérêt. Oui, non ? Si c'est non, il est préférable qu'il les voie séparément pour tenter de mieux cerner une attente qui ne peut plus se dire en présence de l'autre. « Mon rôle n'est pas de réconcilier tout le monde avec tout le monde. » Cherchant à questionner les attentes et les fantasmes de chacun, il est aussi bien celui qui va rapprocher que celui qui sépare. N'allez pas chez le sexologue/andrologue/gynécologue comme chez un rebouteux de l'amour.

Entrer en confidences, parler vrai pour sortir d'une situation où deux êtres qui se cherchent encore, s'ils se cherchent, peuvent espérer se retrouver : voilà le défi que le sexothérapeute vous proposera. À lui d'agir alors avec le plus grand tact. Il a mille histoires à raconter.

Ils sont venus parce qu'il se plaint qu'elle ne ressente plus aucun désir pour lui. Peut-être en ressent-elle pour un autre. Au cours de l'échange, le médecin a la confirmation que la femme est déjà partie. Elle est déjà loin. Elle ne se vit plus dans ce couple. C'est le cas typique où l'un des deux cherche quelqu'un qui n'est plus là. Quand vous faisiez erreur, vous éloignant du but, on vous disait, enfant : « Tu refroidis, c'est glacial, etc. » Et si vous vous remettiez en chemin, c'était : « Tu brûles. » Là, monsieur campe orgueilleusement sur la banquise et conserve très peu de chances de pouvoir encore convoler en de suaves étreintes – à moins d'accepter de faire l'amour avec un pingouin. À cette femme déjà partie, Mimoun demande, devant son compagnon, si elle a « envie d'avoir envie », et elle, sans détour, répond : « Non ! » C'est direct. Ça fait gagner du temps. Et le mari rentre dans son fauteuil comme dans une coquille. Mimoun : « Bien. Si, madame, vous avez jeté l'éponge et si vous voulez que nous allions plus loin, il est préférable que je ne vous voie plus ensemble. » Et elle : « J'ai l'ai jetée, l'éponge, oui. Mais pas trop loin. »

Séparément, les partenaires peuvent dérouler des scénarios à la fois fantasmés et redoutés. Si la femme est lasse et ne veut plus avoir à satisfaire les demandes insistantes de son compagnon, si elle a épuisé ses jokers de migraines, règles impromptues, règles persistantes, dérangements de tous ordres, soucis professionnels, mauvaises nouvelles des siens, peut-être est-elle décidée à accepter l'idée que celui-ci aille voir ailleurs. L'illusion est que l'amour sortira grandi de ces échappées belles quand, en réalité, elle prend le risque que son compagnon s'attache, que le désir satisfait l'amène à se fixer ailleurs.

Classiquement, dans un couple, c'est l'homme qui frappe à la porte et la dame qui n'ouvre plus. Mais la situation inverse existe, et plus fréquente qu'on ne le dit. Avec cette différence qu'une femme veut faire l'amour avec celui qu'elle aime lorsque l'homme veut simplement faire l'amour. Le désir d'une femme insatisfaite aura ainsi plus souvent tendance à s'éteindre, illustration de ce que « c'est au début de la grève de la faim qu'on sent encore le besoin de manger. Pas après ».

Peut-être existe-t-il des difficultés mécaniques que le médecin lèvera. Encore faut-il que les dysfonctions érectiles soient le véritable motif de ces différends sexuels. Mimoun se souvient d'un couple venu le voir parce que l'homme ne pouvait maintenir une érection assez longtemps pour s'introduire et à qui il avait prescrit du Viagra. Lorsqu'il les revoit, il est content d'apprendre que l'homme a été puissant durant cinquante-cinq minutes. Il a chronométré son exploit. Et en a bien profité. Mais pas elle car, dit-elle, « il ne m'a pas touchée ». S'il ne l'a pas touchée, c'est donc qu'il s'est amusé tout seul. Il y a, dans ce cas, d'autres empêchements qui justifient qu'on entreprenne une exploration plus poussée. Le refus de l'autre, le dégoût du sexe ont une origine que la simple thérapie n'atteindra pas. Peut-être un travail avec un psychanalyste est-il envisageable ? Les conseils sexothérapiques ne servent ici à rien. « Ces personnes ne sont pas à l'étage de la sexualité mais au troisième sous-sol. Je ne peux être leur interlocuteur avec profit. »

Parfois, les deux partenaires avouent n'avoir que très peu de désir l'un pour l'autre, mais s'aimer malgré tout. François Desgrandchamps avait évoqué ces cas. Alors pourquoi viennent-ils consulter ? Parce qu'ils ont l'impression que cela se voit. Un nez de non-désir au milieu de la figure. Ils ont fini par se douter que ce n'était pas normal. La surmédiatisation de la sexualité que nous subissons leur a rendu cette particularité, ce qu'ils croient être une particularité, voire une infirmité, plus douloureuse. « Comme si on avait allumé un projecteur sur leur problème. On répète partout qu'il ne peut y avoir de norme dans ce domaine et, en même temps, chacun se demande s'il est normal. Comme on ne sait pas ce qu'est la norme, on s'appuie sur ce qui se dit ou se montre ailleurs, c'est-à-dire, pour la majorité de nos contemporains, la télévision. Or la télévision, vous le savez, ne peut mettre en relief que ce qui sort de l'ordinaire, d'où le choix qui est fait des sexualités extravagantes. Ainsi, ce qui ne concerne qu'une frange infime de la population est exposé comme étant l'expression la mieux partagée de la sexualité, lorsque la grande majorité des gens se contentent de trois fois rien et souvent de beaucoup moins. » Un baiser sur la joue avant d'aller se coucher !

Le sexe des femmes sous les verrous

La confiance est un bien indexé sur l'amour, l'amour sans sommation. Sans contrat de propriété. Mais l'amour est rare. Il est arrivé que le mari, partant pour longtemps, par exemple pour délivrer la Terre sainte à la demande du pape, n'ait pas voulu accorder grand crédit aux déclarations de sa moitié : « Je t'attendrai. – Mon œil ! » Ces hommes qui portent haut leur glaive de chair, toujours prêts à pourfendre, à ensemencer la terre entière, partagent l'idée que l'appétit sexuel des femmes est insatiable et qu'il faut le tenir à merci fermement, le temps de la croisade qui est toujours une démonstration de leur puissance, et par voie de conséquence l'expression de leurs doutes. « La nature dota le sexe féminin de l'usufruit d'un admirable et ineffable appétit de luxure, écrit ce médecin italien de la Renaissance : c'est pourquoi le ventre d'une femme, ayant de tels dons, est toujours empreint de leurres luxurieux[4]. »

Pour « tempérer la chaleur », pour « atténuer et exorciser ses appels libidineux », le mari pouvait prescrire à sa femme, sur les conseils de savants médecins, des graines de gattilier, appelé vulgairement « agnus-castus » et réputé combattre la lubricité. Elle pouvait se contenter de manger les fleurs et les feuilles de cet arbrisseau du littoral méditerranéen pour se garder en chasteté, ou bien s'étendre sur un matelas qui les contenait et penser à son doux « ami ». Le remède était garanti. L'agnus-castus, mais tout aussi bien le camphre, le suc de menthe aquatique, la décoction de feuilles et graines d'aneth, le pourpier et, remède conseillé entre tous, ce « poisson-femme » qu'on trouvait dans les mers du Brésil et dont les arêtes étaient si « extraordinairement froides » et si « empreintes de vertu » qu'elles gelaient le sang des veines et réprimaient les mouvements charnels[5].

Bien entendu, l'épouse pouvait n'en faire qu'à sa tête et se moquer de ces précieux conseils pour dégonfler la baudruche de sa concupiscence. Une autre méthode, pour partir le cœur léger, à la fois plus barbare et moins sujette à suspicion, consistait à poser sur le corps de l'épouse la fameuse ceinture de chasteté. Curieuse disposition de l'esprit humain à vouloir toujours tout contrôler, tout tenir dans sa main. Il faut avoir vu une fois dans sa vie ces « énormes serviettes hygiéniques de métal [...] que l'on boulonnait autour des reins et du bas-ventre des femmes » pour se rendre compte que les mâles avaient de l'amour, et ont encore, une conception toute régalienne [6]. Les ceintures que nous possédons datent du XVIe et XVIIe siècle, mais il semble bien que l'usage en soit attesté dès le Moyen Âge. Assuré que la ceinture préserverait sa femme de lui être infidèle, le chevalier pouvait partir en Terre sainte montrer aux femmes juives, turques et autres musulmanes de quel bois il se chauffait.

Les ceintures, nous dit l'historienne Elizabeth Abbott, sont constituées de quatre à dix bandes reliées par des joints de métal. La partie qui passe entre les jambes poursuit sa course entre les fesses et vient retrouver la ceinture proprement dite. Les fabricants se soucient de la décoration et du confort de celle qui va devoir s'en revêtir. Des motifs apparaissent ainsi sur la partie extérieure tandis que l'intérieur est rembourré de velours ou de soie. Bien entendu, « une fente est aménagée à l'avant pour permettre l'écoulement du sang et de l'urine, et un trou, souvent en forme de cœur, attention délicieuse, est pratiqué à l'arrière pour les excréments [7] ». Ouvertures dentées, bien entendu, de manière à décourager toute espèce d'intrusion. Il n'est pas difficile d'imaginer que le port de ce monstrueux harnachement n'allait pas sans quelques très quotidiennes difficultés. Se couchait-on avec et, sinon, à quoi aurait bien pu servir une ceinture dont on se serait défait aux heures où Vénus fait de vous ses servants ? La retirait-on pour aller faire sa toilette ? La changeait-on pour s'épargner et épargner à son entourage les odeurs, à la longue déplaisantes ? Le frottement des lanières et des joints de métal sur la peau ayant fini par engendrer des irritations et bientôt de méchantes plaies, avait-on alors le droit de la retirer sans encourir les foudres du mari, lequel, comme on sait, ne prévient jamais lorsqu'il revient ?

Plus extraordinaire encore : ce que nous nous apprêtions à fustiger comme expression de ce qu'il y a de plus archaïque et abject dans ce mode de domination du sexe fort (et fort jaloux) sur l'autre n'est en aucune façon sorti de nos écrans de contrôle. Ainsi, ce responsable d'une société de Gubbio, en Italie, bien connu dans les milieux du cinéma pour proposer toute la panoplie du parfait chevalier, de même que toutes sortes d'objets tombés du Moyen Âge dans ses catalogues, ne s'étonne pas de vendre, par correspondance dans le monde entier, près d'un millier de ces ceintures pour un usage que les acheteurs ne précisent pas[8]. Tourne-t-on tant de films que cela sur cette période médiévale qui justifierait qu'on se fournisse chez Medioeveo en ceintures de chasteté en aussi grand nombre ? À moins que certains chevaliers d'industrie, continuant à s'absenter trop souvent de leurs logis, craignent encore pour la vertu de leurs dames et préfèrent recourir à ces expédients de lanières et de métal ? En tout cas, un passage par Internet est fort instructif, avec cette précision tout de même que la gamme des sous-vêtements d'abstinence concerne désormais aussi les hommes, signe que les dames vont maintenant elles aussi pouvoir partir en croisade.

Athènes, 411 : la grève du sexe

Une façon de protester contre ces hommes qui aiment tant la guerre, contre cette manière qu'ils ont de vouloir régner partout en maîtres, sur leurs épouses, leurs maîtresses, tous ces corps qu'ils ont violés, au nom de la guerre, au nom de l'amour, même chose, est peut-être alors celle qu'Aristophane imagine en 411 dans *Lysistrata*, la pièce déjà évoquée : une gigantesque ceinture de chasteté qui masquerait aux hommes l'entrée des femmes, pas de quelques-unes, non, de *toutes* les femmes, de manière à ce que l'abstinence soit générale et la leçon collectivement administrée.

Il faut rappeler le décor. Lorsque Aristophane imagine ce curieux stratagème, Athènes et la Ligue de Délos sont entrées en guerre contre Sparte et la Ligue du Péloponnèse depuis déjà vingt ans, sans que rien ne laisse espérer la fin d'une guerre qui mobilise une armée d'hoplites sur terre et sur mer, une cavalerie, un effort d'argent considérable. Aristophane perçoit cet agacement au moment où les cités de Sicile, alliées d'Athènes, supportant toujours plus mal l'hégémonie de Syracuse, ont fait appel à l'Assemblée qui a voté, en 415, sur le conseil enflammé d'Alcibiade, l'envoi de cent trente-trois trières. Ce sera, deux ans plus tard (printemps 413), le plus grand désastre qu'Athènes ait jamais connu. Les chefs de l'expédition sont mis à mort, les survivants exposés à une fin cruelle dans les Latomies, les funestes carrières de Syracuse. Les choses ne vont guère mieux en Attique où les Spartiates campent à Décélie, à vingt-deux kilomètres au nord-ouest d'Athènes. L'heure n'est donc pas à l'euphorie. Athènes réagit en nommant une commission de dix membres, les *probouloi*, mandatée pour prendre dans l'urgence toutes les mesures que la situation justifie. C'est dans cette atmosphère de profond désenchantement qu'Aristophane, au concours des Lénéennes, fait représenter sa pièce.

La guerre est un puits sans fond. Il ne sert à rien d'essayer de le combler. Ni par des conquêtes aussitôt reperdues, ni par des pourparlers vains, ni par des vaisseaux, montures, armes, ni, bien sûr, par des vies de soldats. Athènes et la Grèce font fausse route. Mais comment remédier à ce mal endémique ? Lysistrata a une idée : obtenir que les femmes prêtent serment de se détourner de leurs maris. Bien entendu, pour l'heure ils sont sur le front, occupés à faire la guerre, mais lorsqu'ils reviendront, drapés dans leur raideur, elles se refuseront à eux. Les voilà toutes réunies, tendant la main au-dessus de la coupe de vin qui tient lieu de victime propitiatoire, et chacune jurant. D'abord de demeurer chez elle, coquettement vêtue, « afin que mon époux brûle de tous les feux ». Il faut fustiger sa passion. Le mettre au supplice. Si, d'aventure, le mari la prend de force, « je me prêterai de mauvaise grâce, et resterai passive », autrement dit, « je n'enlèverai pas au plafond mes persiques [sortes de mules], je ne me tiendrai pas en posture d'une lionne sur une râpe à fromage [les ustensiles domestiques, dit une note de l'édition du texte, étaient souvent ornés de motifs de ce genre] [9] ». Fameux serment ! Belle détermination ! Mais prudence tout de même.

« Ne crois-tu pas que les hommes vont sur l'heure marcher en force contre nous ? demande Calonice à Lysistrata.

– Il ne m'en chaut guère. Ils n'apporteront ni assez de

menaces ni assez de feu pour forcer cette porte, s'ils n'accèdent à nos conditions. »

Cette grève du transport, si l'on peut dire, associée à d'habiles démarches visant à couper aux hommes les sources vives auxquelles vient s'abreuver traditionnellement l'effort de guerre mettent bientôt les mâles aux abois. Aristophane est un grand enfant qui rêve. « Je ne trouve plus de charme à la vie depuis qu'elle a quitté la maison, dit Cinésias, le mari de l'une d'elles. Il me pèse d'y rentrer ; tout lieu me semble désolé ; et les mets quand je mange n'ont pour moi nulle saveur. Car je suis en rut ! » Et le voilà qui appelle sa petite femme, qui lui promet tout ce qu'elle demandera pour qu'elle accepte de revenir et de se livrer à nouveau aux « rites d'Aphrodite ». Au terme de l'épreuve vient enfin la capitulation. Les femmes continentes ont fait mettre à leurs époux le genou à terre.

Faites l'amour, pas la guerre. Il semblerait bien que cet enfant athénien un brin obscène ait inventé la formule, avec, il est vrai, une nuance que le slogan révolutionnaire ne comportait pas : celle d'une épreuve de force, d'un chantage qui ne justifie aucune faiblesse. Que donnerait la stratégie proposée par Aristophane dans un monde où la guerre est encore le divertissement préféré des hommes ? Pour concevoir que les Américaines engagent ce bras de fer avec l'administration Bush afin qu'elle retire ses troupes d'Irak, il faudrait parier sur l'unanimité de cette grève du sexe. Mais il doit bien exister encore des Américaines acquises à la cause de la guerre, des pro-Bush qui refuseraient le principe de l'abstinence au lit. Ce qui signifie qu'une Amérique serait abstinente pendant que l'autre ne le serait pas. Cela ne correspondrait plus du tout au plan ourdi par Aristophane, lequel passerait dès lors pour un amuseur. Un amuseur qui se serait soucié de la guerre du Péloponnèse comme nous de l'an quarante.

À quel moment un parloir devient-il sexuel ?

Des êtres sexuellement en quarantaine. Qui de plus empêché d'atteindre le corps de l'être aimé, l'être resté dehors, libre, que celui que des fautes plus ou moins graves ont conduit sous les verrous ? À quoi rêvent ceux qui non seulement ne font plus l'amour, mais ne sont libres de rien ? me suis-je demandé. Ne plus faire l'amour, ou bien ne plus pouvoir serrer contre soi l'être aimé, n'est-ce pas à présent, dans cet extrême, une métaphore de la détention, de l'existence carcérale ? Dans une mesure que je voulais comprendre, pourquoi a-t-on rendu ces deux condamnations solidaires : perdre sa liberté et perdre le droit de faire l'amour ? Existe-t-il dans les textes un article, un alinéa qui stipule qu'en franchissant l'enceinte de la prison on franchit la limite qui sépare un monde *avec* d'un monde *sans* sexualité, ou bien alors une sexualité solitaire ou contrainte ? La meilleure chose était d'aller y voir et de poser mes questions.

Pour entrer à la prison de la Santé, il faut montrer patte et âme blanches. La fouille est au corps, aux intentions, sévère. On en comprend bien entendu les justifications et on s'incline. Il faut laisser au guichet, sorte de sas qui relie l'univers carcéral à la rue, portable, dictaphone numérique et tout autre instrument qui n'aurait aucun sens dans un espace qu'on travaille à rendre clos. On ne prend conscience de cette entrée en détention que progressivement, à chaque fois qu'on fait un pas de plus vers le point le plus abyssal de l'expérience de la réclusion. La prison de la Santé, comme toutes les maisons d'arrêt, reçoit des prévenus, c'est-à-dire en attente d'un jugement définitif. À ceux-là s'ajoutent des condamnés dont la peine restant à purger n'excède pas un an et ceux qui sont en attente d'une affectation. Mille trois cents détenus au total attendent dans ce purgatoire avec ses agents chargés de leur rendre le séjour plus ou moins austère.

Parmi eux, le psychiatre Luc Massardier reçoit dans un bureau, un antre où les reclus viennent dire de toutes les façons leur difficulté à vivre l'expérience de la détention. Il me montre une liasse de mots griffonnés qui viennent d'atterrir sur son bureau. « Que puis-je faire ? » a-t-il l'air de dire. Comment aider celui que ses agissements ont conduit derrière cette enceinte et dont la présence ici vaut implicitement condamnation ? Ingrate tâche que celle qui consiste à assumer le geste hypocrite de soulager une souffrance unanimement consentie. Comme une mort qui s'excuse.

L'entretien commence. Détenir équivaut ici à priver quelqu'un de ses libertés, me dit-il, la question étant de savoir ce que recouvre précisément ce mot de « libertés ». Dans la pratique, la sanction se doit d'être incompatible avec toute forme de plaisir.

– Que les prisonniers puissent cantiner [acheter vêtements, nourriture et autres à l'administration pénitentiaire], toucher un salaire, disposer d'une télévision dans leur cellule, est encore vécu par la majorité de nos concitoyens comme une preuve de laxisme. Le plaisir est interdit, pense-t-on, et cette interdiction fait partie de la peine [10].

– Existe-t-il une interdiction à la sexualité ? Une interdiction dans les textes ?

– Il n'est dit nulle part que la condamnation, quelle qu'elle soit, signifie l'interdiction de la sexualité. Aucun texte n'interdit au condamné de demeurer un « sujet sexué ».

– Jusqu'où apprécier cette absence de liberté ? Si on lui interdit d'avoir en prison des rapports sexuels, ceux qu'il souhaite tout au moins, cessera-t-on aussi de lui prodiguer des soins lorsque son état de santé les réclamera ? De le nourrir ?

Si l'administration n'interdit pas la sexualité, il reste qu'elle ne l'encourage pas et que la promiscuité dans laquelle vivent les détenus et la quasi-inexistence en France de parloirs sexuels ramènent les choses à cette impossibilité qui n'est pas loin d'évoquer l'interdiction. Luc Massardier évoque le climat de violence dans lequel les peines s'accomplissent, dont n'est pas absente une « pulsion d'emprise » qui ne trouve à s'exprimer ou à être sublimée que par ce biais. Témoin, paradoxalement, ce mépris unanime dans lequel sont tenus les « pointeurs », ceux qui sont condamnés pour abus sexuels, objets de tous les sévices de la part des codétenus. Dans ce rejet des pointeurs, il voit « un conformisme social qui veut que, derrière le discours sexiste et machiste de façade [celui qui sévit entre les murs de la prison ou de la cellule], la sexualité demeure taboue, intime, et que quiconque vient à la rendre publique risque de réveiller chez chacun ses propres potentialités transgressives. Dans tous ces cas de figure, le code de l'honneur est alors l'intolérance et la vengeance infligée à ceux qui ne l'ont pas respecté [11] ».

Ne conçoit-on pas, à travers ces propos, tout le soulagement qui pourrait résulter, pour l'administration et pour les détenus, d'une sexualité « conditionnelle » consentie, comme dans d'autres pays ? Cela fait bien longtemps que les professionnels du soin militent pour que soit reconnu ce droit fondamental du sujet sexué. Les surveillants, de leur côté, verraient se généraliser avec réticence ce qui est pour l'heure toléré sous forme d'unités expérimentales de vie familiale (UEVF) en trois endroits seulement, Rennes, Poissy et Saint-Martin-de-Ré (sur un total de cent quatre-vingt-cinq centres de détention). Pourquoi ? Parce que ces petits appartements aménagés à l'intérieur des établissements, qualifiés par l'administration de « parloirs sexuels » ou « chambres d'amour », qui permettent aux détenus longue durée de recevoir leur famille dans une certaine intimité (pour une période d'un à trois jours), impliquent une surveillance et des fouilles accrues, c'est-à-dire un surcroît de travail. Après tout, comme le disait le directeur de l'un de ces centres, « nous ne sommes pas des tenanciers de bordel [12] ! ».

Morale à géométrie variable qui offre à chacun de s'adapter à une certaine permissivité ambiante, dans la mesure, encore une fois, où le règlement reste silencieux sur ces questions. Ainsi la possibilité offerte aux détenus abonnés à Canal + de visionner le traditionnel porno, la tolérance des gardiens vis-à-vis des pratiques masturbatoires et jusqu'au consentement à certaines formes d'homosexualité consentie ou subie. Laxisme que certains surveillants justifient en disant : « Pendant qu'ils se masturbent ou pendant qu'ils s'enculent, ils ne nous emmerdent pas [13]. » La généralisation des parloirs sexuels ne pourrait-elle favoriser un certain apaisement au sein des prisons et garantir une meilleure réinsertion la peine une fois purgée ? On peut se marier en prison, mais on ne peut pas en principe consommer et moins encore procréer. Et pourtant. On trouve dans ce monde étonnant de l'abstinence choisie ou subie aussi bien des enfants de prêtres que des enfants nés dans des parloirs et dans des conditions dont l'imagination doit pouvoir s'emparer. Mieux encore : ce détenu de la centrale de Saint-Maur (Indre) qui a obtenu le feu vert de l'administration pour une procréation avec FIV, sa femme étant infertile, ce qui justifiait qu'il soit conduit entre deux gendarmes jusqu'au CECOS de Tours et s'exécute dans une petite éprouvette, les menottes aux mains [14].

Absence de sexualité pour absence de liberté. Le parallèle auquel nous a ouvert l'expérience de la prison mérite-t-il d'être étendu à tous ceux qui, pour les raisons que nous détaillons, ne peuvent pas faire l'amour ? Les Athéniens privés de leurs femmes, Laurent qui ronge son frein en attendant que soit levé l'interdit du corps d'Ève, ces femmes cadenassées pendant que leurs maris vont reprendre la Terre sainte, ou encore les maris de ces femmes qui, tous les soirs, ont d'étranges migraines : tous ceux-là vivent-ils une sorte de détention ? Habite-t-il une prison, celui qui est privé de la peau des autres ? D'une certaine façon, que nous avons cherché ici à suggérer. Nulle part mieux que derrière ces barreaux on peut comprendre ce que, pour certains, et en certains moments de leur vie, la privation de sexualité peut signifier. Dans une certaine mesure que ne peuvent dire que ceux qui ont fait l'expérience de la prison, la peine assortie d'une privation de toute vie affective ou sexuelle équivaut alors à un châtiment et une cruauté au carré.

5

La chasteté est un sport de combat

Ceux qui ont choisi la chasteté et qui se battent

> « Que les gens aient l'idée de placer leur ésotérisme dans la vie sexuelle, ou disons dans le "fonctionnement" sexuel, ne l'intéresse tout bêtement pas. »
>
> Sophie Fontanel, *Sublime amour.*

Avec leur *passion* de la chasteté, au sens de souffrance consentie pour que l'âme travaille à sortir de cette gangue par laquelle elle participe d'un monde qu'il faudra de toutes les manières quitter, les chrétiens n'ont, semble-t-il, rien inventé. C'est le sens des pages inspirées que Jean-Claude Guillebaud consacre, dans *La Tyrannie du plaisir*, à réparer une vieille injustice : « Michel Foucault a très bien synthétisé les quatre grands griefs articulés à l'encontre du monothéisme par l'opinion courante, écrit-il. Ce dernier aurait le premier assimilé le sexe et la "chair" au mal, assujetti la femme et inventé la misogynie, exalté la continence sexuelle, condamné l'homosexualité. Imposant ces quatre interdits, il aurait rompu du même coup avec toutes les traditions païennes et proscrit pour des siècles le bonheur des corps. » Mais il n'en est rien : « En réalité, ces quatre catégories d'interdit ou de défiance à l'égard du plaisir étaient – toutes – parfaitement connues et partagées à l'époque du paganisme [1]. »

La philosophie grecque ne dit pas que le sexe est mauvais, elle dit qu'il est source d'un désordre qui fait perdre à l'homme le contrôle de lui-même. L'homme grec est, vis-à-vis de ses passions, dans la position du maître avec ses esclaves. Il ne saurait leur consentir davantage que leur condition le permet. Ainsi doit-il rester, en toute situation, le maître chez lui. Sauf à imaginer que, paradoxalement, l'esclave devienne le maître. L'obsession des sages ou apprentis sages, comme de toutes les sagesses, est d'organiser la régénérescence de l'humain embarqué malgré lui, parce qu'il est soumis aux lois à peine flexibles du vivant, dans un processus de dépense, de déperdition et, partant, de dégénérescence. Or, s'il est une activité par laquelle l'homme creuse sa tombe avec une frénésie qui émeut ces médecins de l'âme, c'est bien la fornication, ou la masturbation, autrement dit cette manière dont ces créatures écervelées sèment leur semence à tous vents. Comme si tout cela était inépuisable.

On ne peut jouir sans fin ni sans risquer d'y perdre, sinon son âme, du moins sa santé. « Au IIᵉ siècle avant J.-C., rappelle la théologienne allemande Uta Ranke-Heinemann, Soranus d'Éphèse, médecin personnel de l'empereur Hadrien, considère également la chasteté prolongée comme un facteur de bonne santé : seul le souci de s'assurer une descendance justifie à ses yeux l'activité sexuelle. Il décrit les conséquences nuisibles de tous les excès qui dépassent la simple volonté de procréation [2]. » En ce sens, la philosophie et la médecine antiques cherchent à élaborer, chacune pour leur part, une théorie économique de l'énergie libidinale dans le vase clos où la continence est censée la maintenir.

Ces conceptions héritées de l'Antiquité ne sont pas mortes, elles perdurent jusqu'au cœur de cette répugnance déclarée par les premières communautés chrétiennes pour la chair. Les champions de l'abstinence que nous allons rencontrer maintenant répètent que la sexualité doit être endiguée comme on le fait d'un torrent impétueux, sinon nous lui abdiquons le gouvernement de nos jours et – c'est leur credo – on ne peut adorer qu'un seul Dieu.

Le moine et les pollutions nocturnes

C'est bien la dialectique du maître et de l'esclave qu'utilise Jean Cassien dans ses *Institutions* et *Conférences*, qui sont autant de contributions à la définition d'une règle de vie pour les moines en Occident. Héritier de cette longue lignée de Pères du désert qui s'enracine dans les solitudes égyptiennes, Jean Cassien débarque en Provence au IVe siècle pour y acclimater une vie d'ascèse et de prière, tournée vers le *sol invictus* (soleil invincible). Le combat de la chasteté est au cœur de ses préoccupations, en tant que citoyen de ce monde antique et païen qui colle encore à ses semelles, mais aussi porte-parole de la foi nouvelle qu'il s'agit d'implanter sur les terres qu'il s'apprête à fouler (il est né en Scythie vers 365).

Reprenons les grandes lignes de l'étude que Foucault consacre à ce combat « contre l'esprit de fornication[3] ». Pour Cassien, le vice de fornication est triple, ce qui commence bien. Le premier gît dans la « conjonction des deux sexes », habile formule. Le second s'accomplit « sans contact avec la femme », autrement dit c'est ce qui avait été reproché à Onan, fils de Juda, à savoir de répandre sa semence partout sauf au bon endroit. Le troisième vice, le plus fourbe assurément, est le fruit de « l'esprit et la pensée ». Dans l'idée de Cassien, ce triple vice n'est pas isolable, il faut le considérer dans une suite d'autres vices enchaînés les uns aux autres et que nous devons combattre comme s'il s'agissait d'une hydre pourvue de plusieurs têtes, huit au total, et promises, pour sûr, à une régénération spontanée. Il faut imaginer ces monastères qui naissent un peu partout sur le sol européen comme des centres d'entraînement pour des sportifs d'un genre particulier, parmi lesquels Dieu va recruter demain ses équipes. La porte sera étroite, la compétition implacable.

La *gourmandise* (1) naît du corps et allume l'*esprit de fornication* (2). Impossible de séparer ce couple. Les anorexiques en feront la preuve. Ce premier couple engendre l'*avarice* (3), qui provoque *rivalités, disputes et colère* (4), dont procède l'*abattement de la tristesse* (5), lequel entraîne le *dégoût de la vie monastique* (6), ce qui est un comble. Les anciens l'appelaient l'*acédie. Orgueil* et *vaine gloire* (7 et 8), quant à eux, n'appartiennent pas à cette chaîne. C'est la victoire qu'on remporte sur les six premiers qui engendre les deux derniers. « Un tel enchaînement, ajoute Foucault, suppose qu'on ne pourra jamais vaincre un vice si on n'a pas triomphé de celui sur lequel il prend appui. [...] Au principe des autres, le couple gourmandise-fornication, comme "un arbre géant qui étend au loin son ombre", doit être déraciné. De là l'importance ascétique du jeûne comme moyen de vaincre la gourmandise et de couper court à la fornication. »

Le programme est arrêté et l'entraînement peut commencer. Pour gravir les échelons vers la chasteté, c'est-à-dire en retournant à la cause qui est au fondement de tous les vices, le moine va tenter progressivement de « sortir de la chair tout en restant dans le corps », comme on se séparerait d'une dépouille, d'une vieille défroque, pour entrer dans l'éternité de son être. Cassien répertorie les étapes de cette métamorphose, conscient que la victoire est un horizon, celui qu'Antoine avait vu quelquefois s'évanouir dans son désert. Premier échelon : le moine, lorsqu'il est éveillé, n'est pas « brisé » par une attaque de la chair ; la volonté n'est donc plus à merci. Deuxième échelon : des « pensées voluptueuses » se produisent bien encore dans son esprit, mais il ne s'y attarde pas. Troisième échelon : ce qui vient du dehors n'est plus à même de susciter la concupiscence ; il peut alors observer une femme sans convoitise. Quatrième échelon : il n'y a plus au cours de la veille de mouvements de la chair, même le plus innocent. Cinquième échelon : si une lecture amène encore l'« idée de la génération humaine », l'esprit ne se laisse pas « effleurer ». Enfin, « la séduction du fantôme féminin ne cause point d'illusion pendant le sommeil ».

La hantise de Cassien est l'idée que le moine puisse collaborer de près ou de loin à ces mouvements obscurs de la chair (dont les pollutions nocturnes sont l'expression la plus odieuse) et se rendre ainsi complice de ce qui se fait de toutes les manières sans lui, avec ou sans son consentement. La volonté doit se soustraire à cette mécanique et se garder libre, promise à d'autres épreuves. « Défaire l'implication dans les mouvements du corps, c'est le premier degré. Puis défaire l'implication imaginative (ne pas s'attarder à ce qu'on a dans l'esprit). Puis défaire l'implication sensible (ne plus éprouver les mouvements du corps). Puis défaire l'implication représentative (ne plus penser aux objets comme objets de désir possibles). Et finalement, défaire l'implication onirique (ce qu'il peut y avoir de désir dans les images pourtant involontaires du rêve). À cette implication, dont l'acte volontaire ou la volonté explicite de commettre un acte sont la forme la plus visible, Cassien donne le nom de *concupiscence*. C'est contre elle qu'est tourné le combat spirituel, et l'effort de dissociation, de désimplication, qu'il poursuit[4]. » L'absence de rêves érotiques et de pollutions nocturnes est signe alors qu'on est parvenu au plus haut degré de la chasteté. Qui s'y colle ?

Il n'y a guère de sens pour Foucault à parler ici de morale chrétienne, voire judéo-chrétienne. L'effort pour définir une réponse face à ce qui est perçu comme menace pour l'autonomie de la volonté libre, c'est-à-dire la sexualité, s'est déployé de manière ininterrompue depuis l'époque hellénistique et sans doute bien plus tôt, jusqu'à Augustin et au-delà, jusqu'au théoricien de l'« amour pur » que fut Fénelon au XVIIe siècle[5].

Le corps du prêtre

Samuel n'est pas en enfer, sauf si ce monde est l'enfer – ce qu'il est peut-être, pour quelques-uns assurément –, mais Samuel brûle quand même. Un feu qui vient de l'intérieur consume ce prêtre de quarante ans. Je ne sais au juste comment il a surgi ni d'où. Sa robe ou soutane grise souligne quelque chose comme un fossé qui nous sépare, un engagement que je n'ai pas pris, une ascèse où je ne me tiens pas. Venu de Saint-Jodard (Loire), il a traversé la France pour venir me voir et, j'imagine, pour rendre visite à quelques sœurs et frères de la communauté de Saint-Jean à laquelle il appartient et qui, en trente ans, a essaimé un peu partout dans le monde. Frères, diacres, prêtres, sœurs contemplatives, oblates, sœurs apostoliques vivent une vie religieuse de type monastique vouée à la contemplation. Très simplement, parce que la congrégation est liée à Marie et à saint Jean, « et que Marie et Jean sont présents à la Croix, et qu'ils vivent le mystère de la Croix d'une manière contemplative. C'est le sommet de toute la vie chrétienne[6] ».

Frère Samuel a rencontré Marie-Dominique Philippe, le fondateur de la congrégation, à Fribourg, où il donnait sa dernière année d'enseignement en philosophie et théologie. À l'époque, Samuel cherchait dans la philosophie, celle de Camus, de Merleau-Ponty, un lieu pour penser l'expérience de la corporéité, aussi bien celle de l'âme incarnée que celle de l'Église comme corps, archétype de l'organisation symbolique de l'espace. De ces cogitations était né le projet d'une thèse commencée avec François Dagognet et, à l'évidence, frère Samuel m'incitait à entrer avec lui en ce chantier à ciel ouvert. Pour aborder les thèmes par lesquels cheminerait notre entretien – le désir, le renoncement, le combat, la fécondité, le partage, la souffrance –, je le sentais armé jusqu'aux dents, jusqu'aux yeux – lesquels décochaient des traits de ce feu qui brûlait au-dedans. Ce feu me plaisait.

Il avait connu l'appel de la vocation à un âge où le corps n'est pas sage, où il ne peut pas l'être, où il cherche plutôt à entrer dans l'expérience, et le choix qu'il fallait faire n'allait pas de soi. Comment en aurait-il été autrement ? On voyait bien que, sans sa soutane, sans son magistère, Samuel aurait pu suivre un tout autre itinéraire dans ce monde, plaire et séduire. Pourtant, ces fortes oppositions qui le tiraillaient alors, le déchiraient, pourraient se dissoudre dans la vie religieuse, il le sentait. Les contradictions se résoudraient à la condition, me dit-il, qu'il aille « jusqu'au bout de l'amour ». Qu'est-ce que cela pouvait vouloir dire ?

– Accepter de décentrer l'énergie sexuelle, la laisser se transformer, puis se laisser brûler par un feu plus fort.

– Vous parlez de sublimation ?

– Si vous voulez. C'est une autre façon de donner son corps, d'en faire un lieu de partage et d'intimité. L'Occident s'est focalisé sur le plaisir comme lieu de la corporéité... n'est-ce pas une définition un peu étroite ?

Il m'encourage à lire les prédications de Jean-Paul II sur le corps.

– Comment peut-on dire que le christianisme n'aime pas le corps ?

Bien entendu, le corps dont il parle excède la sexualité, la transfigure. Le corps ne la nie pas, comment le pourrait-il, car cette question n'est jamais réglée pour lui, et frère Samuel en sait quelque chose, mais il la déborde de toute part pour brûler d'un feu plus violent. Encore le feu.

– L'homme est appelé à une autre corporéité que la corporéité sexuelle. Mais il ne le sait pas.

– Ah ?

– Les religieux, eux, enfermés dans leurs monastères et leurs couvents, petites communautés eschatologiques, expérimentent depuis deux mille ans cet autre corps. Ils brûlent les étapes. Les monastères sont des laboratoires où nous cherchons la définition, la formule de l'homme et de la femme *libres*. La virginité dont nous parlons, qui n'a rien à voir avec la chasteté, est le lieu d'accueil de l'autre, le lieu où je peux faire exploser les frontières. Mon corps est par essence le lieu de l'altérité, c'est à travers l'autre que j'ai une autre expérience de mon corps, parce que quelque chose dans mon corps, que l'autre me révèle, ne m'appartient pas. C'est par l'autre alors que je prends véritablement corps. En même temps, ce corps partagé est le lieu de l'expérience de la fragilité à laquelle Dieu me ramène toujours. C'est dans mon corps que je connais l'autre souffrant, que j'appréhende ses attentes, ses manques, que je le connais et, le connaissant, que je *me* connais. C'est dans mon corps que je fais l'expérience de mon humanité. Là et pas ailleurs. En ce sens, la souffrance et l'amour s'avoisinent. Si la souffrance est mangée par l'amour, elle n'est jamais supprimée, parce que le corps ne peut sortir de cette condition de vulnérabilité extrême. C'est là que Dieu s'exprime. Dieu s'est manifesté à nous à travers la fragilité humaine, il ne nous demande pas de la dépasser. Le célibat et le vœu de chasteté ne peuvent être féconds que s'il y a expérience de la fragilité. Le célibat est alors le gage de notre disponibilité à cela qui fonde notre fragilité et de ce que cette fragilité est transformée par l'Eucharistie.

Il est conscient que le renoncement à la sexualité, au mariage, reste un sacrifice qui éloigne de la vie religieuse bien des jeunes gens désireux pourtant de tourner le dos à ce monde qui nous fourvoie toujours avec des gadgets, nous traite comme des adolescents attardés et capitalise sur nos faiblesses. Comment parle-t-il à ses frères et à ses sœurs qui retardent peut-être encore le moment de prononcer des vœux ? Il dit qu'il ne faut pas moraliser la question. Il donne des exemples, trace des itinéraires qui tendent vers le choix du célibat et d'autres qui s'en éloignent.

– Le célibat n'est possible qu'au cœur d'une communauté qui le porte, l'encourage, le partage et qui en est le garant. Ainsi est-il dilué et plus supportable.

En même temps, si le célibat écarte certaines vocations, c'est le signe que le christianisme retourne vers ses origines, qu'il se sépare de ceux qui seront plus à leur place dans le monde. Cet état de virginité est un choix qui dépasse tous ces arrangements qu'on passe avec soi-même. Il n'a jamais concerné qu'un petit nombre. Là-dessus, frère Samuel, qui a encore un long après-midi devant lui, se dresse devant moi, me tend une main fraternelle que j'attrape à la hâte, et disparaît.

Vertiges de la fragilité

Les propos du prêtre m'ont étonné, la manière qu'il a de porter jusqu'à l'incandescence l'expérience d'être homme devant la majesté du ciel. Les cohérences faites homme ou femme nous émeuvent toujours lorsqu'elles ne sont pas conquérantes, pourvoyeuses de leçons, évangélisatrices. Elles traduisent un curieux mariage entre la foi et le doute et enfantent des maîtres en *fragilité*. Ce prêtre est parti en laissant le témoignage de ses doutes agissants. Comment marche-t-il sur sa corde raide ? Il ne me l'a pas assez dit. Il aurait fallu poursuivre cet échange, mais Samuel avait autre chose à faire, d'autres âmes qui l'appelaient. Je l'imaginais intranquille au milieu de sa communauté, la soutenant et s'appuyant sur elle, tour à tour. Comme les aveugles dans le tableau de Breughel. Et comment font-ils alors, les autres, ceux qui bataillent pour la chasteté, quelles que soient leurs raisons ? L'expérience est-elle toujours celle de la *fragilité* dont le prêtre avait parlé ? J'imaginais que le témoignage de ces êtres au bord de chuter mais toujours debout, incertains, intéresserait ceux de mes contemporains qui n'éprouvent déjà plus la souffrance de *ne pas* le faire ou qui ne comprennent pas ou plus qu'on le fasse. Je voulais faire œuvre d'archiviste, en quelque sorte, pour mon siècle asexuel. Dire encore une fois que c'est toujours de l'interdit que le désir se gonfle. Témoigner de cet équilibre entre la limite qu'on se donne et la tentation de la fouler aux pieds, de la transgresser[7].

Le mouvement (lent) de se donner

Une mère en guerre avec Dieu, qu'elle a perdue à l'âge de douze ans. Un père qui n'assure pas, qu'elle dit « égoïste », et des débuts dans la vie à reculons. Une difficulté à assumer cette charge trop lourde. Des années de doute et puis un long séjour à Londres comme apprentie décoratrice. Auprès de ceux qui incarnent aujourd'hui outre-Manche le renouveau de l'Église, renouveau venu de la vieille paroisse de Holy Trinity Brompton[8], au centre de la ville, elle trouve la foi. C'est aussi son renouveau à elle, qui n'avait gardé aucun contact avec l'Église de son enfance. Elle suit à Londres le cours Alpha que dispense la paroisse, s'adressant à ceux qui, comme elle, n'ont pas de culture religieuse. Ce cours a fait ses preuves et toutes les familles chrétiennes l'ont plus ou moins adopté (anglicans, catholiques, baptistes, méthodistes, luthériens, épiscopaliens évangéliques, pentecôtistes...), en Angleterre et sur d'autres îles plus grandes.

L'histoire de cette jeune femme (la trentaine) est celle d'une involution. Il faut s'expliquer. De ces années anglaises, elle a gardé le goût des flirts et des histoires sans lendemain. Elle aurait aimé pouvoir effacer, recommencer, comme dans ces jeux vidéo où la faute, la chute, peut-être la mort laissent la possibilité de rejouer. Mais dans la vie, on le sait un peu, la faute est enregistrée dans un immense fichier céleste où tout est à jamais conservé. Par exemple, l'amour qu'on a gâché, la chair qu'on a souillée, comme ça, parce qu'il fallait bien. Effacer. N'y pas songer. La foi était montée à Londres dans ce désordre, cette absence de tout qu'elle n'avait fait que révéler. La *rencontre* avait eu lieu dans ce temps recommencé, six ans avant notre rendez-vous. L'inespéré. Lui à Paris, qui paraissait l'attendre et s'était gardé pur. Pour elle. Elle à Londres, qui le reconnaissait mais s'en voulait maintenant de ces histoires pour rien. Chacun sur une rive. Les promesses et les remords entre eux. Elle aurait aimé lui donner ce qu'il allait lui offrir, lui, l'homme de sa vie, le trésor de s'être conservé pour elle. Mais le marché était de dupes, et jamais elle ne se le pardonnerait.

Deux années à se renifler, se connaître, savoir si on était bien au rendez-vous, le bon cette fois, deux ans à s'éprouver. La Manche symbolisait cet espace qu'il fallait maintenir entre leurs corps, comme l'épée que le chevalier plaçait entre lui et l'aimée afin qu'elle les protège de l'union dans laquelle, autrement, leur passion les aurait jetés. Lorsqu'il venait la visiter à Londres, la visiter sans l'étreindre, sans venir en elle, il dormait sur le canapé. Même chose quand elle dormait à Paris, chez lui, où elle ne dormait pas. Ce furent deux années sous haute tension, deux années sur le gril, à n'en pouvoir mais, à mourir d'amour l'un pour l'autre, à doucement se donner, « à se donner en vérité ». Peut-être était-elle redevenue vierge. L'hymen obéit-il aux bruissements de l'âme ? L'âme était retombée en innocence, en enfance sûrement, et ils s'aimaient d'un amour puissant et chaste qui était déjà pour elle plus brûlant que tout ce que son corps avait jamais éprouvé.

Puis, quand les liens furent scellés, ils se connurent comme mari et femme et entrèrent dans une autre dimension d'aimer. De cela elle me parle avec une gourmandise entière, comme si cet homme, elle passait son temps à le manger. Forme-t-on à Holy Trinity Brompton des vocations de cannibale ? Bien sûr ce couple de passion se disputait, comme tous les couples, bien sûr l'amour n'empêchait pas les mauvais coups du sort, bien sûr l'amour n'était un rempart contre rien. Mais, au minimum, il était un pacte d'honnêteté sans lequel ces deux-là seraient bientôt morts de chagrin, elle dans ses remords, lui dans son attente jamais récompensée.

Je n'embrasse pas

Être en école d'ingénieur et ne toujours pas avoir embrassé un garçon, pas un seul, pas un seul petit baiser, est-ce possible ? N'avoir rien commencé, en somme, qui pourrait conduire à s'attacher à quelqu'un avec qui l'on découvrira demain qu'il n'y a rien à faire, rien à construire, aucun avenir à dessiner ensemble. Leva est frappée de voir que les copines qui sont sorties avec des garçons n'ont jamais réussi à en garder un seul. Comme si tout le monde se trompait tout le temps et sur tout le monde. Comme si le jeu était de se manquer, de refermer ses bras sur du vent. Cette jeune bahaïe n'en démord pas et, malgré mes questions qui vont la chercher dans ses retranchements et qui la découvrent plus mûre, plus sûre, plus libre que ce discours chaste ne le laissait supposer, il ne faut pas lui en conter.

Leva a quitté le Niger, où vivent ses parents, il y a trois ans pour entamer ses études supérieures. Comme la majorité des bahaïs qui laissent l'Iran derrière eux (l'Iran où leur prophète Baha'llah a vu le jour au XIXe siècle), ses grands-parents ont choisi de s'installer au Niger. Nul prosélytisme chez eux, lequel est sévèrement condamné, mais le désir d'enraciner sa foi partout où la foi vous porte. Parce qu'ils avaient fait leurs études en France, les parents de Leva l'ont inscrite dans un lycée français et, parce que le système éducatif nigérien n'offrait pas de poursuivre vers les études universitaires désirées, elle est tout naturellement venue en France. Ce sont ces caprices du destin ou de ce saint prophète Baha'llah qui expliquent que nous puissions nous rencontrer aujourd'hui à Paris. Mais qu'est-ce que la religion bahaïe ? Adore-t-elle un Dieu ? Lequel ? Est-ce sa religion qui lui commande de préserver sa virginité jusqu'au mariage ?

La religion bahaïe est une religion de bonne volonté qui veut réconcilier les religions entre elles, les amener à se considérer comme les chapitres d'un seul et unique livre que Dieu aurait écrit dans un langage bien entendu inintelligible aux humains. C'est moi qui comprends les choses ainsi. En ce sens, les bahaïs parient sur une religion faite de toutes les religions conduisant l'humanité à ce seuil de maturité qui en ferait un interlocuteur digne de Dieu. De la même façon qu'ils cherchent à articuler les confessions entre elles, ils veulent percevoir la religion et la science de manière indissociable, participant de l'hominisation, puis de l'humanisation, enfin de la divinisation de l'homme. Ils veulent promouvoir « l'égalité de l'homme et de la femme, l'abandon des préjugés de classe, de race et de religion, en s'appuyant sur une éducation universelle obligatoire, chacun étant incité à rechercher personnellement la vérité[9] ». Pas d'Église, pas de clergé, pas de propagande. Une seule obsession : la paix.

On imagine que l'appartenance à une communauté de gens mus par l'idée du progrès et du bien doit lui créer quelques devoirs. Leva est plus terre-à-terre. Elle écarte tout ce qui se présente à elle comme la promesse ou la certitude d'une impasse. Aimer vaut mieux que cela. Les jeunes musulmanes au Niger se gardaient des rapports sexuels mais avaient des petits amis. Leva, elle, n'en voyait pas l'utilité. Lorsque certains garçons lui font des avances, elle déroule le film dans sa tête pour se persuader que cela ne mènera nulle part. D'ailleurs, ceux qui savent qu'elle est bahaïe ne l'importunent pas. Peut-être parce qu'ils s'imaginent que les bahaïs sont des sortes d'eunuques, hommes et femmes. Même chose pour les plaisirs qu'on peut se donner à soi-même. Ma question la sidère tout à fait. Quel avantage se procure-t-on par là ? Ne fait-on pas toute une affaire de trois fois rien ? Le jour où Leva donnera son premier baiser, alors l'aube commencera.

Vierge au bord de la crise de nerfs

Les membres des Églises pentecôtistes unies de France sont baptisés par immersion. Baptême consenti, lit-on sur le site de l'Église, s'« ils se sont vraiment repentis, détournés du péché et de l'amour du monde[10] ». Ceux à qui est fait ce « don du Saint-Esprit » reçoivent tous « le même signe physique », autrement dit cette aptitude « du parler en d'autres langues » (1 Corinthiens 12 et 14). Ce qu'on a reçu le jour du baptême « du Saint-Esprit et de feu », on le répand « sur toute chair » (Joël, 2, 28), on en fait don comme une promesse « pour tous ceux qui sont au loin, en aussi grand nombre que le Seigneur notre Dieu les appellera » (Actes 2, 39). Ce « don du Saint-Esprit », cette ravissante jeune femme de vingt-neuf ans d'origine martiniquaise, qui vit sa foi avec toute l'intensité et tout l'humour du monde, l'a reçu à l'âge de quinze ans et voudrait aujourd'hui qu'il l'aide à se maintenir dans la bonne grâce de Dieu. « Le mot "grâce" signifie "faveur". Quand une personne transgresse et pèche, elle perd sa faveur. Si elle continue à pécher et ne s'en repent pas, elle sera éventuellement perdue, et jetée dans l'étang de feu[11]. »

– Pourquoi ne vous êtes-vous jamais mariée ?
– Je n'ai pas trouvé le prince charmant.
– Vous êtes exigeante ?
– Je n'ai pas droit à l'erreur.

– Comment ça ?

– Le mariage est un engagement devant les hommes et devant Dieu.

– Ne vous a-t-on pas fait des propositions ?

– J'en ai eu.

– Alors ?

– Devant une femme vierge et qui s'affiche comme telle, certains hommes font preuve d'une immense pudeur. Trop grande... (Elle sourit.)

– Et les autres ?

– Ils cherchent à passer outre, à transgresser.

– Les découragez-vous ?

– Je ne sais pas faire.

– C'est-à-dire ?

– J'imagine qu'une femme vierge doit rendre certains hommes fous de désir. Comme si elle leur disait : « Je suis vierge, mais ça ne tient qu'à vous... » Vous voyez ?

– Très bien. Vous en jouez ?

– Je crois. Une fois, j'ai dit à un homme qui s'accrochait, pour le rendre encore plus dingue, pour m'amuser : « Tu imagines si, en plus, je suis un bon coup ? » Pour la sainteté, il faut encore que je bosse.

– Et quand vous êtes sage, que leur dites-vous ?

– Approchez-vous, mais ne touchez pas à ma virginité.

– C'est un grand art. Un peu comme boire de l'eau sans avaler.

– Je reconnais que c'est miné.

– Que leur autorisez-vous ?

– Ça pourrait s'appeler des préliminaires, sauf que là ça ne débouche sur rien. Je n'appartiendrai qu'à celui qui me prendra pour femme.

– Mais encore ? Un baiser ne vous fait-il pas appartenir à celui qui vous le donne ?

– Non.

– Qu'entendez-vous exactement par « préliminaires » ?

– Je parle de rapports sensuels sans sexualité.

– Vous ramenez la sexualité à la pénétration ?

– La défloration, dans mon cas.

– Tout le reste est autorisé ?

– Tout l'est devenu. Parce que je suis parvenue au seuil de saturation, si vous voulez ! Puisque le prince ne se présente pas, alors je ne réponds plus de rien.

– Voulez-vous que nous lancions un appel ?

– Je vais me débrouiller comme ça.

– Vous ne vous débrouillez pas si bien que ça.

– C'est vrai.

– Votre foi est-elle menacée ?

– Cela n'a strictement aucun rapport. Et c'est bien cela qui m'exaspère.

– Vous vivez seule aujourd'hui ?

– Je vis avec un homme artiste qui respecte mes engagements.

– Ressemble-t-il au prince que vous attendez ?

– Je ne sais pas encore.

– Êtes-vous dans le péché ?

– Non, je suis dans mes contradictions.

Une chemise tachée de sang

Larbi évoque sa nuit de noces, elle et lui entourés des représentants des deux familles, comme s'il s'agissait de marier celles-ci plutôt que ces deux corps qui, dans une chambre, à peine en retrait, cherchaient à se fournir les preuves qu'on leur demandait. Il explique son fiasco par cette pression qui montait, cette impression de se retrouver devant un jury qui allait statuer sur votre cas. Apte au mariage ou bon à rien ? En plus de cela, il se souvient qu'il fallait produire ces preuves dans un temps rapproché, à la hâte, pour ne pas faire attendre, pour ne pas ridiculiser son clan, et alors même qu'il n'avait encore jamais vraiment parlé à celle qui devenait, là, dans cette chambre lugubre, sa femme. Fiasco, donc, qu'ils décidèrent d'un commun accord de masquer pour produire la chemise tachée de sang attendue. Elle lui plaisait, il ne lui était pas indifférent. Mais le temps manquait pour se le dire, pour s'apprivoiser et pour exprimer haut et fort son désir. Les preuves fournies, il lui resta cette impression étrange d'avoir trompé tout le monde. Puis il rentra en France avec ce goût de cendre dans la bouche.

Ses études supérieures ne lui ont guère procuré qu'une place de manutentionnaire dans un supermarché de quartier. Il sourit. C'est un poste mal payé qui lui permet tout juste d'assumer le loyer d'un affreux deux-pièces qu'il partage avec Omar, un ami connu au pays. Ils se promettent de faire des économies pour revoir la famille, lui pour retrouver sa femme qu'il n'a pas revue depuis deux ans.

Mais il y a toujours des imprévus : pour lui, des ennuis de santé, et pour Omar, une difficulté à se caser quelque part, à sortir de la précarité. Larbi me dit d'ailleurs qu'il ne sait plus très bien où Omar en est aujourd'hui parce qu'ils se croisent et n'ont plus le temps de se parler. Trois fois par semaine, Larbi appelle celle qui doit être tout de même un peu sa femme et qui l'est en même temps si peu. Il ne trouve parfois rien à lui dire.

Il y a une douceur extraordinaire chez cet être, avec ses pommettes hautes et marquées, ses yeux noirs incroyablement enfoncés et qui ont l'air de se faire un abri des arcades et des puissants sourcils. A-t-il une amie ici, en France ? Il me regarde en riant, mais c'est le rire le plus triste qui se puisse imaginer. Cet homme est en pénitence, de toute évidence, accueilli par l'Occident à bras fermés. Quand je lui demande s'ils vont bientôt se retrouver, ses yeux se remplissent de larmes.

Le Mahatma couche avec des vierges

Que vaut la chasteté si vous êtes comme Antoine, l'anachorète au désert, avec pour seule compagnie le scorpion de la culpabilité ? Rien. Il faut la mettre au défi, mettre la tentation vingt fois sur le métier pour se persuader qu'on est encore le maître chez soi. S'il est un combattant de la chasteté qui estime que rien n'est encore acquis, que l'homme peut toujours chuter, c'est bien Gandhi, ce petit homme doué d'une si grande volonté. Au-delà de ses vœux de chasteté, prononcés à l'âge de trente-sept ans, Gandhi s'est maintenu en ce lieu incertain où la fragilité, dont parlait frère Samuel, vous inscrit au cœur de la condition humaine. Comment s'échapper du corps où nous sommes assignés à résidence sans le fuir ? C'est la quadrature du cercle où s'agacent les rêveries de l'ascète.

Plusieurs obscures motivations expliquent le choix que Gandhi fait de la chasteté. Il participe d'abord d'une volonté de purification que la pensée traditionnelle indienne exalte à travers le *brahmacharya,* mode de vie ascétique auquel les jeunes hindous de haute caste doivent s'astreindre. « Cette purification peut s'accomplir grâce à la maîtrise des désirs charnels au moyen de l'ascèse, de l'exercice physique et de la continence, écrit Elizabeth Abbott. Dans ce mode de vie, la forme physique du *brahmacharin* doit beaucoup à la rétention du sperme, principe essentiel de vie. Mari sexuellement actif et *brahmacharin* troublé par ses pollutions nocturnes, Gandhi estime – et déplore – avoir gaspillé une énorme quantité de sperme[12]. » Dans la pensée indienne de l'énergie libidinale, rien ne se perd, tout se transforme, selon une formule qui, elle, n'est pas indienne. La chasteté ici est moins un interdit qu'un principe de revitalisation de la puissance de l'homme, et Gandhi, rappelons-le tout de même, est un guerrier qui a engagé une guerre, non violente peut-être, mais totale, contre l'envahisseur anglais.

D'autres raisons. Une véritable lubricité à l'adolescence et durant sa vie de jeune marié, qui lui fait préférer la compagnie de sa femme Kasturbaï à celle de son père mourant. Il semble qu'il se le soit reproché sa vie entière, fustigeant cette voracité charnelle qui l'a empêché d'être près de son père au moment ultime et dont un enfant mort-né sera le fruit, croit-il, quelques mois plus tard[13]. Cette bienfaisante culpabilité semble avoir toujours été l'alliée des candidats à la grâce, à laquelle il faut associer les remontrances implacables de l'auteur de *La Sonate à Kreutzer* où Gandhi a lu, comme nous, ces lignes : « L'espèce la plus élevée des animaux [...] l'espèce humaine doit, pour se maintenir dans la lutte contre les autres animaux, se rassembler en un tout comme un essaim d'abeilles et non se multiplier à l'infini : elle doit, comme les abeilles, élever des asexués, c'est-à-dire tendre de nouveau vers la continence et non vers l'excitation des désirs vers laquelle est orientée toute l'organisation de notre vie[14]. » Être une abeille asexuée parmi les ouvrières besogneuses. Montrer la voie.

La vie que Gandhi va mener en Inde est celle d'un ascète dont toute l'énergie est dévolue à la cause unique de l'indépendance. En même temps, son quotidien, dans l'un ou l'autre ashram où ses pas le portent, marcheur infatigable, agitateur de tout et d'abord de lui-même, a bien l'air d'être un démenti flagrant des épreuves qu'il s'inflige. Car le Mahatma (Grande Âme) vit au milieu des femmes que son charisme et sa légende déjà attirent comme au milieu d'un harem, distribuant ses sourires, ses mots tendres, son temps, de manière à exacerber les tensions et les jalousies et comme s'il s'apprêtait à passer sa prochaine nuit avec l'une d'entre elles et n'avait pas encore fait son choix. Mais, bien sûr, le saint homme ne fait qu'éprouver la force de sa volonté. Et si la tentation n'est pas assez forte, la victoire peu convaincante, il s'arrange pour que les prétendantes en rajoutent, et tant mieux au fond si la preuve est faite qu'il est, comme il aime à le répéter, un « *brahmacharin* imparfait ».

Femmes exceptionnelles, au demeurant, que celles qui gravitent autour de *Bapu*, parfois venues de fort loin comme cette Anglaise qui débarque un jour et va demeurer auprès de son saint homme vingt-quatre années – elle vivra avec lui une relation chaste, si l'on veut, mais torturée. Tactiques d'approche, recherche d'intimité, puis, dès qu'il y a risque de franchissement d'une frontière invisible, Gandhi se rétracte mais en s'arrangeant toujours pour que la relation ne pâtisse pas trop de cette rebuffade, un pas après l'autre, sans lâcher jamais, comme s'il ne s'agissait que d'écouter son désir.

Mais que gagnerait-on, se persuade-t-il, à s'abandonner à ses passions si la chasteté est le seul moyen de parvenir à l'Éveil ? Plus délicate est l'épreuve de vérité qu'il s'impose et qui consiste à passer la nuit avec des jeunes femmes nues. Épreuve du feu et par le feu qui doit se solder par une nuit placide, une indifférence érectile. De ces joutes luxurieuses sans effusion ni passage à l'acte, le Mahatma Gandhi a tiré une conception peut-être mieux trempée de ce que la résistance à laquelle il voulait donner maintenant une version politique pouvait bien signifier. On doutera moins du bien-fondé de ces pratiques en considérant que même un moine comme Robert d'Abrissel, fondateur en 1101 de l'abbaye royale de Fontevraud, partageait le lit de ses religieuses, moins « dans la vue de jouir d'elles », bien sûr, « mais afin de se commettre avec de plus fortes tentations » [15].

Les endurants fatiguent

Corsons le propos. Imaginons maintenant un être peu porté sur la chose, pour qui la sexualité apparaîtrait comme un passage obligé, à qui elle ne procurerait aucune sensation, peut-être un bâillement, et qui, ironie méchante du sort, se trouverait partager ses jours et, hélas, ses nuits avec un *sex addict*[16]. Le comble pour un asexuel fourvoyé dans ce monde où, c'est assez bien connu, on ne pense qu'à ça, c'est donc bien de tomber sur une bête, forcément une bête de sexe, et, en plus de subir l'assaut de la bête, de *s'attacher à elle*, donc de ne pouvoir trouver nulle part un abri contre elle. Imaginons à présent que cet être immaculé, après avoir été la proie quelques années durant de l'appétit de son partenaire, ait décidé de rejoindre des eaux plus calmes et d'affronter pour cela les courants. Voilà l'histoire que je voudrais raconter pour terminer ce chapitre sur le bel effort de chasteté.

Son héroïne est une femme de soixante-sept ans qui vit dans les beaux quartiers de la capitale. Elle habite donc le luxe comme le tableau son cadre. Elle a deux enfants et des petits-enfants. C'est seulement depuis quatre années qu'elle a décidé de ne plus répondre aux sollicitations de son mari sexuellement dépendant. L'histoire commence ou se termine par une cure de désintoxication, un travail avec un thérapeute cognitivo-comportementaliste, des discussions avec ses compagnons des Alcooliques anonymes et la prise de conscience qu'elle est alcoolo-dépendante, qu'il s'agit d'une maladie et qu'elle peut faire le choix d'arrêter sa « carrière » (le mot pour décrire l'histoire d'une addiction). Pour elle, vingt ans à boire selon une pente qui fut douce mais s'acheva tout de même par cette mort et cette « résurrection ». Les personnes malades de l'alcool et qui ont trouvé le soutien des AA parlent de la sortie de l'enfer de cette manière. Une *renée* qui ponctue souvent notre échange d'une déflagration de rire qui a quelque chose de contagieux. Addiction à l'alcool qu'elle va devoir surmonter par une abstinence sans faille, au risque de rechuter. Cette abstinence va s'accompagner, durant la première année qui suit sa cure, d'une méditation sur le désir, d'un questionnement sur le plaisir et d'une interrogation enfin sur l'idée de *devoir conjugal* héritée d'une éducation « cousue », comme elle dit. Et donc par le choix définitif de la chasteté au sein de son couple.

Au dossier de cette banale ou étrange affaire – chacun jugera –, quelques aperçus sur la violence ordinaire. Un père alcoolique, et une mère qu'elle croit portée sur la chose, qui part avec le frère de son mari en laissant deux enfants à l'Assistance publique. La grand-mère paternelle les recueille. C'est une femme de caractère qui s'échappe à peine d'une relation avec un homme brutal, ivrogne, pour se remarier au Maroc avec un général dont elle vante un peu partout l'impuissance. Notre renonçante a cinq ans quand ce grand-père qu'elle appelle « tonton » meurt. C'est dans ce creuset grand-maternel qu'elle reçoit les premiers rudiments sur le *devoir conjugal*, version *hard* (avec le grand-père alcoolique et violent), version *soft* (avec le « tonton » général aux abonnés absents). De quoi se faire du mauvais sang, tout de même. Et en effet.

Dépucelée par un bel éphèbe « pas très futfut » au cours de l'été de ses seize ans, elle est déçue : c'est assez loin du transport annoncé. Pour couronner le tout, elle se découvre couverte de boutons au petit matin ; son amant, croyant qu'elle s'est fait piquer (ils dorment sous la tente), attrape une bombe insecticide et la pulvérise sur elle. Par un effet ignoré des ingénieurs chimistes, les boutons disparaissent et laissent la jeune fille dans les affres d'être maintenant tombée enceinte. Quand elle sait qu'elle ne l'est pas, elle largue l'éphèbe qu'elle n'a plus jamais retouché. Ouverture et fermeture.

Vient ensuite un jeune Chinois qui tient un caveau de jazz à Saint-Germain et chez qui elle va danser. Quelques aventures. Puis ce médecin esthète, humaniste de dix-huit ans de plus qu'elle, à qui elle voue un amour passion. Il le lui rend bien, qui s'applique à lui faire l'amour, à la contenter, qui y met toute son âme, qu'elle voit comme un stakhanoviste de la chose, un laborieux. Mais comme elle n'en retire aucun plaisir, et qu'elle a peur de le blesser, elle apprend à faire semblant en poussant de petits cris. Peut-être cette figure de père, avec ses cheveux déjà blancs, l'intimide-t-elle, ne lui permet-elle pas d'accéder à la jouissance. Quand il meurt dans un accident de voiture, ils ont passé dix ans ensemble et elle a déjà rencontré celui qui va éveiller en elle la bête. Une bête qui a parmi ses ascendants des ivrognes et une mère portée sur la chose, comme dans un remake des Rougon-Macquart.

Avec le médecin, c'était l'eau et le pain. L'application. Maintenant, la bonde est lâchée. Ma renonçante se met à boire et découvre que l'alcool est un formidable désinhibiteur. Elle simule encore, mais moins, avec ce fier amant toujours sur la brèche, insatiable, qui la secoue, la réveille, lui propose de tenter mille choses nouvelles, et elle se laisse faire. Elle croit qu'elle prend son pied, et plus elle boit et plus le goût de transgresser s'affirme, plus elle peut le suivre dans ses « surenchaires ». Plus les fantasmes se libèrent. Et la légitimité de l'alcool, auquel elle s'était pourtant juré de ne jamais toucher à cause des aïeuls fin bourrés, c'est qu'il lui permet d'assurer. Mais tout désinhibiteur qu'il est, l'alcool ne suffit pas. L'amant, devenu son mari, en demande plus et quitte bientôt la fidélité où il lui avouera avoir cru mourir. Il repart en chasse. Comme rien ne parvient à combler ce manque qui l'agit, il passe aux professionnelles qui l'embarquent vers d'autres aventures. L'alcool qui était sa potion magique, elle y noie maintenant son chagrin.

– Comment faire valoir le choix de l'abstinence face à un homme continuellement demandeur ?

– Nous avons continué à avoir encore des rapports quand je suis sortie de la clinique, mais je ne ressentais plus de plaisir. Encore moins de désir. Je me suis mise à craindre les maladies, celles que les professionnelles lui auraient refilées. Je me suis même demandé si je n'étais pas attirée plutôt par les femmes. Je me reprochais au fond cette absence de désir. Le travail, pour moi, c'était de me persuader qu'en renonçant, je ne risquais pas ma place.

– Votre place ?

– Ma place de femme, ma place de mère et de grand-mère.

– Comment a-t-il réagi ?

– Il a crié. Il répétait qu'il avait envie de baiser. Mais de baiser *qui* ? Dès que j'ai osé l'affronter, dès que j'ai osé affronter le *non*, je me suis sentie très libre, très soulagée, très en accord avec moi.

– Il a essayé encore ?

– Quelquefois, mais j'ai fini par me faire une chambre à moi pour ne pas le tenter. Quand j'ai eu mon cancer du sein, tout récemment, quand on m'a enlevé le sein gauche et que je me suis retrouvée comme une amazone, je n'ai pas craint de lui enlever, à lui, quelque chose. Ça m'a aidée à traverser cette épreuve. Abstinente, je n'ai plus besoin de séduire, d'être à la hauteur. Vous comprenez ? Tout se délie.

Elle marque une pause et ajoute en souriant :

– C'est le cas de le dire quand on fait lit séparé.

– Votre refus a-t-il changé quelque chose chez lui ?

– Je ne sais pas tout, mais je crois qu'il continue à voir ses professionnelles. Chacun ici le sait. Il croit que tout le monde le lui reproche et il est mal à l'aise. Toujours dans la culpabilité.

– Est-ce qu'il y a un fond dans l'addiction au sexe comme il doit y en avoir un dans l'alcool, après quoi on peut décider de s'aider ?

– Je ne sais pas.

– Avez-vous entendu parlé des Sex and Love Addicts Anonymous [17] ?

– Oui.

– Lui ?

– Je ne crois pas.

6

Les eunuques du palais et du Royaume

Ceux qui n'ont plus les attributs de l'amour

> « Il n'y a pas d'hommes ni de femmes chez eux. »
>
> Zia Jaffrey, *Les Derniers Eunuques.*

Au commencement Cronos castre son père. Le mythe est rapporté par Jean-Pierre Vernant, qui y était. Du moins en donne-t-il l'impression. D'abord Gaïa, qui sourd du chaos comme le plein sort du vide abyssal, engendre Ouranos, son semblable (Vernant dit que « chaos » se rattache à *chaskô, chandanô,* qui veulent dire « béer, bâiller, s'ouvrir » [1]). Ouranos, un petit malin, une fois qu'il a accédé à l'être, n'a de cesse de se coucher sur Gaïa, de la couvrir – parce qu'il la couvre entièrement –, de la besogner, de ne penser qu'à ça. Tandis qu'il vient en elle, et revient, qu'il la harcèle, Gaïa sent advenir dans ses flancs des enfants que la présence encombrante, pesante de leur père empêche de la quitter et de naître. Malgré cela, ou à cause de cela, Ouranos poursuit sa lubrique exploration de la mère universelle.

Puis ce qui devait advenir advient. La tempête gronde dans le corps de la terre, qui râle, qui exsude son plaisir dans le grand sommeil de tout, qui jouit et qui se plaint que cette jouissance n'ait pas de fin, car il faut bien que jouir ait une fin. L'idée lui en est venue lorsqu'elle a perçu que les enfants ne pouvaient demeurer en son sein, que le père finirait, à force de se vautrer sur elle, par les annuler. Pour que les enfants de Gaïa sortent d'elle, il faut que le père accepte de se retirer ou alors qu'on l'y aide. Les enfants, c'est-à-dire douze Titans, frères et sœurs, l'aîné Okéanos, qui sera comme une ceinture liquide autour de l'univers, et le dernier venu, Cronos, que ses frères appellent déjà « Cronos aux pensées fourbes » à cause de son air sournois, cette façon qu'il a de chercher querelle. Puis les Cyclopes, qui n'ont qu'un seul œil et qui sont moches à faire peur. Puis les Cent-Bras, qui ont cinquante têtes chacun et cent bras et qui remuent terriblement dans le ventre de Gaïa. Tout ce petit monde qui trépigne et qu'elle veut voir maintenant devant elle.

« Pour mettre à exécution son projet, raconte Vernant, elle fabrique à l'intérieur d'elle-même un instrument, une serpe, une *harpè,* qu'elle façonne de blanc métal acier. Elle place ensuite cette faucille dans la main du jeune Cronos. Il est dans le ventre de sa mère, là où Ouranos s'unit à elle, il se tient aux aguets, en embuscade. Alors qu'Ouranos s'épanche en Gaïa, il attrape de la main gauche les parties sexuelles de son père, les tient fermement et, avec la serpe qu'il brandit de la main droite, les coupe[2]. » Aussitôt qu'il est châtré, Ouranos hurle son malheur, qui est grand en effet, et se retire, non pas de Gaïa seulement en qui il laisse son membre coupé, mais de cette extase première. Les sexologues la qualifieraient de « jouissance en plateau » – avec cette différence tout de même que le plateau ici est ce monde avant le monde, qui découvre maintenant que jouir a une fin. Une fin tragique.

Se retirant, Ouranos s'écarte, conséquence nécessaire. Et s'écartant, il laisse un espace vide et libre où le jour s'installe. Ainsi viennent au jour le ciel et la terre. Cronos se débarrasse des parties génitales de son père, ce pénis immense, bien qu'au repos, ces bourses toujours pleines, fécondes, en les jetant loin de lui. Du sang du dieu castré qui tombe sur la terre naissent les Érinyes, divinités de la vengeance dont la fonction sera de garder la mémoire et le tranchant de l'affront. Avec elles, les Géants, qui vont personnifier la violence guerrière. Avec elles encore, les *Meliai,* les Nymphes qui ont vocation aussi aux massacres, toute cette sauvagerie vengeresse que les Grecs résument par le mot *éris*.

Dernier acte : le pénis et les bourses, tombés dans les flots marins – ceux que forme Okéanos –, surnagent, cherchent leur seigneur ; le sperme dont ils étaient encore gorgés se mélange à l'écume de la mer et de ce mélange naît Aphrodite, la déesse. Il faut la voir nager. La mer s'ouvre devant elle, quand elle ne l'habille pas comme une peau nacrée. Puis la nage d'Aphrodite rencontre une île. La déesse sort de l'eau, toute nue, et s'avance sur un parterre de sable blond, bientôt de fleurs, avec, à sa suite, Éros et Himéros, Amour et Désir. Ainsi, conclut Vernant, « Cronos a institué deux puissances qui pour les Grecs sont complémentaires, et dont l'une s'appelle Éris, la Querelle, et l'autre, Éros, l'Amour ».

Le mythe grec révèle ces deux puissances qui sont au cœur de l'œuvre de chair : l'*aimantation* puissante cherche à rassembler ce qui, selon une loi qui est née avec le monde, ou qui l'a enfanté, doit s'unir ; la *discorde*, quelque chose de l'ordre de la répulsion, du dégoût, rappelle l'urgence de se mettre à l'abri d'un autre qui ne faisait qu'un avec vous mais qu'il faut de toute nécessité congédier, renvoyer loin de soi. Réaffirmer « moi » contre « lui ». Et c'est d'une blessure inaugurale que viennent les générations qui vont peupler la terre et disparaître, d'une coupure qui ramène la puissance génitale du masculin à la neutralité céleste à partir de quoi l'amour peut être. Du désordre où les passions nous jettent, l'*hubris* des Grecs, devait surgir la nécessité de la mesure. Et entre désordre et mesure, le désir, comme rattrapé dans une chute laissant des milliers de martyrs amputés de leurs choses viriles. Des eunuques.

Eunuque cherche pénis de substitution

La castration d'Ouranos a connu une postérité assourdissante. Si tous les châtrés du monde, selon des méthodes qui ignoraient souvent les gants, l'anesthésie, les antiseptiques, les congés maladie ou congés meurtrissure, se mettaient à hurler, il faudrait préférer entrer sous terre pour toujours. Les motivations à arracher tout ou partie de l'appareil génital de l'homme sont connues. Rappelons-les ici brièvement en les regroupant en quatre grandes familles.

Certains hommes, d'abord, semblent avoir souhaité, de tout temps, se séparer de ces outils dont ils ne voulaient même pas connaître ou imaginer l'usage. Les urologues ont donné à cette pulsion d'autocastration le nom de « syndrome skoptique », du nom de cette secte dont les représentants, au XVIIIe siècle, essentiellement en Russie et dans les pays d'Europe de l'Est, défendaient l'idée que le retour du Christ sur terre ne se ferait qu'à partir d'un certain nombre de conversions au message donné en Matthieu (19, 12), et déjà évoqué : « Car il y a des eunuques qui le sont dès le ventre de leur mère ; il y en a qui le sont devenus par les hommes ; et il y en a qui se sont rendus tels eux-mêmes à cause du Royaume des Cieux. Que celui qui peut comprendre comprenne. » Ayant fixé ce nombre à cent quarante-quatre mille, celui que donne à trois reprises Jean dans l'Apocalypse (7, 4 ; 14, 1 et 14, 3), ils firent preuve d'un ardent prosélytisme. L'ablation concernant aussi bien le pénis, le scrotum et les testicules, on prenait soin d'introduire dans l'urètre une sonde après la castration de manière à permettre à l'urine de s'évacuer. Massivement déportés en Sibérie, les skoptzy continuèrent pourtant à faire des émules, donc des castrés, jusqu'en 1927[3]. Rappelons que le concile de Nicée (325) avait condamné l'autocastration et interdit aux eunuques la prêtrise. Il semble que cela n'ait rien empêché.

Dans l'histoire de la Chine, les eunuques ont profité des postes de confiance qui leur étaient attribués au palais pour asseoir progressivement leur influence sur la famille impériale et, par conséquent, sur les « organes » du pouvoir, particulièrement sous la dynastie des Han (– 202 av. J.-C.-220 ap. J.-C.), des Tang (618-907) et enfin des Ming (1368-1644). « Comme ils étaient chargés de surveiller les ministres et les fonctionnaires, il devint indispensable de leur plaire pour plaire à l'empereur », écrit Nadine Perront en introduction aux *Mémoires d'un eunuque dans la Cité interdite*, attribués à un certain Yu Chunhe, eunuque au palais de l'impératrice Xiaoding (entre 1898 et 1916), et rapportés par l'historien chinois Dan Shi. « Pour entrer dans les grâces de ces intermédiaires redoutables qui se contentaient rarement de bonnes paroles, poursuit-elle, les lettrés durent, outre de grosses concessions, leur faire de gros cadeaux ; ainsi la richesse vint-elle aux eunuques avec le pouvoir[4]. » Pour ces êtres qui acceptaient la castration en échange d'une place au soleil de la toute-puissance, place à laquelle leur condition ne les destinait nullement, la sexualité contrariée mais pas totalement empêchée (on va le voir) n'était en rien un sacrifice. À la condition que la charge promise par le castrateur leur revînt effectivement, ce qui n'était pas toujours le cas.

Plus essentielle était la question de savoir ce qu'il adviendrait de leurs parties coupées. Lorsqu'on fait entrer Yu Chunhe dans le cabinet des purifications pour l'amputer, le castrateur lui montre le placard où il conserve dans des coffrets les parties de tous ceux qu'il a opérés. Yu Chunhe s'en étonne. À quoi peuvent bien servir ces membres une fois coupés ? Réponse :

« Le jour où tu seras monté en grade et que tu seras devenu assez riche pour me les racheter, tu pourras venir les récupérer.

– Et qu'est-ce que j'en ferai ?

– Tu leur feras des funérailles, pardi ! Tiens-tu après ta mort à te présenter devant le roi des Enfers avec un trou entre les jambes ? Si tu veux te réincarner entier, il faut que tu ailles le voir entier, et donc que tu fasses des économies pour me racheter ce que je vais te couper[5]. »

Suit la recette de la conservation des pénis et des bourses : laver, sécher, faire frire dans de l'huile de sésame ; égoutter ; saupoudrer d'un mélange de minerais, de chaux, de camphre, de musc, de bois d'aloès et de camphrier, et même de poudre de perles ; une fois les parties desséchées, les envelopper dans un carré de satin jaune placé dans une petite bourse du même tissu.

Bien entendu, cette vie de chasteté n'en était absolument pas une, car même privés de leurs instruments, les eunuques continuaient à être agis par le désir, à entretenir des relations avec les dames d'honneur du palais et à se précipiter au bordel lorsqu'ils quittaient la Cité interdite. On chercha maintes fois à les rappeler à l'ordre de l'abstinence qu'ils étaient censés incarner, comme cet empereur qui leur fit savoir par décret qu'il les ferait écorcher vifs si on lui apportait la preuve qu'ils s'étaient livrés à quelque bagatelle que ce soit. Mais rien n'y fit. Privés de leurs attributs, les eunuques pouvaient se transformer en créatures enragées, insultant les femmes du palais et allant même jusqu'à utiliser des phallus artificiels pour les prendre et accomplir ainsi ce dont ils se trouvaient empêchés. Les chroniques rapportent que les objets avec lesquels ils abusaient de leurs victimes, parfois fort longs, induisaient moins de plaisir que de dommage, au point que certaines de ces dames en mouraient.

Les eunuques châtrés afin d'obtenir ce que la société, par leur naissance, leur interdisait se retrouvent à toutes les époques. On pourrait citer les *hijras* (ni homme ni femme) en Inde, auxquels l'Américaine Zia Jeffrey a consacré une enquête étonnante[6], sorte de troisième sexe comptant aujourd'hui encore des centaines de milliers de représentants. Ou bien, plus loin dans le temps, ces hauts fonctionnaires de l'Empire byzantin montés en grade et en puissance à cause, précisément, de leur impuissance, et « dépositaires des secrets les plus intimes du souverain et de l'Empire[7] ». Ou encore ces eunuques affectés dans l'Empire ottoman à l'administration et à la surveillance des harems, parce qu'on supposait que la castration leur avait ôté le désir et la possibilité même de tout rapport sexuel, ce en quoi, bien entendu, on se trompait.

À ceux qui s'étaient faits eunuques de leur propre volonté, ou bien aidés par une famille qui les avait en quelque sorte raccourcis dans leur virilité pour les mettre à l'abri du besoin, il fallait ajouter les eunuques castrés en représailles à quelque coupable agissement ou manquement. Pourquoi la justice les avait-elle frappés en cet endroit précis de leur anatomie ? Tout simplement en vertu de la loi du talion, assez peu chrétienne au demeurant, qui dit que par là où tu as péché tu dois être puni. Que leur reprochait-on ? Par exemple, d'être susceptibles de mettre au monde des enfants dont la société ne voulait pas (la castration pour motifs dits « eugéniques » concernait encore aux États-Unis, en 1958, 60 926 personnes[8]). Ou bien d'avoir une propension certaine à user de leurs organes génitaux pour importuner leurs semblables. De faire en somme un mauvais usage de ces outils et d'être passibles d'un retrait de permis de copulation ou de procréation. Et, dans ce domaine, nos sociétés ne prennent rien à la légère.

Bien entendu, la justice a fini par s'inspirer des principes humanistes et par corriger ses tirs. En matière de châtiment pour crimes sexuels, nous avons donc remplacé la castration chirurgicale par la castration chimique – la première resta tout de même en vigueur en Allemagne jusqu'en 1969. Pour autant, en ce qui concerne le délit ou crime sexuels, nos sociétés ne désarment pas et continuent à faire preuve d'une sévérité particulière à l'endroit de ce type de délinquants. Ils sont ainsi les seuls à suivre un traitement psychiatrique à leur sortie de prison, nous disent Marcela Iacub et Patrice Maniglier, lequel sous-entend bien évidemment qu'on les suppose inguérissables. Dans l'esprit du législateur, il s'agit d'éviter un nouveau « passage à l'acte » en les contrôlant « si possible tout au long de leur vie »[9]. De quelle manière ? En les soumettant par exemple à la prise régulière d'antiandrogènes (la cyprotérone et la leupréline) qui, dans certains cas, aboutit à une véritable et durable castration chimique. « Jusqu'ici autorisé dans le traitement du cancer de la prostate, l'Androcur (cyprotérone) a reçu, le 21 juillet [2005], une extension pour le traitement de la délinquance sexuelle par l'Agence française de sécurité sanitaire des produits de santé (Afssaps)[10]. » Ces traitements ne sont pas curatifs, explique le docteur Bernard Cordier, chef de service à l'hôpital Foch, à Suresnes, ils sont seulement un « frein » à la libido, le remède le mieux adapté, au dire des psychiatres, restant la psychothérapie, et la parade la plus sûre à toute récidive, au dire de la société, le fameux bracelet électronique et la surveillance par satellite. Comme un œil immense, grand ouvert, qui épierait nos faits et gestes jusque dans nos alcôves.

Une voix d'homme mutilé dans un corps de femme

Curieux retournement de situation. La diva Cecilia Bartoli s'arroge le privilège de s'emparer du répertoire des castrats (quatrième groupe, si vous suivez) : « Il y a pour moi une sorte de compétition psychologique entre la femme et l'homme, dit-elle. Me rendre compte de ce que les castrats pouvaient faire techniquement – chanter avec une voix de femme dans un corps d'homme – m'a obligée à perfectionner encore ma technique. Je sais que je n'aurai jamais la puissance d'un homme, mais ça me permet d'améliorer mes possibilités techniques. Je connais bien la virtuosité d'un Rossini, mais c'était écrit pour des femmes. Là, les phrases sont très longues et il faut pouvoir les soutenir. Quand tu es seule, ça va, mais en duo avec un violon ou une trompette, il faut vraiment devenir soi-même un instrument. C'est une leçon de maîtrise du souffle qu'on doit fondre avec l'expression. Je suis une femme heureuse de chanter des rôles de castrats[11]. » Et ça se sent. Elle pose d'ailleurs, à la dernière page de son CD, devant la place Saint-Pierre, habillée en curé dans une attitude de provocation délibérée et stimulante, comme pour dire : vous ne croyiez pas que nous le ferions, nous autres femmes ; je l'ai fait. Alors écoutez, messieurs les castrateurs !

Deux éléments participent de la sacralisation de cette voix de femme dans un corps d'homme, comme le dit la diva. L'opéra, né avec l'*Orfeo* de Monteverdi (1607), s'est heurté aussitôt à la puissance pontificale qui s'en est instinctivement méfiée, allant jusqu'à l'interdire, comme ce fut le cas après les tremblements de terre à Rome en 1703, en signe d'action de grâces. Cette condamnation poussa les compositeurs interdits de scène à s'intéresser à ce mélodrame sacré qu'était l'oratorio, lequel connut à cette occasion un renouveau étourdissant. Condamnation qui venait s'ajouter à l'interdiction faite aux femmes, par un décret datant de 1588, de monter sur scène, donc de participer à cette liesse musicale que l'opéra suscitait déjà dans l'Europe tout entière. Ces interdits ont fait la fortune de ces hommes « coupés » à la voix d'enfant, leur ouvrant des carrières inattendues dans la mesure où les plus grands compositeurs du moment se sont soudain mis à écrire pour eux, à mettre en valeur leurs aptitudes inouïes au chant, ce qui contribuait bien entendu à les placer au centre d'une attention unanime. Car non seulement leur voix était recherchée, mais également cette étrangeté qu'on leur prêtait, l'adhésion à un ordre d'humanité différent que leur blessure leur avait assuré.

Pratiquée avant la puberté, l'opération (l'ablation des testicules) avait pour but d'empêcher la sécrétion de testostérone, cette hormone mâle qui est le marqueur des caractères sexuels, et, par voie de conséquence, de rendre ces jeunes garçons irrémédiablement infertiles. Les spécialistes de la castration euphonique se trouvaient à Bologne. L'enfant était d'abord drogué (opium ou autre narcotique), puis plongé dans une eau très chaude où il achevait de perdre conscience. C'est alors que le « chirurgien » – si l'on peut appeler ainsi cet improbable castrateur – opérait selon une méthode éprouvée. Sans doute s'agissait-il de couper, à l'intérieur des bourses, les deux canaux déférents qui relient les testicules à la région prostatique. La mue empêchée, la voix conservait les aigus de l'enfant, mais augmentée de toute la puissance qui résultait du volume de la cage thoracique de l'adulte. Ainsi Farinelli, de son vrai nom Carlo Broschi, le plus loué des castrats, qui fut admiré de Naples à Londres en passant par Madrid et pour qui les plus grands ont écrit, était-il réputé parcourir trois octaves avec la même puissance.

Lorsqu'ils réchappaient de cette boucherie, les enfants étaient admis au conservatoire où ils travaillaient le chant avec assiduité, six heures par jour, pratiquaient le clavecin et étudiaient la composition. Au terme de dix années d'études sanctionnées par des épreuves d'aptitude, le castrat faisait enfin ses premiers pas à l'Opéra ou à l'église, où un public toujours curieux, toujours prêt à s'amouracher du nouveau prodige, lui réservait le plus vibrant accueil. Ces créatures ambiguës, androgynes, suscitaient ainsi des passions contradictoires, des témoignages d'admiration des princes ou des génies musicaux européens jusqu'aux quolibets et autres grossièretés (*castrone*, gros castré, *coglione*, couillon...) dont ils étaient régulièrement la cible de la part d'une société que ces anges lubriques scandalisaient.

Car cette puissance sacrifiée, ce don de génération étaient compensés – tout au moins pour ceux qui savaient saisir leur chance dans la société de leur temps (deux cents castrats dans la seule ville de Rome employés dans les églises vers le milieu du XVIIIe siècle [12]) – par cet éclat singulier que leur procuraient non seulement cet organe impubère qui les faisait chanter comme les enfants, mais aussi, et paradoxalement, cet autre organe dont les dames se demandaient comment il pouvait fonctionner ainsi meurtri. Leur curiosité était largement récompensée : d'une part elles n'encouraient aucun risque de se retrouver enceintes, et d'autre part elles bénéficiaient d'amants hors pair, tâchant de se faire pardonner leur impuissance par mille habiles et délicieux subterfuges. Ce qui portait bien évidemment les jeux de Vénus à des apothéoses dont les protagonistes longtemps se souvenaient.

« Les fautes que je ne puis plus commettre »

Une fois châtré, Pierre Abélard chanta toute sa vie, lui aussi, mais pas des airs d'opéra, non, plutôt les louanges de celle que Dieu lui avait envoyée pour le ramener à la raison, laquelle, chez lui, était morceau de roi. Abélard est la lumière de son temps (il est né en 1079 à Pallet, un petit bourg au sud de Nantes), le prince des philosophes, le « Socrate des Gaules », comme dira de lui son ami Pierre le Vénérable, abbé de Cluny. Un homme qui ne serait pas descendu de son si haut perchoir si l'amour ne l'avait ramené si brutalement dans ce monde, l'amour et tout le malheur qu'un homme qui aime peut endurer, à la fois la perte de tous les moyens par lesquels le désir peut être dit à celle qu'on aime, mais encore la perte de l'être aimé lui-même, comme si l'une avait besoin de l'autre pour composer le châtiment que Dieu – qui d'autre ? – lui avait infligé. Le Père l'a frappé, comme il l'écrit longtemps plus tard à sa bien-aimée désormais recluse, non pour le châtier mais pour le corriger. Le Père « blesse pour sauver la vie, non pour l'enlever ; il tranche avec le fer les germes du mal. Il blesse le corps et guérit l'âme. Il aurait dû donner la mort, il vivifie[13] ».

L'histoire de Pierre Abélard nous intéresse ici en ce que le drame qu'il subit suscite en lui une extraordinaire *réaction*. Aîné de quatre enfants et élevé par son père, Bérenger, Pierre monte à Paris pour se mesurer avec son siècle, manière de Rastignac des idées qui se sent les dispositions requises pour en découdre. Il a vingt ans. Tout lui sourit.

Élève du nominaliste Roscelin (la philosophie nominaliste dénie aux mots l'aptitude à désigner la réalité), puis d'Anselme de Laon, il ne tarde pas à ouvrir sur la montagne Sainte-Geneviève son école et à attirer une foule considérable d'élèves et d'auditeurs. De disciples. Sa réputation grandit, elle s'étend à travers le monde du savoir, c'est-à-dire les écoles et les cloîtres. Le peuple de Paris l'apprécie ou le vénère.

Il loge à l'époque chez le chanoine Fulbert, dont il parfait l'éducation de la nièce, Héloïse, qui n'a de goût que pour l'étude, malgré ses dix-sept ans. Qui est celui qui vient à elle ? Régine Pernoud le dit très bien : « Le clerc par excellence, [...] le maître le plus écouté du temps, celui qui règne sur les écoles Notre-Dame et y attire une foule telle qu'on n'en avait jamais vu avant lui. Il est le philosophe, [...] celui qui exerce sur la jeunesse une influence indiscutée. Et cette incarnation de la sagesse est dotée d'un beau visage, d'une allure élégante, d'une voix persuasive, bref de tous les pouvoirs de la séduction [14]. » Et ce qui devait arriver arriva. « À mesure que la passion du plaisir m'envahissait, écrira-t-il bien des années plus tard, je pensais de moins en moins à l'étude et à mon école. C'était pour moi un violent ennui d'y aller ou d'y rester. » Heureuse Héloïse qui a pris le cœur de ce prince pour ne plus le rendre jamais. Quand elle découvre qu'elle est enceinte, le couple s'enfuit chez la sœur de Pierre, en Bretagne, où Héloïse donne naissance à l'enfant de l'amour : Pierre Astrolabe. Mais de l'amour coupable.

Maintenant le châtiment. Pierre a proposé à Héloïse le mariage, un mariage secret pour ne pas nuire à sa carrière, ce qui est une manière d'aggraver encore son cas. Elle refuse, pour ne pas l'encombrer. Elle accepte même de se retirer au couvent d'Argenteuil jusqu'à ce que toute cette affaire trouve son dénouement. En attendant, Pierre est comme fou, fou de désir pour cette belle jeune femme qui le comprend si bien, qui est sa passion et qu'il cherche à revoir à toute force, en bravant tous les dangers. « Peu de temps après que nous eûmes reçu le sacrement, tu t'en souviens, lui écrit-il à la fin de ses jours, tu étais alors retirée au couvent d'Argenteuil, je vins un jour te voir en secret : ma concupiscence [la revoilà], déchaînée, se satisfit avec toi dans un coin du réfectoire, faute d'un autre endroit où nous livrer à ces ébats. Tu te souviens, dis-je, que nous ne fûmes pas retenus par la majesté de ce lieu consacré à la Vierge. Si même nous n'eussions pas commis d'autre crime, celui-là n'était-il pas digne du pire des châtiments[15] ? » Fulbert, l'oncle d'Héloïse, tout à sa colère, accompagné de ses amis et de ses proches, se rend une nuit chez Pierre ; grâce à la complicité de l'un de ses serviteurs, acheté à prix d'or, il s'introduit dans sa chambre et lui fait subir « la vengeance la plus cruelle, la plus honteuse, et que l'univers apprit avec stupéfaction : ils m'amputèrent des parties du corps avec lesquelles j'avais commis le délit dont ils se plaignaient. Ils prirent la fuite. Deux d'entre eux purent être arrêtés ; on les condamna à la perte de la vue et à la castration [loi du talion]. L'un de ces malheureux était le serviteur dont j'ai parlé et qui, attaché à ma personne, s'était par cupidité laissé corrompre[16] ».

Que lui a-t-on enlevé ? Il dit : les « parties du corps avec lesquelles j'avais commis le délit dont ils se plaignaient ». Le plus grand philosophe châtré et condamné dans ce siècle misogyne à raser les murs, à faire l'eunuque, à pisser accroupi, comme les femmes. Blessé peut-être, mais aussi, avec le temps qui panse les plaies, comme rappelé à l'ordre, presque soulagé de se trouver débarrassé de ce qui l'aurait sans cesse arraché à sa mission céleste. Rappelé à l'ordre par la main de Dieu. Il le croyait. Prêt à embarquer pour le Royaume. Il n'aura de cesse de répéter à travers ses lettres à Héloïse que ce qui lui est arrivé est ce qui pouvait lui arriver de mieux : « La grâce divine m'a purifié, plutôt qu'elle ne me mutilât, en me privant d'un membre si vil que la honte attachée à sa fonction lui vaut l'appellation de "parties honteuses", et que nul n'ose le désigner par son nom. »

Qu'Héloïse ne s'afflige pas de ce mauvais coup, il l'en conjure : « Ne nourris pas d'amertume envers le Père qui nous châtie si paternellement. Songe à ces mots de l'Écriture : "Dieu corrige ceux qu'Il aime. Il châtie tous ceux qu'Il adopte comme enfants". » Des enfants castrés. En même temps, cette femme qu'il ne voit plus, ce corps qu'il n'étreint plus lui manquent atrocement. Il a beau jouer les sages, le souvenir des extases passées se rappelle à lui comme un aiguillon, et c'est peut-être ce qui l'a poussé à faire d'aussi grandes choses dans sa vie de clerc. Le manque d'Héloïse, le manque affreux : « Ces voluptés de l'amour que nous avons goûtées ensemble m'ont été si douces que je ne puis m'empêcher d'en aimer le souvenir ni l'effacer de ma mémoire. De quelque côté que je me tourne, elles se présentent, elles s'imposent à mes regards avec les désirs qu'elles réveillent. Leurs illusions n'épargnent même pas mon sommeil. Il n'est pas jusqu'à la solennité de la messe, là où la prière doit être si pure, pendant laquelle les licencieuses images de ces voluptés ne s'emparent si bien de ce misérable cœur que je suis plus préoccupé de leur turpitude que de l'oraison. Je devrais gémir des fautes que j'ai commises et je soupire après celles que je ne puis plus commettre. [...] On vante ma chasteté, c'est qu'on ne voit pas mon hypocrisie[17]. »

Du temps où l'Europe excisait les femmes

Prêter aux autres des pensées impures et les châtier par où ils auraient *de toutes les manières* péché. Le versant féminin de la castration existe, on aurait pu s'en douter, même si, misogynie oblige, on n'offrit jamais le moindre poste honorifique, le moindre crédit à une femme amputée d'une part de sa féminité, parce que tout simplement on n'offrit jamais le moindre crédit à une femme jusqu'à une date toute récente. De cela découle que la souffrance des femmes meurtries sous le couteau des exciseuses n'eut jamais la moindre compensation, si ce n'est celle de se sentir appartenir au clan, de faire blessure commune, comme l'évoque avec tact et effroi rétrospectif le top-model Waris Dirie, d'origine somalienne, dans son autobiographie[18]. Saigner culturellement, comme les autres, avant de saigner naturellement. Il fallait tout de même que les dieux fussent tombés sur la tête.

« Toutes les quatre minutes, une fillette est mutilée quelque part dans le monde », dit Khady Koïta, cette femme d'origine sénégalaise, excisée à sept ans, mariée à treize, arrivée en France un an plus tard et aujourd'hui présidente du Réseau européen pour la prévention des pratiques traditionnelles néfastes et des mutilations génitales féminines. « D'après l'OMS, ajoute-t-elle, plus de cent trente millions de femmes ont subi ces mutilations et chaque année deux millions de fillettes les subissent ou risquent de les subir[19]. » Sans aller chercher bien loin, il y aurait dans l'Union européenne environ cent mille femmes et fillettes mutilées ou menacées de l'être, la France venant en tête des pays concernés, suivie par l'Italie, l'Allemagne et le Royaume-Uni, chiffre que rapporte la sociologue Isabelle Gillette-Faye, directrice du Groupe de femmes pour l'abolition des mutilations sexuelles et autres pratiques traditionnelles affectant la santé des femmes et des enfants (GAMS[20]). Trente-cinq mille fillettes et adolescentes (sénégalaises, maliennes ou mauritaniennes) excisées ou menacées de l'être en France, dix-neuf mille pour la seule région Île-de-France (chiffres qui datent de 2002).

L'opération pratiquée avec les moyens du bord (couteau, lame de rasoir, couvercle de boîte de conserve, ciseaux), dans des conditions hygiéniques improbables, est davantage qu'une mutilation puisqu'elle intente à la liberté sexuelle de la femme, à son intégrité psychique, à sa dignité, et enfin à sa vie. Rappelons tout de même que ce que nous entendons par « excision » recouvre tout un éventail de pratiques dont les formes les plus extrêmes ne sont pas nécessairement les plus rares. L'exciseuse, en fonction des traditions où son geste va prendre effet, peut procéder à l'ablation du prépuce clitoridien tout en conservant le clitoris (circoncision a minima) ; à l'incision des petites lèvres (nymphotomie) ; à l'ablation partielle ou totale des petites lèvres (nymphectomie) ; à l'incision du clitoris (clitoridectomie, qui inclut les perforations et l'étirement du clitoris) ; à l'amputation du clitoris et des petites lèvres (clitoridectomie élargie) ; à la même chose que précédemment avec suture aux deux tiers des grandes lèvres (infibulation partielle, la fibule étant, dans l'Antiquité, une épingle de sûreté en métal servant à fixer les vêtements) ; enfin à l'amputation du clitoris, des petites et grandes lèvres, avec suture couvrant l'urètre et l'entrée du vagin et ne laissant qu'un minime pertuis pour le passage de l'urine et des règles (infibulation large ou pharaonique, ou encore soudanaise, laquelle exige une désinfibulation pour tout rapport sexuel). « Pendant plus d'un mois mes jambes sont restées liées l'une à l'autre pour que ma blessure guérisse [une infibulation large, d'après ce que rapporte Waris Dirie[21]]. Ma mère me rappelait souvent de ne pas trop bouger ni sauter, et je traînais doucement les pieds. [...] Lorsqu'on a ôté les bandes de tissu qui reliaient mes jambes, j'ai enfin découvert ce qu'on m'avait fait. J'ai vu entre mes cuisses de la peau totalement lisse, avec en plein milieu une sorte de fermeture à glissière parfaitement fermée : mes organes génitaux étaient aussi clos qu'un mur en brique. Ainsi, aucun homme ne pourrait me pénétrer avant la nuit de mon mariage, où mon époux m'ouvrirait avec un couteau ou entrerait de force en moi[22]. »

Avant de nous offusquer et de regarder de très haut ces cultures, rappelons-nous que notre Europe des Lumières a elle aussi meurtri les femmes, et cela à une date qui ne nous met guère en situation de distribuer des leçons. Les médecins du XIXe siècle, y compris aux États-Unis, enlevaient le clitoris pour « soigner une mystérieuse maladie féminine alors nommée hystérie (mot formé sur le nom grec d'utérus), ou pour les empêcher de se "manuéliser", c'est-à-dire de se caresser avec la main. Au milieu du XIXe siècle, le Britannique Isaac Barker Brown était le plus connu des médecins recommandant d'enlever le clitoris aux filles et aux femmes "anormalement" intéressées par la masturbation. Ils procédaient par cautérisation, c'est-à-dire par brûlure avec un fer rouge ou en appliquant du nitrate d'argent[23] ». Il semble que cette pratique se soit maintenue jusque dans les années 1950, qu'elle ait même perduré au-delà sous le nom de « clitoridoplastie », opération chirurgicale effectuée sur des jeunes filles à qui l'on reprochait d'être nées avec un clitoris trop long. C'est le prolongement de l'histoire que rapporte Thomas Laqueur à propos de ces deux nonnes censées posséder un clitoris plus grand que la moyenne et à propos desquelles le pape demanda une enquête. On n'ose évidemment imaginer ce que cette enquête fut, mais en tous les cas, le rapport officiel conclut que si le clitoris des nonnes avait pris cette physionomie, c'était par l'« exercice inaccoutumé » de celui-ci. À force de « fréquentes imitations », il avait fini par « faire saillie et voir ses dimensions croître de manière comparable au pénis »[24].

Le combat est mené contre ces atrocités articulées aux héritages traditionnels et pour ces raisons si difficiles à empêcher. Les centres de protection maternelle et infantile (PMI), les médecins, les enseignants sont mobilisés pour diffuser les informations susceptibles d'épargner les jeunes filles issues de cultures où l'excision est en vigueur. Le code pénal prévoit par ailleurs (article 222-9) dix ans d'emprisonnement et 150 000 euros d'amende pour toute personne qui se sera rendue coupable d'excision (vingt ans si la victime a moins de quinze ans). Dans les faits, les cours d'assises considèrent que la seule tenue du procès vaut sanction symbolique et dissuade la récidive. À ce dispositif préventif s'ajoutent un soin et une aide renouvelés aux victimes une fois qu'elles ont pu se faire connaître et le lent travail psychothérapeutique qui vise à leur permettre de retrouver le chemin de la sexualité. Témoin cette jeune femme d'origine africaine dont m'entretint une gynécologue, qui avait mis quelques séances avant d'accepter d'ouvrir les cuisses devant elle et de montrer la blessure qu'elle portait à la fois dans sa chair et dans son âme.

« Un héros de l'humanité »

La nature nous a dotés d'une aptitude extraordinaire au plaisir. Bêtes de plaisir elle nous a faits. Elle l'a fait si délibérément qu'elle a pris soin de déconnecter ce plaisir de toute obligation. Elle aurait pu corréler le plaisir à l'exigence de procréation, nous assigner à quelques ruts qui eussent eu pour effet d'assurer à coup sûr notre descendance. Elle ne l'a pas fait. Elle a agi avec une liberté entière. Elle nous a laissés libres de jouir sans entrave, en tous lieux et en toutes saisons. Mieux, ou pire encore : elle n'a pas fait dépendre le plaisir de la relation avec un partenaire. Elle nous a permis de nous le donner à nous-mêmes, et sans compter. C'est cette prodigalité merveilleuse que certains ont voulu dénoncer, jugeant que la nature était amorale et par là scandaleuse. C'est cette profusion qu'ils ont cherché à brider, à punir. Et c'est le plaisir qui en était l'expression la plus affreuse qu'ils ont fini par se résoudre à amputer.

Pour tuer ce plaisir dans l'œuf, pour l'empêcher à tout jamais, les sociétés ont fait preuve d'une imagination proprement diabolique : « Au XIXe siècle, les filles qui apprenaient à développer leurs possibilités d'orgasme par la masturbation posaient des problèmes d'ordre médical, écrit Eve Unsler. Souvent, elles étaient “traitées” ou “corrigées” : amputation ou cautérisation du clitoris, “ceinture de chasteté miniature" – on cousait les lèvres vaginales ensemble pour mettre le clitoris hors d'atteinte –, castration-ablation des ovaires[25]. » Nous avons vu combien ces mutilations sont universelles, par conséquent combien les préventions contre le plaisir féminin semblent sur cette terre à peu près unanimes. Des pieds mutilés des Chinoises aux mutilations plus ou moins grandes opérées sur l'appareil génital féminin, le mot d'ordre implicite est bien de ramener les femmes à cette mesure à laquelle leur « nature » ne les prédispose nullement. La fonction des exciseuses n'est alors que d'interdire d'éventuels mais sans doute immanquables excès.

Chez les femmes, le plaisir est la pente, voire le toboggan de la débauche. Les hommes qui ont édicté ces lois de bouchers ont pris garde de ne pas les retourner contre eux. Comme le fait remarquer Eve Ensler, il n'y a en effet pas trace, dans toute la littérature médicale, d'actes chirurgicaux tels que l'ablation des testicules ou l'amputation du pénis pour empêcher les garçons de se masturber. On a bien essayé de les en dissuader en suggérant la relation probable, scientifiquement suggérée, entre l'onanisme et toutes sortes de désagréments, voire de maladies, mais on n'est pas allé jusqu'à vouloir, par des actes irréparables, leur faire passer le goût de se masturber. De ces disparités dans le châtiment, il résulte que dans la pensée exciseuse ou castratrice des hommes, la question du plaisir ne concerne décidément que les femmes.

De cet acharnement des hommes à l'endroit du plaisir supposé des femmes, un chirurgien urologue s'est ému. Au cours de ses premières missions humanitaires, Pierre Foldes rencontre mère Teresa en Inde et prend soudain la mesure de son engagement : « C'est là-bas que j'ai découvert la notion fondamentale de l'engagement humanitaire : l'obligation de résultat, explique-t-il. Il y a une double responsabilité, celle de soigner, mais également celle de représenter des valeurs étrangères et de gérer le différend culturel. La médecine est un moyen d'entrer en contact avec la personne humaine : il n'y a pas que le pouls et la tension[26]. » Au cours d'une mission en Afrique, il s'afflige des souffrances dans lesquelles les femmes excisées se débattent sans pouvoir espérer de leurs semblables, mutilées comme elles, la moindre compassion : « J'ai alors décidé de revenir en France pour mettre au point la technique de réparation. Lorsque j'ai commencé mes recherches, je me suis aperçu que, dans la littérature médicale, le clitoris n'existait pas. On disposait de nombreux dessins anatomiques de la verge mais seulement trois du clitoris. » La technique retenue consiste alors à aller « chercher sous le bassin le reste de l'organe qui est toujours innervé », l'excision n'endommageant que la partie externe (le clitoris mesure une dizaine de centimètres). La cicatrisation dure un peu plus d'un mois, jusqu'à ce que le clitoris ait repris forme. Les femmes qu'il a opérées témoignent qu'elles ont commencé à ressentir du plaisir au bout de quatre à six mois.

Le docteur Foldes se félicite aujourd'hui, malgré les menaces de mort qu'il a déjà reçues, que la Caisse nationale d'assurance maladie ait accepté de rembourser l'acte de reconstitution du clitoris. Maître Linda Weil-Curiel, avocate de la Commission pour l'abolition des mutilations sexuelles (CAMS), dit de lui, et à juste raison, qu'il est « un héros de l'humanité[27] ».

7

Les immaculées conditions

Ceux qui sont demeurés vierges corps et âme

« Seul fait marquant : l'absence, apparemment, de liaisons féminines. »

Marguerite Duras, *Le Vice-Consul.*

Une jeune fille rencontrée au cours de mon enquête sur l'anorexie m'avait signalé en juillet 2005 par téléphone un dossier paru dans *Le Monde 2* sur les « A », « A » comme « asexuels », une communauté de personnes se déclarant exemptées du devoir de chair. « Vous devriez aller voir. C'est tout à fait ce que vous imaginiez. » Je lui avais parlé de cette recherche entreprise à propos des formes encore insoupçonnées d'abstinence ou de désintérêt profond pour le sexe que je supposais sous le vernis du *sexuellement correct.* Je me procurai donc le supplément du *Monde* et remerciai la providence de m'avoir fait rencontrer cette jeune fille. De quoi était-il question ? Alerté peut-être par un article de Sylvia Pagan Westphal paru dans *The New Scientist* quelques mois plus tôt[1], intriguée elle-même par une étude publiée dans *The Journal of Sex Research*[2] révélant que 1 % des personnes interrogées par Anthony Bogeart, professeur à l'université Brock de Saint Catharines (Ontario), avaient déclaré ne s'être jamais senties attirées sexuellement par quelqu'un, Dominique Frétard, la journaliste du *Monde,* avait mené l'enquête.

L'homme, ou plutôt le jeune homme, par qui le scandale de l'asexualité était arrivé était un Américain de vingt-trois ans, David Jay, originaire de Saint Louis (Missouri), qui n'avait pas attendu la caution de l'expertise scientifique pour se déclarer haut et fort désintéressé par tout ce qui avait l'air de susciter autour de lui tant d'émoi. Persuadé qu'il n'était pas le seul de son espèce à n'éprouver aucun désir pour ses semblables, de quelque sensibilité qu'ils fussent (hétéro, homo, bi, et autres facettes avouables ou non du spectre sexuel), il avait créé, dès 2001, le site AVEN [3] afin d'y inviter ses semblables et montrer au monde que la planète sexe avait ses oasis où venaient souffler des gens bien comme il faut. Ils ne faisaient pas l'amour. S'ils l'avaient fait, c'était par convention, pour complaire à l'être aimé, parce qu'ils n'avaient pas osé encore avouer leur peu d'entrain ou leur pas d'entrain du tout. Maintenant fédérés, ils comptaient bien se tailler une petite place au soleil.

« Les gens ont du mal à admettre l'idée d'une absence de désir sexuel, déclarait David Jay. Je ne suis pas prude pour autant. Je peux parler de sexualité avec mes amis, mais l'acte sexuel ne m'intéresse pas. Je ne me vois pas faire cela. J'ai fondé AVEN parce que, conscient de mon asexualité, je n'avais personne à qui parler et je souffrais du manque d'informations à ce sujet. Mais surtout, je ne savais pas quelle était ma place [4]. » Le site attira très vite des sympathies, des aveux étonnants, des forces insoupçonnées de ralliement, et le pari de Jay semblait bien en passe d'être gagné puisque les médias entraient maintenant dans la danse. Il fallait chercher, bien entendu, mille raisons pour expliquer cette hibernation du désir, ou cette disparition, ou, mieux encore, cette absence chez des êtres qui ne semblaient relever ni des établissements psychiatriques, ni des traitements requis pour quelque chose qui pût s'apparenter à des formes sournoises de désinvestissement libidinal, de refoulement, de dépression, toute la panoplie que nos sociétés psy déroulent dès que les normes autorisées se heurtent à quelque intrigante et menaçante exception. Je pris donc contact durant l'été avec les représentants de cette nouvelle communauté à travers le site AVEN.

Conversation avec des asexuels

Mon intention n'étant pas de rencontrer des asexuels pour faire l'amour avec eux, ma demande ne demeura pas longtemps sans réponse. Je voulais m'entretenir de cet étrange a-désir, chercher des raisons, des faits, comprendre ce que cela pouvait déterminer en termes de choix de vie, savoir s'il pouvait y avoir là les germes d'un mouvement plus important dont nous ne connaissions encore que les prémices. Les responsables du site AVEN me mirent en relation avec une jeune fille américaine, un étudiant canadien et un autre en Belgique, et j'entrepris aussitôt de nouer avec eux un échange électronique. La jeune fille ayant reculé à l'idée de voir nos échanges rapportés dans un livre, même de façon anonyme, je poursuivis avec les deux autres.

Mon internaute canadien, âgé de trente-huit ans, était

natif du Saguenay, une région à cinq cents kilomètres au nord-est de Montréal où il terminait, après quelques années d'enseignement, une maîtrise en informatique. Élevé dans un milieu aisé, ayant reçu une excellente éducation, il conservait avec ses parents des liens forts, même s'il reprochait à son père de n'avoir pas toujours su lui parler, de n'avoir pas pleinement habité la relation. Côté femmes, il disait avoir vécu des histoires et même une relation plus sérieuse durant trois ans, qui s'acheva douloureusement et dont il mit cinq ans à se remettre. Le désir n'avait jamais été le lien principal qui le retenait à ces femmes, mais il était maintenant inexistant – même si, m'avoua-t-il, il lui arrivait de temps à autre de pratiquer l'onanisme (« pour me rassurer sur ma tuyauterie »). À part ce calme toujours un peu plus plat, il se plaignait d'épisodes boulimiques, d'une forme d'addiction aussi aux jeux vidéo (laquelle pouvait bien, selon lui, « absorber » chez lui un surcroît d'angoisse). Pas du tout insensible aux charmes féminins, il se faisait de la femme avec laquelle il aurait aimé vivre un jour l'image d'un être idéaliste, intelligent et « plutôt prude ». Cette femme lui manquait-elle ? « Oui, elle me manque très certainement. Pour moi, aimer est magique. Aimer soulève les montagnes. » Un idéaliste de l'amour chaste.

Mon second épistolier était beaucoup plus jeune et beaucoup plus radical. Étudiant de troisième année en biologie moléculaire et biochimie à l'université de Louvain-la-Neuve, il avait vécu entre la maison de ses grands-parents paternels et la sienne, les terrains étant mitoyens. Il se souvenait d'une certaine gêne dans l'une ou l'autre maison lorsqu'il s'agissait d'aborder les questions touchant à la sexualité, mais sans doute ni plus ni moins que partout ailleurs. Cela ne méritait pas d'être retenu au dossier, me dit-il. Très attaché à son clan, il n'avait jamais noué à ce jour de relation d'amour, ni n'avait éprouvé le désir de faire l'expérience vers laquelle ses proches se sentaient inexorablement aspirés. « Je n'ai pas évité l'amour et le sexe, écrivait-il, je n'en ai pas eu peur, je n'en ai pas été dégoûté, je n'ai juste jamais pu les *ressentir*, jamais pu les appréhender en sondant mes propres émotions, seulement en essayant de comprendre celles des autres. » Il ne se sentait ni honteux ni rien de la sorte d'être encore vierge à son âge et de le rester, selon toute probabilité. La sexualité était chez lui par procuration. Comme un ouï-dire.

Il discuta pied à pied avec moi, profitant de mes questions pour faire le point, pour pousser plus loin sa réflexion. C'était, à l'évidence, un cérébral.

– Comment avez-vous entendu parler d'AVEN ?

L'étudiant canadien : – Par une émission à Radio Canada.

L'étudiant belge : – J'ai entendu parler d'asexualité et ça m'a donné envie d'en savoir plus. Le premier site sur lequel je suis tombé était AVEN.

– Quelle idée vous faites-vous de David Jay, son fondateur ?

É.C. – C'est quelqu'un qui a le courage de ses convictions et j'ai un très grand respect pour lui. J'admire ces rares personnes qui nous aident à voir clair en nous-mêmes.

É.B. – Du peu que j'aie pu discuter avec lui, il me semble que c'est quelqu'un de sérieux, qui prend à cœur la poursuite de ce qu'il a commencé. Son expérience du site semble lui avoir acquis une très grande maturité.

– Croyez-vous qu'on puisse réunir sous une même bannière des personnes qui ne pratiquent pas la sexualité ?

É.C. – Il y a ceux qui détestent la sexualité, ceux qui ne la ressentent pas, ceux qui pratiquent uniquement l'autosexualité, ceux qui l'ont déjà connue, ceux qui souffrent de difficultés fonctionnelles, etc. C'est incroyablement diversifié.

É.B. – Pour la communauté asexuelle, nous n'avons retenu, à travers la diversité des cas, qu'un principe général, à savoir « des personnes qui ne ressentent pas d'attirance sexuelle envers les autres », et éventuellement aussi « des personnes pour qui la sexualité ne joue qu'un rôle mineur, voire pas de rôle dans leur vie ». Nous avons quelque chose en commun, nous nous comprenons, c'est déjà un bon début pour une communauté.

– De quoi cette aspiration est-elle l'expression ?

É.C. – Du *refus* de la voie que la société nous impose. J'avoue moi-même ressentir un peu de cette opposition. « Votre hypersexualité à la con, elle me fait chier ! » C'est peut-être l'effet de ma perte de libido. Je dois dire pourtant que la sexualité jouant un rôle plutôt effacé parmi mes amis, je n'ai aucune raison de me sentir rejeté. De quoi l'asexualité témoigne-t-elle ? De l'hypercatégorisation. Tout doit être jugé, catégorisé, évalué, nommé, identifié.

É.B. – J'apprécierais en fait que vous m'apportiez un éclaircissement sur cette question.

– Vous rangez-vous dans cette mouvance ?

É.C. – Oui, bien sûr. Je revendique mon droit à avoir une hyposexualité, et à ne pas être pour autant un être faible, anormal, coincé, refoulé, etc.

É.B. – Oui, même si, quelque part, la différence est qualitative, et pas quantitative.

– L'existence d'AVEN vous aide-t-elle à assumer votre condition ?

É.C. – Oui, ça aide de parler avec d'autres personnes qui vivent dans les mêmes conditions, enfin presque les mêmes...

É.B. – Bien sûr. Nous discutons déjà sur le forum, sur des services de messagerie instantanée, et nous commençons à planifier des rencontres au niveau local.

– Croyez-vous que cette tendance à l'asexualité va évoluer encore ?

É.C. – La planète Internet n'a pas de frontières. L'asexualité concernera donc toutes les couches sociales éduquées, branchées, voire néoreligieuses de la planète, tant en Europe qu'en Chine ou en Inde.

É.B. – C'est inéluctable. La question est de savoir quelle forme l'asexualité prendra localement.

– Comment associeriez-vous l'asexualité et l'impuissance ? Non pas l'impuissance physiologique qui réclame qu'on se tourne vers son médecin traitant afin qu'il vous prescrive du Viagra, mais au sens plus philosophique ou psychique du terme. Cette impossibilité que nous ressentons d'assumer des rôles de plus en plus flous dans la société moderne, et cela dans tous les domaines où nous avons à nous impliquer (famille, vie sociale, vie professionnelle, vie affective, engagement éthique, humanitaire, etc.). J'aimerais beaucoup avoir votre réflexion là-dessus.

É.C. – Je ne suis pas sûr de bien comprendre votre question. Il est vrai que, pour ma part, j'ai de la difficulté à me définir moi-même, et que je ressens une forme d'impuissance par rapport à la vie en général. Par ailleurs, au niveau strictement hormonal, un manque de testostérone entraîne à la fois une perte de libido et une perte de sens et de signification de la vie. J'ai fait tester dernièrement ma testostérone par mon médecin de famille. Or, elle est très basse. J'ignore si je suis asexuel à cause de mon faible taux de testostérone. En fait, c'est probablement le cas. Cela ne fait que déplacer le problème, car pourquoi mon taux est-il si faible ? Je crois que le corps et l'esprit sont intimement liés, donc que le corps peut influencer l'esprit et vice versa. Je n'écarte aucunement l'hypothèse que ce faible taux puisse avoir une cause somatique, psychique, affective, sociale ou même philosophique.

É.B. – Ce que vous évoquez est si fondamental que je ne peux noter que quelques idées, en espérant ne pas trop divaguer. Clarifions d'abord le sujet. Des rôles flous. Un peu de la même façon, j'ai parlé plus tôt de la diversification des formes de sexualité [il m'avait expliqué qu'il existait autant de formes de sexualité que d'asexualité]. Et en effet, le phénomène est présent partout. Presque plus rien n'est absolu de nos jours, il y a les exceptions et les règles, toujours plus complexes, des frontières plus floues. Nous avons acquis une liberté qui nous a fait aller peut-être plus loin que ce que certains auraient espéré. Le monde est devenu comme un rêve où l'on errerait sans fin. Il nous faudra certainement apprendre à naviguer, non plus sur une mer bornée, mais dans un espace plus vaste, à trois dimensions, et essayer de ne pas nous perdre.

Il fallait peut-être ainsi envisager, selon lui, l'asexualité comme une absence de projet et, par là même, de détermination. On lui reprochait son incertitude, le fait de ne pouvoir donner de réponse sur rien de ce qui lui était demandé. Rien n'évoquait dans sa conduite les étapes qu'on franchit vers un but. Une vie épanouie, une vie réussie. Ce qui agaçait son entourage ne le troublait pas le moins du monde. Que pouvait-il établir avec certitude ?

Lorsqu'il retraçait l'histoire de son asexualité, il était capable de remonter jusqu'à sa puberté. Quel sens y aurait-il à parler de l'asexualité dans l'enfance ? Tout enfant n'est-il pas asexuel ? Il n'aurait donc su dire si son asexualité n'était que la continuation d'un état préalable ou bien si elle s'était imposée progressivement à lui. C'était donc cette indétermination où il se trouvait, aussi bien quant à ce qui le définissait aujourd'hui comme asexuel que quant aux buts auxquels sa condition le destinait, qui suscitait chez les autres agacement et angoisse. Mais pas chez lui.

Je lui demandai si le rapprochement entre jeûne et « jeûne sexuel » était pertinent. Peut-être cherche-t-on à différer le plus longtemps possible la satisfaction du désir comme, dans le cas du jeûne, la satisfaction de la faim. Peut-être s'installe-t-on dans la toute-puissance du désir : le désir qui se nourrit de lui-même, le désir qui entraperçoit sa satisfaction comme une diminution de lui-même. Mais l'étudiant belge ne voyait pas les choses de cette manière. Dans le jeûne, me dit-il, le but était dérivé de la faim, par lui l'essence même de la faim se trouvait magnifiée. Dans ma comparaison, l'essence de la sexualité aurait été magnifiée par l'asexualité. Il n'en était rien : « Pour rester dans la métaphore, le jeûneur est une personne abstinente, qui perçoit toujours le lien entre la faim et l'acte de se nourrir, mais qui veut se concentrer sur la faim uniquement. L'asexuel n'a pas faim et n'a peut-être jamais eu faim. »

Que la faim n'ait jamais existé, la faim de l'autre, voilà qui laisse bien des interprètes de la psyché humaine pour le moins dubitatifs. L'anorexique est celui qui a faim d'un objet qui continuellement se refuse à lui. Dans un sens que la thérapie dévoile, il ne meurt pas de ne pas avoir faim, il *meurt de faim* d'un objet qui, depuis l'origine de sa vie, lui est interdit. L'asexuel aurait-il fait plus fort ? Jacques Sédat nous éclairera bientôt.

La révolution non libidoïste

N'êtes-vous jamais titillés ? Ne serez-vous jamais, un jour ou l'autre, traîtres à la cause ? C'est la question qu'on pose inévitablement aux asexuels. Peut-être n'est-on jamais ou tout blanc ou tout noir, comme l'indiquait ce jeune homme de vingt et un ans à Bruxelles, si mûr déjà dans son aptitude à interroger tranquillement ce que l'humanité regarde encore comme une maladie honteuse. Rien de tel chez les non-libidoïstes, qui ressemblent aux asexuels en ce qu'ils ne veulent plus rien avoir à faire avec la chose.

Une jeune comédienne et dramaturge de vingt-quatre ans s'est même offert le luxe de décliner sur tous les tons, avec humour mais aussi avec gravité, « l'amour sans le faire », qui est aussi bien le titre de son ouvrage traduit en français[5] qu'une sorte de programme, déjà relayé par un site[6]. Quand on pense que certaines mauvaises langues prétendent qu'il ne se passe plus rien dans nos vieilles démocraties ! La révolution, en l'occurrence, est hollandaise, la jeune femme vivant à quelques kilomètres d'Amsterdam.

Dans ce livre manifeste, Geraldin Levi Joosten-van Vilstereren nous confie qu'elle n'a été ni violée, ni battue, ni abandonnée, qui sont autant de pistes que les polices de la psyché devront abandonner, mais elle avoue qu'elle est une jeune femme « de couleur » : Juive afro-surinamienne, avec du sang javanais et hindou. On trouvera des photos de Geraldin sur son site.

Pour rendre compte d'un choix auquel semble adhérer chacune de ses cellules, Geraldin mêle dans son ouvrage l'autobiographie, l'essai, le témoignage, le théâtre et l'hagiographie, plusieurs portraits d'icônes du non-libidoïsme étant proposés, qui dessinent la dimension cachée, insoupçonnée de l'iceberg. La liste en est proprement renversante. De quoi faire naître de nouvelles vocations. Dans le désordre : Vinci, déjà croisé, Lewis Carroll, James Stewart, Isaac Newton, Greta Garbo, John Ruskin, David Bowie, Simone Weil, Michael Jackson, Emmanuel Kant, Andy Warhol, Stephen Fry, Cliff Richard, Miranda Richardson, Baruch Spinoza, Benny Hill, Jane Austen, Takashi Murakami, Stella McCartney, Barbara Cartland, Antonio Gaudi, Georg Friedrich Haendel, Coco Chanel, Blaise Pascal, Frédéric Chopin, Walt Disney, George Bernard Shaw, Salvador Dali, et j'en passe. Presque les cinq cents signatures pour se présenter à une élection présidentielle en France. Geraldin fait feu de tous bois. Bois secs, en l'occurrence.

Un jour, nous dit-elle, nécessité oblige, elle enregistre une publicité. « Il s'agissait d'un de ces réseaux de rencontres par téléphone portable. Cela peut paraître surprenant, mais je l'ai fait. Pour moi, c'était plus une blague qu'autre chose. C'est là que je me suis rendu compte à quel point les gens idolâtrent le sexe. Pas seulement le sexe agi, mais l'idée de sexe. Tout ce que j'avais à faire était de me tenir dans ce bête de studio, derrière un micro, et de lire le script pondu par deux Shakespeare de supermarché, qui m'observaient à travers la vitre. Il suffisait de prendre la voix de quelqu'un qui relève d'un gros rhume ou qui vient de monter les escaliers en courant pour donner la touche sexuelle qu'on s'attend à trouver dans une pub de ce genre. » Elle nous dit qu'elle était venue avec sa mère, avait échangé deux-trois banalités avec les techniciens et s'était installée. Pas de gêne, chez Geraldin. Plutôt une impression de monde à l'envers : « Moi, vierge et sans désir, invitant les gens à venir me rejoindre sur la planète sexe[7]. »

Ce ton, cette collecte de signatures prestigieuses servant à conforter des positions dans la guerre que se livrent en réalité non-libidoïstes et asexuels, à qui on reproche de ne pas être suffisamment transparents sur leurs pratiques. Le terme, de ce fait, s'en est trouvé, dit Geraldin, galvaudé. Indiscutablement, les non-libidoïstes se caractérisent, dans cette grande famille des asexuels, par le fait qu'ils n'ont pas de libido, même pas l'ombre. Les non-libidoïstes ne sont ni des personnes frigides, ni des personnes sexuellement refoulées, ni des *basexuels*, comme elle les appelle, des nonchalants de la chose, et pas non plus des adeptes de la masturbation. « De toute façon, que veut dire “asexuel” ? À quoi ça sert, ce *a* ? Est-ce un *a* d'adjonction, ou au contraire un *a* privatif ? Tandis que “non-libidoïste”, ça en jette ! Ça dit tout d'un seul mot : quelqu'un qui n'a pas de libido, et puis c'est tout. » (Extrait du spectacle *Une vie*.)

Dans son essai de définition du genre, Geraldin retient : une tendance à l'androgynie (« ... Je ne suis pas seulement androgyne, mais j'aurais même plutôt des tendances masculines ») ; une hyperactivité ; une peur de communiquer ; une peur du regard de l'autre ; une autodévalorisation (« C'est l'absence d'estime de soi qui semble être le problème principal ») ; un perfectionnisme ; un goût pour la solitude ; une difficulté certaine à prendre sa place dans la communauté humaine, surtout lorsque celle-ci conditionne votre admission à la présentation d'un casier sexuel bien rempli. Tableau qui n'est pas sans évoquer celui des troubles du comportement alimentaire. En témoignent encore ces lignes, mélange de doutes et d'arrogance, par lesquelles nous prendrons congé de Geraldin.

Dans ce dialogue imaginé par elle, ses amis tarabustent la pauvre Geri, qui est vierge, pour savoir pourquoi, à vingt-quatre ans, il ne s'est toujours rien passé :

« Tout le monde a besoin de prendre son pied de temps en temps !

– Eh bien, pas moi. Si j'ai envie d'ecstasy, je prends du chocolat à la place !

– Ah ! Siouplaît ! Tu fais ton Johnny Depp, à présent ? Tu ne sais pas ce que tu manques !

– Qu'est-ce que je manque, finalement ? Qu'un type m'enfonce son gros bout entre les jambes, puis me secoue comme un prunier en se prenant pour Superman... Fasse ce qu'il a envie de faire... Salisse les draps, prenne toute la place... M'empêche de dormir... Tout ça pour qu'au matin je me sente sale et avilie... Regarde un peu ce minable de Pat : si c'est ça que je manque, merci bien ! »

Résurrection de l'hymen

On dit que la virginité d'Élisabeth Tudor, reine d'Angleterre et d'Irlande de 1558 à 1603, impressionna tant ses contemporains que lorsque Sir Walter Raleigh suggéra de baptiser en son honneur une colonie américaine du nom de « Virginie », la reine ne s'y opposa pas [8]. Il est impossible de savoir si les Américains qui vivent actuellement dans l'État de Virginie (sur la côte est, coincé entre le Maryland, l'océan, la Caroline du Nord, le Tennessee, le Kentucky et la Virginie-Occidentale) sont plus chastes que ceux qui vivent dans les quarante-neuf autres États, ou plus vierges. Mais il n'est pas saugrenu d'imaginer que, connaissant cette blanche origine, cette royale filiation, des vierges du monde entier puissent songer à venir s'installer dans cette enclave soustraite au commerce éhonté et malheureusement planétaire de la chair. Voilà un magnifique sujet de roman : l'État de Virginie envahi par des hordes d'êtres immaculés... Car le fantasme de la pureté édénique – dans la mesure où Adam et Ève se seraient vraiment passés de le faire, ce qui n'est pas assuré –, est l'un des moteurs de la réaction à l'œuvre aujourd'hui dans le monde, qui est moins un repli qu'une riposte à ces libéralités extravagantes qui nous ont fait désaimer l'amour qui se fait.

L'obsession de la virginité est une des préoccupations majeures de ces jeunes gens qui ont choisi de *ne pas*, en tous cas pas avant le mariage. Pour les y encourager, les familles, les éducateurs, les moralisateurs de tous ordres déploient leur prosélytisme en direction de ces jeunes âmes qui sont, dans ce monde livré aux loups, des proies trop faciles et qu'il faut protéger. Ainsi la *moral majority* (« la majorité morale ») des chrétiens de droite aux États-Unis, qui imprime sa marque puritaine jusque dans les manuels d'éducation sexuelle (*American Sex Respect*), recommande-t-elle mille prudences et notamment – on s'en serait un peu douté – de se passer de sexe jusqu'au mariage. « Majorité morale » qu'on retrouve déclinée à travers un grand nombre d'associations ou de mouvements qui finissent par donner le *ton*.

Né à Nashville dans le Tennessee (État riverain de celui de Virginie) il y a un peu plus de dix ans, à l'initiative d'un pasteur, le mouvement True Love Waits[9] (« L'amour véritable peut attendre ») exerce aujourd'hui son influence sur la planète entière. Le BAVAM (Born-Again Virgins of America Movement : Mouvement des vierges-à-nouveau d'Amérique), quant à lui, a été fondé par une jardinière paysagiste de la côte ouest à l'adresse de celles qui ont déjà commis l'irréparable, mais le regrettent. On pourrait en citer beaucoup d'autres. « Si l'Église interdit les rapports avant le mariage, ce n'est pas tant parce qu'elle veut protéger, sur le plan formel, la pureté virginale ou parce qu'elle craint que ne naissent des enfants qui n'auraient pas de parents régulièrement mariés [c'était la raison autrefois invoquée], mais plutôt parce qu'elle attribue une grande importance au rapport stable et définitif entre les conjoints : l'acte sexuel doit être la conséquence (et non la prémisse) d'un don de soi total entre les personnes qui expriment dans le rapport physique une communauté de vie et d'amour indissoluble[10]. » Ces prescriptions qui émanent des Églises chrétiennes américaines, sans doute pourraient-elles justifier toutes les mises en demeure adressées aux jeunes gens d'aujourd'hui par des religions en passe de décourager ou déprimer l'amour ?

Prenons le cas de cette jeune Marocaine de vingt-sept ans qui confie son histoire sur le site monmaghreb.com. Il suffit d'ailleurs de taper « perdre son hymen » ou « virginité » sur les moteurs de recherche pour comprendre combien ces injonctions autour de la pureté et de la faute transforment des années d'insouciance en enfer. La jeune femme explique qu'elle est sortie avec un garçon l'année précédente, un garçon qui, très vite, lui a demandé d'avoir des rapports avec lui. « J'étais très ignorante des garçons et je pensais que les garçons musulmans étaient respectueux des filles de leur pays. » Elle essaya de le décourager, mais en vain. La seule façon d'éviter la tentation est donc bien de n'engager aucune relation et « de se marier avec un garçon du pays à l'issue de vacances, un inconnu ou un cousin. Bien sûr, il faut espérer que ce dernier ne vous laisse pas tomber une fois les papiers français en poche. » Maintenant, si on choisit « l'amour à l'européenne » – le fait de « sortir avec quelqu'un qu'on aime » –, il est impossible, précise-t-elle, « de satisfaire ces messieurs » sans leur donner ce qu'ils réclament, c'est-à-dire sans prendre le risque de la défloration. Si la pénétration a lieu, il y a encore la possibilité de se faire recoudre l'hymen « pour sauver les apparences », opération qui n'empêche pas qu'on soit « profondément marqué dans sa chair et son âme ». Alors que faire ? La question n'est pas commode. Peut-être se révolter : « Je trouve qu'en tant que femme musulmane, on nous en demande trop. » Ou bien vous vous maintenez « pure » pour être « mariable », et le temps que vous enquêtiez sur le prétendant, il est déjà allé voir ailleurs. Ou bien vous faites « comme les Françaises », vous vous lâchez, et alors on dira de vous que vous êtes « une pute ». « Que faire ? demande-t-elle. J'ai sincèrement envie de fonder une famille dans la pure tradition musulmane, en me respectant et en respectant les coutumes, mais comment y arriver ? »

Le recours à l'hyménoplastie rend compte de ces tiraillements où se trouvent les jeunes filles soumises à des mots d'ordre de nature contradictoire. Entre la tradition et la modernité qui impose de la même manière ses codes et ses règles, où se situer sans risquer de décevoir tout le monde et d'abord soi-même ? Mon enquête m'a fait ainsi prendre conscience que, à l'approche de l'été (les mariages au Maghreb ont lieu durant cette période), les gynécologues obstétriciens recevaient à leur cabinet des jeunes filles venant se faire « recoudre l'hymen », comme si elles avaient trouvé là la solution pour marier ensemble – pour *recoudre* – ces injonctions antagonistes. Cette réfection hyménorale précède ainsi l'examen prénuptial auquel la jeune fille devra se soumettre à la demande de sa belle-mère, dans un délai qui lui permettra de cicatriser et de passer le test avec succès. Tiraillements pour ces jeunes filles, mais aussi pour ces médecins participant, malgré eux, à cet étrange rituel qui semble être entré vraiment dans les habitudes occidentales depuis trois ans maintenant, et qui coûte à l'intéressée la somme de 2 000 euros, non remboursée par la Sécurité sociale. Mais jusqu'à quand ?

Rigorisme obsolète, puritanisme hérité d'un autre temps ? Pas du tout. Sans doute la réaction d'un certain islam fondamentaliste accroché à l'idée d'un islam qui n'a jamais existé est-elle responsable de cette mise à l'index de la chair dans une tradition où, comme le rappelle Jean-Claude Guillebaud, l'activité sexuelle, si elle témoigne du « sérieux de la vie », n'est pas pour autant orientée exclusivement vers la procréation. Ainsi les jeux sexuels (*mula'aba*), chaudement recommandés par le Coran, sont-ils « célébrés en des termes d'une poésie et d'une *joie* rarement égalées de par le monde [11] ». Nos jeunes musulmanes ont moins alors à se déterminer entre l'islam et la modernité qu'entre le fondamentalisme et l'islam, qui n'est décidément pas la caricature que certains essaient d'en faire. Et voilà que l'ouverture ou la fermeture de cette petite membrane de chair, située à un centimètre environ de l'entrée de l'orifice vaginal, n'en assurant qu'une obturation partielle, se trouve devenir un acte de haute spiritualité ou bien un acte politique confié à des jeunes filles de vingt ans. Souvent moins.

Marie ou la virginité infinie

On trouve la même passion de la virginité chez ceux qui, Pères de l'Église, théologiens, ministres du culte, souverains pontifes, ont voulu arracher Marie à sa condition de femme. Marie pas seulement vierge d'avoir conçu, vierge d'avoir porté dans son corps le fruit de Dieu, vierge d'avoir mis au monde, dans ce monde, le Dieu fait homme, le Dieu qui a accepté de s'enfermer dans un seul corps, lorsqu'il peut les connaître tous. Mais vierge en essence, comme si le ciel avait pris forme humaine.

Il faudra dix siècles pour que l'Église parvienne à mettre Marie hors du monde, à lui trouver une place comme aux forceps dans la Sainte Trinité, car désormais Marie est aussi bien mère de Dieu que fille de Dieu, fille préférée de Dieu dans la mesure où, selon Augustin, elle a réparé la faute originelle, celle d'Ève et de son compagnon au Paradis. La soustraction de Marie au règne du vivant assujetti à la loi biologique, si prévisible, il est vrai, tire argument du *Protévangile*, un texte attribué à Jacques le Mineur, frère ou demi-frère de Jésus, datant du milieu du deuxième siècle de l'ère nouvelle, et ainsi baptisé par son inventeur, celui qui au XVIe le publia pour la première fois, parce qu'il relatait des épisodes antérieurs à ceux que les évangélistes avaient rapportés. Dans le *Protévangile*, Joachim et Anne ne peuvent concevoir, et si Anne finalement conçoit et met au monde, au bout de sept mois, une enfant baptisée Marie, c'est avec le seul concours de Dieu. Même scénario que celui qui permettra de rendre compte de la conception de Jésus dans le sein de sa mère immaculée.

Dans le texte de Jacques, Joseph est vieux, sa vie et son désir sont derrière lui. Si l'on a mis sous sa garde cette jeune vierge, ce n'est pas pour qu'elle réveille ses ardeurs, c'est pour qu'il assiste passivement à ce qui était prévu de toute éternité. Ainsi, c'est durant son absence que la jeune fille va recevoir de la visite, rien de bien méchant a priori, un ange, celui que ces artistes italiens, Vinci parmi eux, ont peint tant de fois, un ange venu annoncer les chastes et fermes intentions de Dieu, lesquelles scellent à jamais la condition virginale de Marie. Le texte : Joseph et Marie qui porte l'enfant divin sont en chemin lorsqu'elle ressent ce qu'on n'ose appeler des contractions. Elle dit : « Joseph, aide-moi à descendre de l'âne. L'enfant, en moi, me presse et va naître[12]. » Joseph trouve une grotte et la confie à la garde de ses fils. Joseph, avant de croiser Marie, a vécu. Mais tout cela est oublié. Il part. Il se met en quête d'une sage-femme dans le pays de Bethléem. Quand il l'a trouvée, celle-ci l'interroge sur celle qui est sur le point d'accoucher.

« – C'est Marie, ma fiancée, répond Joseph.

– Ce n'est pas ta femme ?

– C'est Marie, celle qui a été élevée dans le temple du

Seigneur. J'ai été désigné pour l'épouser, mais elle n'est pas ma femme, et elle a conçu du Saint-Esprit. »

La sage-femme est incrédule mais ils se mettent en chemin. Quand ils sont en vue de la grotte, une « obscure nuée » enveloppe celle-ci qui, sitôt qu'ils approchent, se retire, laissant apercevoir à l'intérieur une « grande lumière » que leurs yeux ne peuvent supporter. Puis l'enfant apparaît et la sage-femme de s'écrier : « Qu'il est grand ce jour ! J'ai vu de mes yeux une chose inouïe. » Et voyant qu'on n'a plus besoin d'elle, elle s'en va savourer sa vision.

Sur le chemin du retour, elle croise Salomé et lui dit ce dont elle a été témoin : « Une vierge a enfanté, contre la loi de nature. » Mais Salomé reste sceptique. « Aussi vrai que vit le Seigneur mon Dieu, si je ne mets mon doigt et si je n'examine son corps, je ne croirai jamais que la vierge a enfanté. »

Elles entrent dans la grotte et la sage-femme prévient Marie qu'un « débat » est né à son sujet. C'est une façon douce de dire cette grande affaire. Alors Salomé s'approche, met « son doigt dans sa nature », perçoit l'hymen de Marie, cette tendre et infranchissable frontière derrière laquelle Dieu s'est tenu et Dieu se tient, et crie : « Malheur à mon impiété et à mon incrédulité ! J'ai tenté le Dieu vivant ! Et voici que ma main se défait, sous l'action d'un feu. » Comme si elle avait plongé la main dans mille brasiers, en effet. Alors elle s'agenouille, tenant sa main meurtrie, pleurant, et dit : « Dieu de mes pères, souviens-toi que je suis de la lignée d'Abraham, d'Isaac et de Jacob. Ne m'expose pas au mépris des fils d'Israël, mais rends-moi aux pauvres. Car tu sais, ô Maître, qu'en ton nom je les soignais, recevant de toi seul mon salaire. » Elle implore le pardon et Dieu le lui donne. Un ange paraît et lui recommande d'étendre sa main sur le petit enfant, de le prendre, et aussitôt elle est guérie.

Salomé avait discuté. On discutera avec acharnement, passion, pour savoir comment Dieu s'y est pris pour prendre Marie sans la prendre, elle pour enfanter sans enfanter, ses parents pour concevoir sans péché, de telle manière que les signes distinctifs de la virginité du corps et de l'âme fussent intacts. Jusqu'à cette date du 8 décembre 1854 où le pape Pie IX imposera, par la bulle *Ineffabilis Deus,* le dogme de l'Immaculée Conception, qui préserve pour jamais Marie intacte de « toute souillure du péché originel ». Quatre ans plus tard, Bernadette Soubirous verra à dix-huit reprises, dans la grotte de Massabielle à Lourdes[13], la Vierge apparaître, ces apparitions marquant l'acmé du culte rendu par l'Occident à cette mère incorruptible.

Hypothèse sur la chute

Le premier homme et la première femme étaient venus au monde par la volonté du Très-Haut. Ce qui est une belle filiation. Reportons-nous, dans la Bible de Jérusalem, à ces épisodes. Dieu a planté sur la terre, « en Éden, à l'orient » (Genèse 2, 8), un jardin où vient « toute espèce d'arbres séduisants à voir et bons à manger » (2, 9). Parmi eux, bien visibles au centre du jardin, l'arbre de vie et l'arbre de la connaissance du bien et du mal. Un fleuve sort d'Éden pour arroser le jardin. Parfait. Comme un petit val moussant de rayons. Alors Dieu, qui a placé l'homme au milieu du jardin (il l'a créé avec la glaise du sol) et lui a recommandé de ne pas toucher aux fruits de l'arbre de la connaissance du bien et du mal (sous peine de mort), profite de son sommeil pour lui prélever une côte et faire de celle-ci une femme, car il n'était pas bon « que l'homme soit seul » (2, 18). En ce temps béni où Adam est devant Ève, ils se regardent, ils sont nus, dépourvus de tout et riches de tout, mais sans en éprouver aucune honte. Tout le tableau baigne dans cette innocente promesse.

Mais voilà. Il y a le serpent, cette tache, « le plus rusé de tous les animaux des champs » (3, 1), qui induit la première femme en une tentation funeste. Non seulement ils ne mourront pas s'ils goûtent aux fruits de l'arbre interdit, dit le serpent, mais ils seront comme des dieux qui connaissent le bien et le mal. « La femme vit que l'arbre était bon à manger et séduisant à voir, et qu'il était, cet arbre, désirable pour acquérir le discernement. Elle prit de son fruit et mangea. Elle en donna aussi à son *mari*, qui était avec elle, et il mangea » (3, 6). On se doute que la traduction de passages aussi lourds de sens ne va pas sans difficulté, que chaque mot pourrait être remplacé par un autre. Contentons-nous de ces à-peu-près. L'homme et la femme mangent et, aussitôt, « leurs yeux à tous deux s'ouvrirent et ils connurent qu'ils étaient nus » (3, 7). Peut-être les fruits de l'arbre étaient-ils hallucinogènes. Ils mangent et ils voient. Et que voient-ils ? Qu'ils sont nus. Comment peut-on se connaître nu, si on l'a toujours été ? Non, il ne s'agit pas de la nudité, mais de la découverte de ce que cette nudité peut signifier, comme si leurs yeux s'ouvrant plus largement, il leur était donné de voir que leurs corps sont pourvus d'attributs que, jusque-là, ils n'avaient jamais remarqués et dont ils n'avaient donc pas interrogé la finalité. Peut-être ce fruit que mange Adam lui procure-t-il une érection qui trouble Ève, laquelle en conçoit, pour la première fois, quelque chose de tout nouveau pour elle, un désir, un élan charnel pour celui qu'elle aurait plutôt appelé jusque-là *frère*. Pourquoi le texte dit-il « mari » ?

Dieu qui se doute de quelque chose vient au jardin ; et quand Adam et Ève entendent son « pas », ils se cachent. Le Créateur les découvrant leur demande pourquoi ils se cachent ; et eux de dire : « Parce que nous sommes nus. » Alors Dieu maudit le serpent et chasse ce couple impudique du jardin en postant désormais les chérubins et « la flamme du glaive fulgurant pour garder le chemin de l'arbre de vie ». Pas question que ces pécheurs échappent à la génération et à la mort. D'ailleurs, aussitôt qu'ils sont sortis du val clos, l'homme *connaît* la femme qui conçoit Abel et Caïn. Et c'est parti. Pour Augustin (354-430), la référence majeure dans l'histoire de l'exégèse chrétienne de ces lignes qui allumèrent un feu pérenne dans l'Église, le moment de la faute d'Adam et d'Ève se situe là : très précisément lorsque « leurs corps furent atteints par un sentiment nouveau et dérangeant de l'altérité, sous la forme de sensations sexuelles qui échappaient à leur volonté [14] ». Le corps, qui jusque-là épousait la volonté de ses propriétaires et, partant, celle de Dieu, se trouva dévoyé par une force plus grande, une force autonome qu'Augustin nomme *concupiscentia carnis.* C'est elle qui pousse le moi à préférer faire sa volonté plutôt que celle de Dieu. On retrouve là quelque chose du combat de la chasteté dont Jean Cassien avait énuméré les étapes, jusqu'à l'extinction des érections et des pollutions nocturnes, cela dont Adam, se découvrant

« nu », a maintenant à rougir. Étrange propos manichéen qui imagine, échappant à l'homme et par voie de conséquence à Dieu lui-même, une force séparatrice au sein du désir qui isole le désir bon du désir mauvais. Le corps et la chair. Dieu et le Diable.

Autre interprétation possible sur ces épisodes empruntés à la Genèse. Dieu place dans le jardin un homme et une femme qui sont nus – « nus », nous l'avons vu, veut dire « innocents ». Faire tout ce qu'on veut parce qu'on le veut bien et pas parce qu'on est mû par ses pulsions. Il les abandonne dans leur « nudité » au milieu de ces arbres ployant sous le poids des fruits et leur recommande de ne pas mordre au seul fruit qui, sur-le-champ, vous donne à penser à mal, c'est-à-dire concevoir que le mal existe, et vous incite à le faire. À faire le choix du mal. Il leur dit donc : « Profitez de ce que je vous ai donné, c'est-à-dire de la liberté de vous aimer en toute innocence dans ce jardin. » Allez-y ! Et ces cloches, au lieu de se donner du bon temps, puisque le bon temps ne recèle aucun mal, ils vaquent au milieu des plates-bandes de fleurs éblouissantes, des arbres, et ne songent même pas à se conter fleurette. Ils déblatèrent sans se douter qu'ils pourraient se coucher dans l'herbe tendre et s'unir comme Dieu, en les dotant de ces choses destinées à s'emboîter, semblait le suggérer. Mais non. Rien. Le calme plat. Et Dieu, qui se désespère, envoie le serpent dont la forme suggestive pourrait allumer en Ève un petit feu de concupiscence. Et le serpent, moins mauvais bougre qu'on ne l'a dit, tente le coup, si l'on peut dire, mais Ève ne sort pas de sa réserve. Tout ça en vain. Alors Dieu, lassé par tant de mauvaise volonté, descend au jardin et chasse ces trois lurons à coups de pommes, celles qu'il avait défendues, pensant épargner à l'homme et à la femme le soin de se poser toutes ces questions sur la *chose*. L'une d'entre elles atteint la femme dans sa course et, avant de perdre connaissance, car Dieu est un bon viseur, elle en conçoit un plaisir inconnu, violent, dont elle se pâme un court instant, mais qui éveille aussitôt en elle l'idée que ce qu'elle ressent est *mal*.

Thérèse en extase

Un désir tourné vers le bien, et le bien-jouir. Un désir tourné vers le mal, et la chute. Tout semble maintenant plus clair. Mais alors, si Thérèse « jouit », comme on s'accorde à le dire, cette Thérèse née à Avila et immortalisée par le Bernin à Rome, il faut qu'elle jouisse de la bonne façon, que Dieu l'agisse selon ce qu'il entend de la jouissance et non selon ce que les hommes en attendent. Mais Thérèse jouit-elle ? « Vous n'avez qu'à aller à Rome regarder la statue du Bernin pour comprendre tout de suite qu'elle jouit, dit Lacan, ça ne fait pas de doute. Et de quoi jouit-elle ? Il est clair que le témoignage essentiel des mystiques, c'est justement de dire qu'ils l'éprouvent, mais n'en savent rien [15]. » N'en rien savoir. Être nu sans savoir qu'on l'est. Jouir sans jouir. Il faut donc que, si elle jouit, la jouissance de Thérèse soit l'expression de ce qu'il y a de plus pur dans la jouissance. Prenez donc un billet pour Rome, cherchez la statue dite de *La Transverbération de sainte Thérèse* sculptée par l'artiste italien, voyez bien comment elle jouit, et tentez d'aligner ensuite votre jouissance sur la sienne.

Vous œuvrerez alors selon ce que Dieu veut. Vous ne serez jamais dans le péché.

Quelle est cette jouissance de Thérèse en face de l'ange et qu'il nous faudrait égaler ? Une union par laquelle la sainte est ravie, bien au-delà de ce qu'à travers la jouissance sexuelle – qu'elle fût accompagnée de cris et de larmes – une femme peut être ravie, arrachée à elle-même et à tout ce qui la tient enchaînée par la chair à la prison du temps. Un ravissement par lequel s'abolit toute frontière entre le registre de l'humain et ce qui, de toutes parts, le transcende, entre le corps et la chair, entre ces deux-là et l'âme, entre ces trois-là et le ciel. Entre ceux-là enfin et le Dieu qui est l'Autre inatteignable de l'extase et auquel l'extase m'unit, et m'unissant à Lui, m'annule, me nie. Voilà ce que décrivent ces femmes mystiques qui, parlant de cette expérience du ravissement de soi dans le tout-Autre, paraissent raconter une jouissance sans bord, ce que Romain Rolland avait appelé le « sentiment océanique » ou la « sensation océanique » dans une lettre célèbre à Freud[16]. « En ce sens, écrit Jean-Noël Vuarnet, toutes les extases sont des extases féminines – pas seulement celles des femmes : rencontre de l'Amant (Dieu) et de l'Aimée (l'âme humaine). Traditionnellement, on dira que l'âme humaine, en devenant épouse, répète, dans l'ordre de la grâce, le consentement, le *Fiat* de la Vierge. L'âme est par conséquent qualifiée de tabernacle, de ventre, de maison, voire de mère [...]. Vivante dans l'Époux, l'âme, dans l'extase, découvre en principe la réciprocité de l'amour de Dieu et de celui de l'âme-épouse : de l'Amant et de l'Aimée[17]. »

De ces états extatiques qualifiés tour à tour dans ses écrits de *suspensio, levantamiento, extasis, arrebamiento, rapto, vuelo de espiritu, impetu,* Thérèse d'Avila est donc bien la figure paroxystique dont s'inspirèrent les artistes du baroque et, parmi eux, le Bernin, qui figea dans la pierre le célèbre passage où, dans *La Vie de sainte Thérèse écrite par elle-même,* la sainte rapporte sa rencontre avec l'ange. « Je vis un ange auprès de moi, à ma gauche, en forme corporelle, ce qui ne m'est donné qu'exceptionnellement. Il n'était pas grand, mais petit et très beau. [...] Il tenait en ses mains un long dard en or dont l'extrémité de fer portait je crois un peu de feu. Il semblait qu'il le plongeait plusieurs fois dans mon cœur et l'enfonçait jusqu'aux entrailles. En le retirant, on aurait dit que ce fer les emportait avec lui et me laissait tout entière enflammée d'un immense amour de Dieu [...]. La douleur était si vive que je gémissais et si excessive la suavité de cette douleur qu'on ne peut désirer qu'elle cesse. Douleur spirituelle et non corporelle, bien que le corps ne manque pas d'y avoir sa part, et même beaucoup[18]. »

Pourquoi cette « douleur » que le sculpteur s'attache à traduire dans *La Transverbération de sainte Thérèse* ? Pourquoi, si l'ange de son dard réveille cet « immense amour de Dieu », celui-ci s'apparente-t-il à une « douleur qu'on ne peut désirer qu'elle cesse » ? Comme le souligne Vuarnet, Thérèse, dans la plupart de ses écrits (*Vie écrite par elle-même, Le Château de l'âme* ou *Le Livre des Demeures...*), décrit la jouissance qui est sienne au moment du ravissement à la fois comme plénitude et comme manque, comme si quelque chose manquait encore et devait manquer toujours à « cet immense amour de Dieu ». Amour jamais comblé qui engendre ces « aspirations d'amour » dont elle parle, lesquelles ne peuvent que se répéter indéfiniment. Même si l'âme semble atteindre à la béatitude ou

« n'en être plus séparée que par un voile transparent », le Fiancé se dérobe en se donnant et, se donnant sans se donner jamais, ouvre au sein de l'âme cette « douleur qu'on ne peut désirer qu'elle cesse ».

Vie recluse

J'écrivis au mois d'octobre 2005 un courrier que j'adressai, par voie électronique, à ceux des ordres de reclus dont j'avais pu me procurer l'adresse. Je voulais entrer en contact avec ces êtres retirés quelque part en leur thébaïde, remontés avant la chute ou qui essaient d'y remonter, sortes de saumons humains, et connaître la vérité de leur vie chaste, c'est-à-dire de leur combat au jour le jour. Comment imaginer, en effet, que les choses soient réglées une fois pour toutes ? Mon courrier expliquait les raisons de mon enquête et appelait un témoignage.

Plus que jamais, dans nos sociétés essoufflées, en doute, doutes qui pétrifient bien des élans de vie, la question revient de savoir comment s'articulent dans une existence d'homme et de femme le oui et le non, la liberté et la contrainte, la répétition et l'ouverture, le même et l'autre, la surface et l'abîme. Dans cet esprit, je voudrais questionner le choix de la chasteté qui semble concerner un nombre toujours plus grand de nos semblables. Mais je voudrais éclairer ces témoignages par ceux de ces femmes et de ces hommes qui ont fait le choix de se mettre résolument de cet autre côté pour vivre en Dieu. Ce recours me paraît indispensable dans la mesure où les formes de renoncement qui se font jour dans nos sociétés paraissent emprunter de manière insoupçonnée quelque chose à ce qui se trouve inscrit au cœur des grandes traditions de la vie contemplative. Etc.

Je reçus des retours aimables, mais une seule réponse favorable. La sœur qui m'écrivait était entrée en réclusion à l'âge de dix-huit ans et vivait depuis près de cinquante ans dans son monastère, en compagnie de vingt-deux de ses semblables. Elle se déclara prête à répondre à mes questions après avoir fait sa propre enquête. « Vous nous excuserez pour le retard à répondre à votre courriel. Vous comprendrez qu'avec un tel sujet, mieux valait prendre des renseignements sur l'auteur et sur ses œuvres... Il semble que vous ayez passé le test ! Nous serions deux sœurs volontaires prêtes à contribuer à votre réflexion sur la chasteté. » (En définitive une seule s'embarquera). La sœur s'engagea à tenir pour moi une sorte de journal où elle me livrerait, par fragments, ce que ce mot de réclusion, à la fois si effrayant et si beau, pouvait bien signifier au quotidien.

« J'ai pensé vous décrire, dès ce soir, ma chambre d'où je rédige mon journal, commençait-elle. Elle mesure 2,5 sur 4 mètres. Dans mon coin de prière, j'ai une icône de la Vierge de Tendresse. Sur un pan de mur, j'ai un pupitre relativement petit où je range ma bible, mon *Imitation de Jésus-Christ*, un dictionnaire, un tome de l'*Histoire du christianisme* (il y a douze tomes et j'en suis au deuxième). Souvent j'ai aussi un livre de détente. » À cela, il convient d'ajouter une commode, un vestiaire « où sont suspendues cinq tuniques », un évier et une pharmacie renfermant « du synthroïd pour une légère carence de la glande thyroïde ». Un lit – elle a failli l'oublier ! La chambre, ou cellule, est son « lieu d'intimité avec le Seigneur ». Elle y fait sa *lectio* matin et soir. Elle y goûte « la consolation que donnent les Écritures ». Ce qu'elle aime le plus dans sa chambre, ce sont « ces instants où je suis complètement au neutre, sans pensée aucune. Il me semble que ces instants ont un poids d'éternité ».

La journée commence à cinq heures. Elle fait son « heure d'adoration ». « C'est la plus belle heure de prière de ma journée ; je suis seule et tranquille dans la chapelle. Avant d'entrer, je prends une tasse de café pour rester en alerte. » Et puis voilà que faisant sa prière, et songeant peut-être à son journal, une période de sa vie lui est revenue en mémoire. Elle évoque les commencements de son itinéraire intérieur, un peu vécus « comme une naissance du Seigneur en moi et une croissance ». Après plusieurs années d'intimité avec Lui, elle ne s'est plus sentie capable de supporter cette Présence en elle. « C'était trop. J'en étais venue à éviter de penser à Lui parce que j'avais peur de perdre le contrôle de mes facultés. Saint Jean de la Croix dit que les extases sont une faiblesse physique ; c'est que le corps n'est pas assez spiritualisé pour supporter ce que l'âme ressent. C'est ainsi que je me sentais. » Elle se trouve à cette époque responsable de la formation des laïcs associés à la communauté. Parmi eux, il y a un homme qui, après avoir couru les filles, a opté de lui-même pour le célibat consacré. « Une ou deux fois l'an, nous nous rencontrions et priions ensemble. J'avais pleine confiance en cet homme. Aussi, avec lui à mes côtés, je n'avais pas peur et je pouvais enfin m'abandonner complètement au Seigneur, corps et âme. Il fut un témoin silencieux. Peu à peu, malgré nos rencontres très espacées, j'ai apprivoisé cette Présence du Seigneur en moi ; elle m'est devenue naturelle. » Songeant à cet homme avec qui elle a développé une très belle amitié, « amitié précieuse pour moi qui ne connaissais pas beaucoup la psychologie masculine », elle a ce matin remercié le Seigneur pour lui avoir permis de le rencontrer.

Quelle place occupe-t-elle dans cette communauté ? « Je suis secrétaire générale et archiviste. J'ai fait divers travaux dans ma vie, à peu près tous comme c'est l'habitude dans les monastères, à l'exception de la menuiserie parce que je n'ai pas beaucoup de force physique. » À ces attributions s'ajoutent bien d'autres activités, l'obligeant parfois à s'initier à de nouvelles techniques, comme par exemple la réalisation d'un site web de A à Z, « pour économiser le plus possible ». Ses compétences acquises l'amènent à servir aussi de « support technique » pour les ordinateurs de la maison, les sœurs l'appelant chaque fois qu'elles rencontrent une difficulté. Elle est encore responsable de six des vingt-trois sœurs « en infirmerie externe », ce qui justifie qu'elle prenne la voiture pour quitter quelques heures sa retraite. Voiture qui devient dès lors son « petit monastère ».

Dans sa communauté, la sœur est reconnue comme une visionnaire, « une sorte de prophète en avance de dix ans dans certaines idées que j'émets ». La chose ne va pas sans heurter parfois les sœurs. Invitée à donner son opinion et sachant que celle-ci ne sera pas nécessairement appréciée, elle se trouve bien souvent face à un dilemme. Dire les choses comme elle les « voit », ou bien préférer ne pas faire de vagues. « Aujourd'hui, je prends les choses moins au sérieux, peut-être parce que j'ai plus d'expérience. » Laisse-t-elle entendre une difficulté relationnelle quelconque ?

Non. « J'aime au contraire de plus en plus mes sœurs, même si je ne suis pas très expressive dans mes sentiments. » Un des écueils de la vie contemplative est que, sous prétexte de solitude, elle développe l'individualisme. Le travail, les réunions de partage, une récréation prise ensemble une fois la semaine, les nouvelles écoutées à la radio deux fois par semaine, l'accès à internet les aident alors à ne pas s'isoler. « Nous aimons appeler le double aspect qui compose notre vie "solitude-communion". Peut-être cela vous apparaît-il comme paradoxal ? Dans la vie concrète, les deux s'allient très bien, notre vie étant organisée en conséquence. »

Puis vient le moment d'aborder la question de la chasteté. Le récit de son quotidien, plus détaillé que ce que j'en ai rapporté, montrait combien sa vie affective était bien remplie. L'aurait-elle été plus ou mieux si elle s'était mariée ? « Une réflexion de l'homme avec lequel j'ai vécu cette belle amitié m'avait beaucoup marquée. Il m'avait avoué que ses expériences avec les femmes n'étaient rien en comparaison de l'expérience spirituelle vécue alors que lui et moi étions perdus en Dieu pendant un moment. » Puis elle ajoute : « Les réalités de ce monde ne sont que des images des réalités à venir. » Je pousse alors un peu ma question. N'a-t-elle aucun regret ? « Parfois, peu souvent vraiment, la tendresse d'un mari me manque. Étrangement, le fait de n'avoir pas eu d'enfants ne m'a jamais manqué. Peut-être est-ce parce que je me sens féconde d'une autre manière ? La chasteté consacrée a ceci d'incomparable : n'appartenant à personne, je puis appartenir à tous et tous m'appartiennent. C'est la chasteté qui m'a ouverte à la pureté du cœur qui me donne la liberté d'un oiseau fait pour les grands espaces. Une image biblique m'a beaucoup aidée à comprendre l'amour de Dieu pour moi et mon amour pour Lui. Il s'agit du buisson ardent de Moïse. Le buisson brûlait sans se consumer. Il en est ainsi de l'amour de Dieu : il nous enveloppe sans altérer notre identité, nous laissant libres. Ce n'est pas un amour fusionnel, comme dans certaines religions ou sectes, mais un amour nuptial où chacun reste soi. Il n'empêche que je suis un peu allergique à appeler Jésus mon "Époux", ce terme m'apparaissant restrictif ou pouvant être mal interprété. Je préfère l'appeler "mon Seigneur Jésus", le "Seigneur" étant le Dieu que j'adore et le "Jésus" celui qui se fait tout proche de moi. »

8

Se mettre à l'abri de l'autre

Petit détour par la théorie de la sublimation

> « [...] maintes fois l'homme veut se servir d'elle qui s'y refuse ; maintes fois elle le voudrait et l'homme le lui interdit. »
>
> Léonard de Vinci, *Carnets.*

Voici le moment venu de nous interroger sur ce peu de désir. Ce désir qui hésite, peut-être, entre ce qui est bien et ce qui est mal. Ce désir qui ne sait plus quelle voie emprunter pour se dire. Un désir qui a perdu la voie et la voix. Un désir aphone ou plus de désir du tout.

Quand un obstacle vient s'interposer entre le désir et l'objet qu'il voudrait embrasser, par où va le désir ? Par où ne va-t-il pas ou plus ? Celui qui est privé de la relation en acte peut-il la rejouer quelque part dans ses rêves ? Le désir va-t-il emprunter d'autres voies pour réaliser autrement ce qui lui est refusé ? C'est peut-être le moment de revenir sur le cas Léonard de Vinci avec le psychanalyste Jacques Sédat[1] et de l'interroger sur ce que Freud a décrit sous le terme de « sublimation ». Le cas Vinci en ce qu'il nous est apparu emblématique de cette petite faim de l'autre, faim contrariée. Peut-être faim empêchée.

– Pourquoi voulons-nous toujours nous compléter d'un autre ?

– Nous cherchons, dans la répétition de nos rencontres, à retrouver la plénitude d'une première fois qui est irrémédiablement perdue. Voici ce qu'en dit Freud : « Quand la toute première satisfaction sexuelle était encore liée à l'ingestion d'aliments, la pulsion sexuelle avait, dans le sein maternel, un objet sexuel à l'extérieur du corps propre. Elle ne le perdit que plus tard, peut-être précisément à l'époque où il devint possible à l'enfant de former la représentation globale de la personne à laquelle appartenait l'organe qui lui procurait la satisfaction[2]. » Ainsi, la première relation sexuelle inscrite dans la mémoire de notre psyché, c'est donc la relation entre deux objets partiels, une bouche et un sein.

– Nous rejouons donc toujours, à travers nos rencontres, cette première relation ?

– « Ce n'est pas sans de bonnes raisons que la figure de l'enfant qui tète le sein de sa mère est devenue le modèle de tout rapport amoureux, précise Freud. La découverte de l'objet n'est à vrai dire qu'une *redécouverte*[3]. » Le refoulement de la sexualité infantile, c'est le refoulement de ce sein, du corps à corps fusionnel avec la mère et, à travers lui, de cette complétude où je me suis trouvé et où je n'avais pas à désirer. Le mélancolique est celui qui n'a jamais fait le deuil de l'objet perdu.

– Est-ce *l'autre* que je recherche ou bien ce dont je me souviens et que je crois retrouver par son truchement ?

– Il faut distinguer ici la rencontre amoureuse de la recherche intellectuelle. La sublimation, pour Freud, intéresse avant tout la recherche intellectuelle qui postule un certain renoncement au pulsionnel. Dans le domaine sexuel, tout ce qui nous voue à la répétition et à l'insatisfaction de l'objet trouvé vient de ce que nous n'y *retrouvons* pas ce que nous avons perdu.

– L'autre ne nous donnera jamais ce que nous cherchons...

– Lorsqu'on est dans l'impossibilité de retrouver le plaisir qu'on a goûté, on se trouve dans une position anorexique par rapport à un objet qu'on ne peut que redouter. Cependant, c'est bien l'illusion de retrouver des traces du plaisir perdu qui est le moteur de la rencontre, avec toutes les déconvenues inévitables. « Ça n'était pas ça », entend-on fréquemment sur le divan.

– Va-t-on décider alors de ne plus rien tenter ?

– Il y a le cas que j'évoquais d'anorexie à l'objet. Le premier objet a été tellement décevant qu'on a peur d'être déçu à nouveau. Une autre façon d'éviter la rencontre, c'est la position perverse où l'autre ne sera jamais que l'objet substitutif d'une recherche infinie. Pour qu'il y ait rencontre, il faut qu'il y ait une entame de soi et que nous acceptions d'aller *où nous ne savons pas*. Le paranoïaque, qui veut que l'objet soit conforme à ses pensées, ne peut jamais le rencontrer non plus. Le pervers et le paranoïaque sont des économiquement faibles, alors que la condition de la rencontre est d'être *dépensièrement* fort. Le registre de la rencontre n'est pas de retrouver un objet mais de le rencontrer, comme l'exprime avec une grande finesse André Breton : « C'est vraiment comme si je m'étais perdu et qu'on vînt tout à coup me donner de mes nouvelles. » Don Juan collectionne les femmes pour ne pas les rencontrer, pour ne pas être confronté au féminin.

– Comment comprenez-vous cette réserve vis-à-vis de la sexualité qui monte dans nos sociétés ?

– Il y a plusieurs caractéristiques de notre société actuelle que nous pouvons évoquer. Déliaison de tous les liens sociaux et désappartenance, tout d'abord. Cette culture de la déliaison rend difficile l'expérience de la rencontre, à laquelle on n'est pas préparé. L'autre caractéristique est que nous manquons de temps, et le temps mène la vie dure à ceux qui veulent s'abstraire de lui. Accélération de tout qui s'accompagne d'une excitation, d'une surconsommation, d'une injonction de jouissance, d'une impatience, lesquelles peuvent engendrer un désir légitime de repli sur soi, de *self ecology*, perçu comme salutaire. C'est une tendance de la modernité que de chercher à se soustraire à ce qui nous dévore et nous broie, et le plaisir et la pulsion de rencontre peuvent être vécus comme tel. Cette soustraction passe souvent par des techniques orientales de réappropriation de soi fondée sur la reconquête de son corps, démarche à laquelle une psychanalyse trop intellectualiste, hélas, est souvent étrangère.

– Si je me réapproprie mon corps, vais-je encore laisser quelqu'un venir en lui ?

– Il ne peut être question d'« intrusion » que si l'on a peur de la rencontre. Celui dont le corps fait écran à la rencontre se protège d'abord d'une intrusion psychique plutôt que d'un rapport sexuel. J'ai inventé le concept encore non breveté de DSTP, « défense et sécurité du territoire psychique », qui ne renvoie pas à une métaphore corporelle mais à une identité subjective, à l'histoire d'un sujet. Si je peux prendre appui sur ce qui me fonde, m'y référer, alors la rencontre cesse d'être perçue comme une menace ou comme une intrusion.

– Si je laisse l'autre au-dehors, je vais donc chercher à sublimer la relation...

– Il nous faut faire ici un petit détour, si vous me permettez. En parlant du cas Léonard de Vinci que vous souhaitiez que nous abordions, Freud écrit : « Aucune chose, on ne peut l'aimer ni la haïr, si d'abord on n'a pas la connaissance de celle-ci[4]. » À travers le cas Léonard, Freud a l'intuition que c'est une position de savoir qui nous met à l'abri de l'autre. Un autre trait caractéristique du génie de Léonard est en effet qu'il est incapable d'achever une œuvre. L'incapacité d'achever une œuvre, c'est l'incapacité de la lâcher, de lui permettre d'avoir une existence propre chez un collectionneur ou dans un musée, en dehors de son créateur. La création, comme l'amour, c'est aller *là où on ne sait pas*, vers quelque chose d'un non-savoir. Dans son texte de 1908 sur « Les théories sexuelles infantiles[5] », Freud montre comment l'enfant construit son image du corps dans son imaginaire, l'imaginaire étant ce qui ouvre sur un non-savoir de l'objet. Le moteur de ce processus, explique-t-il, est un questionnement dont le motif est toujours narcissique, égoïste, celui de « conjurer le retour d'événements redoutés[6] ». Et qu'est-ce que l'enfant redoute par-dessus tout ? La venue d'un autre enfant. Ainsi, la question qu'il pose : « D'où viennent les enfants[7] ? », peut se traduire par : « Qu'est-ce que je n'ai pas pour que mes parents aient besoin d'un autre enfant ? » Voilà le motif égoïste de la pulsion d'investigation pour Freud. Cette pulsion d'investigation, si remarquable chez Léonard, est donc, au départ, extrêmement intriquée avec ce mobile subjectif, narcissique, de vouloir maîtriser ce qui n'est pas encore là.

– Comprendre l'objet pour le mettre à distance, hors d'état de nuire...

– Freud va établir trois destins différents pour cette

pulsion d'investigation qui n'est pas étrangère à la question que vous me posiez et que je n'oublie pas. Dans le premier cas, celui que je viens de citer, cette pulsion d'investigation qui provient d'un intérêt narcissique infantile plus que d'un intérêt sexuel équivaut à l'inhibition intellectuelle. « L'investigation partage le destin de la sexualité [il s'agit de la sexualité infantile], écrit Freud, l'avidité de savoir reste dès lors inhibée, et la libre activité de l'intelligence limitée, peut-être à vie, d'autant plus que peu de temps après, de par l'éducation, entre en jeu la puissante inhibition de la pensée due à la religion[8]. »

– Qu'est-ce que Freud entend par « religion » ?

– Essentiellement le culte du père, la dépendance à l'égard de celui-ci. L'inhibition intellectuelle, c'est donc l'obéissance au père. Inhibition intellectuelle totale parce que la sexualité infantile a totalement conjuré le retour d'événements redoutés et totalement infiltré l'activité intellectuelle. L'enfant ne peut donc plus penser et n'arrive plus à autonomiser les processus intellectuels de sa psyché. « Combien as-tu de frères et sœurs ? » demande-t-on à l'enfant dans un test Binet-Simon : « J'ai trois frères et sœurs, Julie, Simon et moi. » C'est l'impossibilité de s'abstraire du processus intellectuel et donc de penser.

– C'est une forme d'impuissance intellectuelle...

– Tout à fait. Dans le deuxième type, « le développement intellectuel est suffisamment vigoureux pour résister au refoulement sexuel qui le harcèle. Quelque temps après la disparition de l'investigation sexuelle infantile, l'intelligence une fois fortifiée offre, en souvenir de ses anciens liens, son aide pour contourner le refoulement sexuel, et l'investigation sexuelle réprimée revient de l'inconscient sous forme de compulsion de rumination, déformée, certes, et non libre, mais suffisamment puissante pour sexualiser la pensée elle-même. L'investigation devient ici une activité sexuelle[9] ». Rumination intellectuelle ou sexualisation de la pensée dans la mesure où il n'y a pas eu refoulement de l'infantile. On se situe dans un inachèvement de la pensée, comme c'est le cas dans la sexualité infantile. C'est la question indéfinie de l'enfant qui demande pourquoi ceci, pourquoi cela, parce qu'il est dans l'impossibilité de poser la vraie question et ne sait pas non plus quel est l'objet de la question. Nous sommes ici dans le cadre de la névrose obsessionnelle.

– Cette « sexualisation de la pensée » est-elle, pour Freud, ce qu'il appelle la « sublimation » ?

– Nous y venons maintenant. Le troisième type est « le plus rare et le plus parfait grâce à une disposition particulière à l'inhibition de la pensée, tout comme à la compulsion névrotique à penser. Le refoulement de la sexualité infantile intervient mais ne réussit pas à renvoyer dans l'inconscient une pulsion partielle du plaisir sexuel[10] ». Ainsi, il y a un type de libido qui va se soustraire au refoulement par la sublimation. Freud emprunte le terme à la chimie : la sublimation, c'est le passage du liquide au solide, le changement d'état. Il y a une pulsion qui change d'état. La sublimation n'est pas issue du refoulement de la sexualité infantile. Une part de la sexualité infantile est refoulée, mais une pulsion partielle va être transformée. Et ce qui sera transformé sera le moteur d'une pulsion d'investigation, d'une pulsion de savoir au service de l'intérêt intellectuel. La sublimation a donc à voir essentiellement non pas avec un certain type de sexualité, mais avec une modalité de fonctionnement intellectuel qui peut se détacher du sexuel. Freud évoque le cas Léonard : « Si nous considérons la coïncidence chez Léonard de la pulsion d'investigation prédominante avec le dépérissement de sa vie sexuelle qui se limite à une homosexualité dite idéelle [donc sublimée, sans activité sexuelle], nous inclinerons à le revendiquer comme le cas exemplaire du troisième type[11]. »

– Pourquoi cet intérêt de Freud pour Vinci ?

– En parlant de Vinci, il est probable que Freud, qui avait renoncé depuis la naissance d'Anna à toute vie sexuelle avec sa femme, parlait aussi de lui. « Un homme comme moi, écrivait-il le 25 mai 1895 à Fliess, ne peut vivre sans dada, sans une passion ardente, sans tyran pour parler comme Schiller. Ce tyran, je l'ai trouvé et lui suis asservi corps et âme. Il s'appelle psychologie et j'en ai fait mon but lointain le plus attirant, celui dont je me rapproche depuis que je me suis heurté aux névroses[12]. »

Le détour par la théorie freudienne de la sublimation nous permet-il d'éclairer cet étrange absentéisme sexuel contemporain ? Sans doute le mérite de Freud est-il à nos yeux double ou triple. À partir du cas Léonard, il a proposé une réflexion qui ne peut être ignorée de ceux qui cherchent à comprendre ces phénomènes d'évitement de la sexualité. Peut-être ces explications méritent-elles d'être aujourd'hui nuancées au regard des travaux les plus actuels sur la psyché humaine. Ils ne nous dispensent pas de nous y intéresser. Mais il y a plus. En s'attachant au cas Vinci, Freud a questionné avant tout sa propre odyssée intellectuelle et, partant, son progressif renoncement à la sexualité. Parce qu'il demeure aux avant-postes de cette enquête infinie sur l'homme dans sa dimension d'acteur et d'*agi*, il n'est pas inintéressant qu'il ait porté cette attention à la question de l'asexualité et qu'il ait ainsi initié ce vaste débat auquel nous voilà aujourd'hui véritablement rendu.

Conclusion

Le désir vaut mieux qu'une petite mort

> « Tout ceci avait été un peu brusqué. Nous sentîmes notre faute. Nous reprîmes avec plus de détails ce qui nous avait échappé. Trop ardent, on est moins délicat. On court à la jouissance en confondant toutes les délices qui la précèdent. »
>
> Vivant Denon, *Point de lendemain.*

Peut-être se souvient-on du *Nouveau Désordre amoureux*, cet essai paru il y a trente ans et qui fit quelque bruit. Ses auteurs, deux hommes apparemment doués de toutes les vertus de l'amour qui se fait, s'apitoyaient à haute voix de leurs tristes performances, les leurs, celles des mâles en général : « L'éjaculation est une promesse qui ne peut pas être tenue, écrivaient-ils, l'homme a l'impression qu'il va s'envoler, éclater, mais il s'écrase, il s'affale, il s'essouffle. Il meurt sans s'être même désintégré : il a pris pour un anéantissement ce qui n'était qu'un suicide [1]. » L'homme n'est pas seulement celui qui arrive quand sa partenaire se met à peine en chemin, il est surtout celui qui bâcle, comme si sa passion à lui était d'en finir, en se persuadant ensuite qu'il y aura pour lui une vie après sa mort. Mensonge ! « L'homme ne jouit que pour en finir de jouir, sa volupté est une guillotine ; quand son désir culmine, c'est qu'il est déjà retombé. » Comment s'y prendre alors pour optimiser nos performances, pour entrer dans la sexualité de notre partenaire, pour cesser d'être celui qui se masturbe en elle ? La question était une épine dans le pied des mâles. Une de plus. Et voilà pourquoi nous boitions.

Le mérite de Pascal Bruckner et Alain Finkielkraut n'était pas tant d'avoir rappelé nos fiascos – tout homme qui a un tant soit peu ouvert les yeux durant la nuit de noces a connu une fois ou l'autre sa petitesse ontologique, sa virilité de pacotille, sa vaniteuse insuffisance –, non, il est d'avoir cherché déjà une parade, un remède, un art d'aimer qui nous amenât, nous les trop-courts, les trop-rapides, trop-pressés, trop-superficiels, à nous introduire dans la carrière. Pour commencer, parce que l'heure était grave, donc la réaction urgente et nécessairement brutale, l'homme devait renoncer à la décharge, ce coup pour rien qui, la plupart du temps, n'atteint pas sa cible parce que l'homme vise le plus souvent dans la mauvaise direction. Se contenir au lit comme on dit se bien tenir à table. « L'orgasme pénien ne serait plus alors que le supplément, le luxe inouï de nos plaisirs, non plus leur manque unique, l'impératif sévère qui les ordonne et les hiérarchise. Libérer l'amour du paroxysme, c'est d'abord l'affranchir de la contrainte d'un programme, c'est aussi le délivrer d'un nouveau critère d'exclusion. » S'affranchir de l'idée d'un programme et de celle d'un but, ce petit jouir après quoi on ferme les yeux et on s'endort.

L'essentiel, disaient-ils, était donc de demeurer dans l'« ascèse de la rétention », l'« ouverture fascinante à la sexualité de la femme », l'« inversion du trajet du sperme dans le canal comme un fleuve qui remonterait de l'embouchure vers sa source » : ambition exorbitante qui se justifiait par des « raisons de plaisir, et de passions ». Extatiques promesses. Entrer dans l'inconnu quand on entre dans l'inconnue. Le sexe nu, débarrassé des oripeaux dont on l'habille, et le voile. Mais de quelle manière ? Comment s'arracher à cette condition de déchargeur ? Théâtre des déchargeurs : tout homme y a eu un rôle, grand ou petit. Comment se retenir ? Comment faire aller le fleuve contre la pente, la pente fatale, contre la mort ? Les auteurs n'avaient pas voulu croire à ces flasques fatalités et s'étaient mis en quête d'une méthode qui permît aux mâles de se retenir, de ne pas se répandre à l'entrée du royaume, *ante portas*. L'ouvrage qu'ils publiaient offrait aux lecteurs atteints, meurtris par leurs fustigations, d'aller voir du côté notamment des manuels du sexe chinois qui, bien avant eux, s'étaient alarmés des insuffisances masculines et les avaient combattues.

« Le plaisir de l'acte sexuel réside dans l'émission de la semence », dit cette jeune Chinoise dans le *Fan Nei Ki. Sommaire des secrets de la chambre à coucher*, attribué à un certain Hsu T'ai-chan (dynastie Sui, 590-618). « Or, poursuit-elle, si l'homme se réfrène et n'éjacule pas, quel plaisir peut-il en tirer ? » La question est imparable. Réponse d'un certain P'ong-tsou qui doit en connaître un bout sur la question : « En vérité, après l'émission, le corps de l'homme est fatigué, ses oreilles bourdonnent, ses yeux sont alourdis de sommeil, sa gorge est desséchée et ses membres sont inertes. Bien qu'il ait éprouvé un bref moment de joie, ce n'est pas vraiment là une sensation de volupté. » La jeune fille s'étonne : pourrait-il en être autrement ? « Si au contraire il pratique l'acte sexuel sans éjaculer, son essence vitale sera fortifiée, son corps sera tout aise, son ouïe sera fine et sa vue perçante ; même si l'homme a réprimé sa passion, son amour pour la femme augmentera. C'est comme s'il ne pouvait jamais la posséder à suffisance. Comment peut-on dire que ceci n'est pas voluptueux[2] ? » Et les précieuses recommandations sont assorties de recettes.

Pour ceux qui cherche ce qui sépare l'Occident de l'Orient, sans doute cette approche de l'énergie libidinale offre-t-elle comme un os à ronger. D'un côté, l'apologie du foutre, donc celle de la dépense, de l'éparpillement, comme ces poissons qui jettent dans la mer leurs spermatozoïdes en faisant des signes de croix. Peut-être du gaspillage qui est *notre* religion. De l'autre, une intuition fondamentale, qu'on retrouvera chez les Chinois taoïstes aussi bien que chez les Indiens tantriques, mais alors différemment formulée, qui permet d'articuler le sexuel avec le médical et ceux-ci avec le spirituel, selon laquelle *le sperme est précieux*. On ne saurait donc le dépenser en vain, ni sans tenir compte de l'âge du capitaine. Intuition dont découle l'idée que chacun des partenaires jouissant au plus loin qu'il peut jouir est en quelque sorte le thérapeute, mieux, l'éveilleur, mieux encore, le rédempteur, de l'autre.

« S'en priver pour en redécouvrir le goût »

Il collectionne les objets d'art. Il sature son espace de ces pièces plus ou moins rares, mais toujours adorées, parce qu'elles le renvoient toujours au désir originel, celui d'avoir voulu un jour les posséder. C'est un musée élevé à ce désir insatiable qui, lui, l'a quitté, par vagues, par intuition essentielle que renoncer en amour, à l'amour qu'il avait de Pierre, était le meilleur moyen pour le garder. Un musée du désir dont le gardien ne fait jamais l'amour.

Ils se sont connus et aimés pendant dix ans, puis Pierre est allé voir ailleurs. L'histoire était belle et aurait pu s'arrêter là. Mais Pierre est revenu et notre collectionneur ne l'a pas repoussé. D'une manière inconvenante, le départ de Pierre l'avait jeté dans une détresse sans nom. Comme si la vie le désertait. C'était moins l'infidélité de Pierre qui le blessait que ce mouvement de partir, de refluer, de *l'abandonner*. Il a compris durant cet épisode qu'il ne supporterait plus qu'on le laisse, et pour pallier cette peur affreuse, cette peur panique de l'abandon, il a su instinctivement la nécessité de mettre l'autre en demande, d'exacerber chez lui la possessivité. Comme l'amant revenait, avec son désir, qu'il faisait son mea culpa, qu'il parlait de reprendre la vie commune, de bâtir, de faire couple, notre collectionneur a proposé son marché. Un coup de poker.

Pierre le désirait. Bien. Il était bon, agréable, flatteur, nécessaire que Pierre le désire, et lui d'ailleurs exalterait le désir de Pierre, de mille manières. Ce miracle du désir. Et comment ? En ne se donnant jamais à lui. Le marché n'était pas de dupes dans la mesure où, exigeant de Pierre ce sacrifice terrible et l'incitant à ne pas aller voir ailleurs, il s'engageait à en faire de même. Pourquoi ? « Parcc que la sexualité est un épuisement vers la solitude. » Un appauvrissement programmé. Le lieu d'un leurre partagé. « Un couple est censé se réconcilier sur l'oreiller. Mais l'oreiller ne résout jamais rien. »

Pierre avait-il accepté cette épreuve ? Comme un jeu, oui, d'abord, certain que son amant chaste finirait par céder. Les règles ne sont-elles pas toujours grosses d'exceptions ? Il l'attendait au tournant, comme un félin appliqué guettant sa proie. Rien que le désir n'entame, se disait-il, et il redoublait ses assauts, notamment les fois où, en voyage, ils devaient faire lit commun. Le fléchissement de notre collectionneur, qui n'est pas homme de marbre, se traduisit par la décision prise de convoler, mais une seule fois par an, le jour de l'anniversaire de Pierre. Une seule prise. La clémence pouvait sembler plus cruelle encore, car de goûter à ce fruit, le désir des amants pouvait se trouver singulièrement ravivé. En même temps cette nuit unique offrait une ligne à l'horizon, un repère. Le jeu en valait la chandelle. D'ailleurs d'autres pratiques, particulièrement élaborées, recommandent aussi de limiter la relation à un seul rapport annuel. Parfois moins. Il est connu par exemple que le rituel tantrique appelé *maïthuna* ou *yoni-puja* (culte du vagin) est d'une élaboration si complexe et si minutieuse qu'il ne permet parfois qu'un seul rapport durant... toute la vie[3] ! Pierre ne pouvait-il s'estimer heureux ?

Pour ce collectionneur anxieux, toujours terrifié à l'idée d'être abandonné, la chasteté avait représenté un lieu d'observation incomparable. Depuis son adolescence, l'homosexualité avait été une évidence. En même temps, ce qu'il appelait, lui, homosexualité n'avait que très peu à voir avec les backrooms, le rendement, les vantardises odieuses, toutes ces imprudences mortelles. Homosexualité n'avait jamais signifié dans son esprit ni dans son corps pornographie. Ce « sexe réifié » que nos sociétés sanctifient. Tout ce déballage l'insupportait. De cette sollicitation obscène on pouvait se défaire, et d'autant plus si on tenait là le moyen d'un lien puissant avec l'amant dont on voulait magnifier, sans jamais le satisfaire, le désir. Le sexe empêché créait d'ailleurs, à la longue, un « pli ». La fonction créant l'organe, l'inactivité le décréait et le pli se creusait. Dans cette mesure, la chasteté n'avait jamais été une bien grande souffrance, bien au contraire. Peut-être pour Pierre. Mais le temps a raison de tout. Au moins avait-il tenu Pierre ainsi, l'avait-il gardé. Peut-être la chasteté avait-elle été aussi pour lui un rempart contre quelque chose qui lui répugnait. Elle l'avait maintenu au-dessus de l'eau. Il y avait gagné une certaine forme d'honnêteté. Peut-être tenait-il là une possible définition de la chasteté. Il me la proposa : « Une forme d'honnêteté liée à l'expérience de la sexualité et qu'on sent ne pas pouvoir être respectée. »

Puis Pierre était mort à soixante ans d'un arrêt cardiaque, en nageant derrière le petit bateau où notre collectionneur se tenait. Le jeu avait pris fin de cette manière. Les objets avaient envahi progressivement l'appartement, le niveau des eaux était monté. Comme si d'avoir contenu si puissamment le désir d'un côté, il avait fallu accepter de l'autre ce débordement. Il vivait aujourd'hui au milieu de son musée avec un jeune homme de dix-neuf ans. Le partage s'était fait entre eux de manière très naturelle. Lui, avec son grand âge, sa vie sociale, sa carrière, son musée imaginaire, incarnait une sorte de pouvoir qui confinait peut-être à la sagesse ; le jeune homme, lui, avait pris le pouvoir au lit.

Une jouissance « autre »

Il est de tradition de faire remonter une conception « égalitaire » de l'amour à cette mystique courtoise née en Provence au XIe siècle, à une époque où, rappelle Emmanuel-Juste Duits[4], les croisades avaient mis les élites chrétiennes au contact d'une civilisation musulmane qui, par bien des côtés, sur le plan de la science ou de la métaphysique, n'avait rien à leur envier. On peut estimer de bien des manières aujourd'hui que l'érotique des troubadours (si bien rapportée par René Nelli[5]) emprunte sa conception idéalisée de la femme – que le *domnei* (l'amant courtois) poursuit de ses chastes assauts – à certains courants mystiques soufis qui exaltèrent l'union de l'âme avec le divin dans les termes les plus charnels. Et lorsqu'on sait que cette mystique était pour une part redevable aux lectures que les philosophes arabo-musulmans avaient faites des grands textes platoniciens, on comprend que ce que nous désignons ici comme la source d'une certaine idée de l'amour que l'Occident aurait faite sienne s'apparenterait plutôt au delta qui est l'autre extrémité du fleuve. Le delta qui symbolise aussi le sexe de la femme. Manière de dire que la source en cache toujours une autre. Mais ne nous engageons pas trop loin.

Inaccessible origine d'où procéderaient bien des contresens, des a priori, comme certains se sont employés à le souligner. Bien que ces obscurités dépassent nos forces d'investigation, tentons d'y voir un peu plus clair. D'abord, cette conception glanée par les croisés sur les pourtours de la Méditerranée orientale, conception tout à fait singulière du rapport du *domnei*, le prétendant, toujours célibataire, et de la dame mariée à un seigneur, rapport de vassalité inversé, si l'on veut, puisqu'il est au bénéfice du féminin, heurtait de plein fouet les mentalités d'une époque profondément misogyne pour qui la relation inégalitaire de l'homme et de la femme (au bénéfice évidemment du premier) s'inscrivait dans le cadre des liens indéfectibles du mariage. L'amour courtois en était d'une évidente façon le plus haut péril. On s'étonne que l'Église ait même feint de le tolérer, de laisser faire, comme si elle avait parié que les jeux de l'amant courtois et de sa dame, inaboutis par définition, *amour de l'amour* dont la chasteté était la seule expression possible, finiraient par mourir de leur propre infertilité. La courtoisie avec eux.

Mais non, dit Michel Cazenave qui a enquêté dans la région de ces sources emmêlées et que nous avons questionné. L'Église ferme les yeux sur l'amour courtois d'abord parce qu'il fait rempart à une tradition d'origine celte plus dangereuse encore pour la société médiévale acquise aux idéaux de l'Église chrétienne, tradition de l'amour passion, dont *Tristan et Iseult,* les amants de Cornouailles et d'Irlande, est la plus indiscutable incarnation dans notre littérature. « On a tendance à voir Tristan et Iseult comme des personnages de vitrail, dit Cazenave. Pourtant, dans la version de Béroul, la plus ancienne [écrite entre 1150 et 1190], dès que le roi Marc les laisse seuls, libres de s'aimer, Tristan se précipite dans le lit d'Iseult et on imagine assez bien pour quoi faire. Il y a une obsession chez eux de se dire l'amour en le faisant. On est loin ici des parades d'approche courtoises codifiées par André le Chapelain au XIIe siècle[6]. En même temps, chaque fois que l'un des amants se trouve en danger, Dieu intervient pour le sauver. Quel est ce Dieu qui, au nom de l'amour, est toujours prêt à pardonner ? Ce n'est pas le Dieu de l'institution. L'Église pouvait s'interroger... »

Dans l'œuvre abondante de Michel Cazenave, six essais sont consacrés à ausculter au plus près la signification du mythe d'expression celte et la manière dont l'Occident chrétien ne pouvait que le repousser. « Cette histoire, en effet, dans la folie qui l'emporte, les tabous qu'elle transgresse, le statut de l'amour qu'elle fait surgir au sein d'un univers réglé, charrie avec elle un tel appel subversif de toutes les valeurs – sociales, certes, mais aussi morales, éthiques, religieuses, métaphysiques, et pour finir ontologiques, du monde qui nous régit depuis plus d'un millénaire – qu'à peine vient-elle au jour dans la seconde moitié du XIIe siècle roman, qu'on tente de la combattre, de la normaliser, de l'oublier enfin[7]. » L'Occident avait choisi de séparer le spirituel du sexuel. L'amour passion de Tristan pour Iseult ne pouvait trouver grâce dans une culture qui avait essayé de toutes ses forces de circonscrire *éros* au domaine de l'amour institutionnalisé, le mariage, et de le justifier par la nécessité de la procréation. Qu'aurions-nous manqué alors ? Que symbolise le couple Tristan-Iseult dont, par notre faute, nous n'aurions rien su ?

– Il existe dans l'expérience sexuelle, répond Michel Cazenave, une dissymétrie structurelle entre l'homme et la femme, je parle de la femme qui a pris conscience de cette capacité infinie qu'il y a en elle. L'homme ne peut la surmonter qu'en exaltant la part de féminité qu'il y a en lui, qui sera, pour lui aussi, sans doute à un degré moindre, son mode d'accès à l'infini.

– Que veut dire pour un homme découvrir sa part de féminité ?

– Admettre sa bisexualité psychique et, partant de là, assumer ce qui en soi n'est pas en recherche de pouvoir, pas même en recherche de la suprématie du *logos*, ou de la loi, mais ce qui est de l'ordre de l'*éros*. On est d'autant plus homme qu'on assume cette part de féminité. Lorsqu'on entre dans la dimension féminine de son être masculin, on passe du discours qui est « Moi, toutes les femmes, je les fais jouir », sans savoir jamais si c'est vrai, sans même se poser la question, à une vraie préoccupation de la jouissance de l'autre. Dans cette recherche de la jouissance « autre », comme Lacan la qualifiait, pour la distinguer de la jouissance phallique, la jouissance de l'homme ne peut advenir qu'après celle de la femme. L'« autre » jouissance est celle où l'homme ne jouit pas seulement par son sexe, mais par tout son corps « ouvert ».

– Que peut vouloir dire un corps « ouvert » pour un homme ?

– Nous considérons notre peau comme une frontière, n'est-ce pas. Non seulement on peut faire, à l'intérieur de cette enveloppe de peau, l'expérience d'une « autre » jouissance, mais on peut devenir sensible encore à ce qui déborde ce corps et semble tout d'un coup le prolonger. Tout simplement accéder à une dimension autre que la pure existence objective.

– L'« ouverture », c'est donc la manière dont notre corps, dans sa recherche de jouissance, s'ouvre à une dimension qui l'excède ?

– Je ne crois pas que nous soyons limités à notre corps physique. Je pense qu'il existe un corps que nous pourrions appeler « imaginal », expression qu'Henry Corbin emprunte aux philosophes chiites, où le corporel et le spirituel sont unifiés, ce que d'autres traditions nomment le « corps subtil » ou le « corps d'énergie ». Se contenter de ce corps physique, ne jamais aller au-delà de cette frontière de peau, c'est manquer l'essence même de notre vie incarnée. La jouissance « autre », celle de Tristan et Iseult, celle de Thérèse en extase peut-être, celle qui nous fait accéder au Tout-Autre, au divin, déborde de toute part le cadre d'une expérience purement physique de l'amour. Pour Jung, il existait deux daïmons, deux formes intermédiaires entre l'humain et le divin : la spiritualité et la sexualité. Ainsi pouvons-nous percevoir dans l'union charnelle une manière d'étagement. Au plus loin, au plus inconnaissable de l'expérience humaine, ce dont on ne peut rien dire, le divin ; plus près de nous, sa manifestation en couple d'opposés, le féminin intriqué dans le masculin, et l'élan de la créature, cette libido ou énergie sexuelle qui nous ouvre à cette extraordinaire exploration.

L'amour de l'amour

Revenons un peu en arrière. De ces introspections vers cet amont qui jamais ne se laisse atteindre (en ce sens, toute recherche est courtoise), il ressort que trois visions de la femme ou du féminin se sont affrontées au Moyen Âge, dont l'idée que nous nous faisons d'aimer doit peu ou prou procéder. D'abord, au bas de cet étagement, une femme à ses fourneaux, ses marmots, ses tricots, qu'on prend au mieux pour se soulager et qu'on délaisse le plus souvent. Ensuite, une femme idéalisée, qui attire peut-être tout autant qu'elle effraie, comme l'infini décourage ce qu'il y a de mesquin, d'impuissant et de mortel en chacun de nous. Une femme vers laquelle on tend comme la flèche de Zénon tend vers sa cible sans jamais l'atteindre. Or le *domnei*, l'amant courtois, est une flèche immobile. Un ascète du désir qui aime plus l'élan que ce à quoi l'élan vous donne accès et que Tristan et Iseult savaient. Un secret. Une divine ouverture. Cette vision de l'amour en couple d'opposés, dont parlait Cazenave, et à laquelle toutes les traditions ont souscrit.

Revenons sur ce rituel patiemment codifié par ce clerc du nom d'André le Chapelain (le *capellanus* désignerait, au XIIe siècle, le scribe de la Chancellerie royale, autrement dit le notaire). Dans cette théorie provençale de l'amour, comme l'écrit Jacques Sédat dans une étude qu'il a consacrée à l'amour courtois[8], « tout semble organisé à travers les actes, les gestes et les paroles et une gradation savamment dosée pour accéder à la jouissance : le *joi* », à la condition de rappeler que l'« accès » dont on parle ici est quête d'une ouverture et jamais d'un but. En ce sens, « l'érotique provençale représente un phénomène unique dans l'histoire de l'humanité, puisque pendant plus d'un siècle quatre cent neuf troubadours (c'est le chiffre proposé par les historiens) n'ont pas seulement adopté une thématique littéraire commune mais ont proposé un nouveau style amoureux qu'ils ont eux-mêmes vécu dans la condition spéciale de célibataire amoureux d'une femme mariée ». Voilà qui, en effet, n'est pas banal dans une société qui ne jurait que par le mariage et qui s'évertuait à en protéger l'institution.

Le doux lien unissant le troubadour à sa dame est celui

qui, dans la société féodale, associe le vassal à son seigneur avec tous les devoirs attenants et que symbolise le don que la dame fera au *domnei* d'un anneau. L'anneau témoigne d'un engagement qui engage le vassal plus que la suzeraine. L'amant est à l'épreuve : il ne peut s'avancer vers la dame que s'il respecte une certaine *mesure*, signe de ce qu'il sait tenir en laisse ses passions. À ce stade d'une relation qui exacerbe, à chaque stade de sa réalisation, la passion du *manque*, la dame fait une concession. Elle accepte de se mettre nue, de se donner à voir : « L'ascèse porte ici sur la purification du regard[9] », laquelle n'est pas sans rappeler la leçon que Diotima donne à Socrate dans *Le Banquet* de Platon, preuve s'il en est qu'il y a dans cette affaire un curieux mariage de sources, un héritage en chaîne, sans qu'on sache très bien où cette chaîne, pour finir, pourrait bien s'accrocher.

Cette exaspération du désir est féconde selon l'esprit. Le *domnei*, possédé par la dame plus qu'il ne la possédera jamais, est fécond d'une autre manière. Il s'accomplit dans des œuvres poétiques qu'il destine à l'objet de toutes ses pensées, poésies qu'il chante pour affermir son cœur et rendre compte de ses avancements sur la voie. D'être testé toujours, mis en doute, à l'épreuve, le désir se libère progressivement de son objet, il s'arc-boute moins à cette échéance qui l'inspire et le gonfle qu'à ce qui l'instruit, une *gnose* à travers laquelle l'âme s'absorbe dans l'infinitude d'aimer, ce que la littérature provençale désigne comme le *fin'amors* (l'amour pur). À ce stade des preuves échangées, la dame convie l'amant à une nuit où le supplice va atteindre son acmé et l'amour donner son ultime gage (rituel de l'*asag*). Allongés l'un contre l'autre – Sédat dit « vêtus », Duits dit « nus » –, une épée posée entre leurs corps, les amants vont vivre le *joi* pur, qui est d'entrer, selon d'autres voies que les voies de l'*éros,* dans une résolution ultime, mystique, des contraires.

De ces rites d'un autre temps, René Nelli tirait quelques enseignements. L'amour courtois avait « transféré les valeurs de l'homosexualité – ou de l'amitié antique idéalisée –, celles, si l'on veut, du platonisme "masculin", à l'amour intersexuel ». Il avait donc libéré l'homme « de sa misogynie instinctive et du complexe "maternel" qui l'avait poussé si longtemps, par une sorte de défense, à "s'approprier" l'objet désiré au lieu d'entrer en familiarité avec lui ». C'était déjà beaucoup, mais ce n'était pas tout. L'amour courtois avait aussi, avec l'amour intersexuel « pur », « créé un sentiment distinct de toutes les autres formes d'altruisme [...], c'est-à-dire purifié de ses éléments étrangers – et capable d'inclure le fait charnel dans un état d'exaltation "cordiale" qui fût à la fois sa condition naturelle et sa fin ». Enfin, s'il organisait méthodiquement le *manque*, c'était pour mieux insister sur ce qui, dans l'état d'exaltation, ou de *joi,* atteignait « à cette valeur qui n'est au fond que l'exubérance du Beau et du Bien[10] », preuve que l'amour n'était ici castré de rien de ce qui lui permet de se bander avant de nous décocher dans l'innommable.

Stages « tantriques »

La vocation d'aimer n'est-elle pas toujours en germe dans les plis de l'enfance ? Un homme va au contact des femmes, il se frotte à elles comme si ce frottement produisait une « électricité » de connaissance qui lui permettait, à travers tous ses rapports avec elles, d'expérimenter quelque chose de *la* relation. Peut-être ce dont parlait Cazenave. Cet homme les approche, les écoute, essaie de les entendre, leur fait l'amour comme si l'acte portait la promesse d'une ouverture vers l'au-delà de ce qui sépare une femme d'un homme, toujours. On dirait qu'il cherche dans la rencontre à recontacter dans l'autre-femme la part manquante de lui-même.

Il a toujours cherché dans sa vie des partenaires pour ce grand jeu. Il croit avoir trouvé la première à onze ans. Il l'a reconnue la première fois chez son grand-père, durant les vacances. C'était une jeune métisse franco-vietnamienne dont il est tombé éperdument amoureux. Elle avait deux ans de plus que lui et ils ont fait l'amour. La précocité de l'expérience auréole ces amours enfantines d'une lumière particulière dans sa mémoire. Il se souvient avoir batifolé avec elle sans but car, bien qu'il ait été maintes fois turgescent, il n'a pas songé une seule fois à la pénétrer. C'était sa première expérience de « tantra », dit-il. En elle s'origine le courant puissant qui l'a poussé à s'unir à travers chaque femme à une femme qui toujours lui manquait.

Peut-être tout avait-il déjà été dit avec ces premières noces, mais la vie s'ouvrait maintenant davantage. À quatorze ans, une femme qu'il appelle la « transparente » entre sur scène et le bouleverse comme elle bouleverse tous ceux qui croisent son chemin. Mais c'est avec lui qu'elle fait l'amour, c'est lui qu'elle retourne dans sa chair, met au supplice déjà d'étreindre et de perdre, c'est lui qu'elle rabroue et qu'elle élève, et c'est elle qui, pour finir, parce que l'histoire finit prématurément (la jeune fille meurt d'un cancer à vingt ans) et se poursuit sur un autre registre, devient l'image de ce qu'il cherche et cherchera toujours à travers le continent noir et or du féminin. C'est une brûlure dont les années consacrées aux recherches ou errements « spirituels », stages, séjours dans des ashrams, des monastères, puis à un long périple en Afrique où il découvre les femmes noires affreusement meurtries dans leur chair, ne le guérissent pas. Après cela il faut marcher avec des fantômes qui ressemblent étrangement aux femmes qu'on étreint. Des fantômes qui vous relancent sans cesse. Voilà des conditions idéales pour sacraliser et dérégler l'amour durablement.

Ce sont ces promesses et sans doute ce dépit amoureux qui le conduisent vers le tantra. Il y a là l'espace d'un réapprentissage de l'union longtemps contrariée, cette peur de s'abandonner qui vient de ce qu'on se sent chaque fois infidèle aux déesses qui se sont retirées. Il évoque ces stages avec délice et humour. Les motivations de ceux qui se retrouvent sur cette scène dressée en Inde depuis quelques millénaires déjà, depuis quelques décennies en Occident, sont contrastées. Ils les disent le premier jour devant tout le groupe réuni. Pour lui, c'était l'idée coquine de convertir au dernier moment – et pour faire une surprise à sa copine – un week-end dans le Beaujolais en stage de tantra. Celle-là vient avec son compagnon pour « reconstruire » et, le disant, elle pleure. Cet autre prétend ne plus avoir grand-chose à apprendre sur la question et venir par simple curiosité. Il se révélera dans la pratique un parfait bonimenteur.

L'expérimentation est graduelle, étalée sur deux jours et demi. Les sens sont si puissamment sollicités par rapport à ce que chacun vit dans son quotidien (les sessions se déroulent en trois temps, 9 heures-13 heures / 15 heures-

19 heures / après le dîner jusqu'à minuit) que personne ne songe vraiment à en rajouter, c'est-à-dire à expérimenter, la nuit venue, ce qu'il a appris de nouveau dans la journée. Les exceptions existent, comme en toute chose, mais la nouveauté, c'est bien ce théâtre du grand *joi,* au sens courtois du terme, car ici on reste habillé et on ne cherche pas à entrer dans le corps de l'autre. Peut-être y tend-on, mais à la manière des flèches immobiles. On sculpte ensemble une sorte de statue du désir. On mobilise toute l'énergie libidinale en cet amont à partir de quoi la conception du plaisir s'océanise. Il s'agit d'ouvrir chez l'homme cette capacité à « chevaucher le tigre », expression qu'on trouve en Orient pour désigner la maîtrise de l'instinct sexuel porté à son paroxysme parce que toujours inassouvi [11]. Sans doute les tigres sont-ils ici des tigrons, voire des chats domestiques, mais le principe est le même.

Chevaucher le tigre ou le tigron, mais d'abord le réveiller. Comment ? D'abord à travers un réapprentissage de la sensation, lequel confine à une manière de dévoilement de l'autre, ce partenaire de nos jeux qu'on a pris l'habitude de ne pas voir. La posture de base est celle dans laquelle on retrouve le plus souvent le dieu Shiva, assis en position du lotus sur le sol, sa déesse ou complétude féminine posée sur ce triangle que dessinent les jambes une fois repliées. Les partenaires ici sont donc habillés, mais il n'empêche. L'inconnue qui vient prendre assise sur vous, au lieu où votre membre veut instinctivement entonner son chant viril, ou bien l'inconnu sur lequel vous avez choisi de vous installer, jambes écartées, vient doucement vous secouer. C'est l'« électricité » de connaissance que notre ami avait expérimentée si précocement. Tentatives d'accordement. Harmoniser les respirations, les effluves intimes (assise sur l'homme, la femme le dépasse d'une tête, sa gorge venant contre son visage), peut-être les pensées.

Autre pratique : elle est allongée sur le dos et lui accroupi à côté d'elle. Au signal, il doit commencer à la toucher, mais en devinant par où elle veut commencer à l'être. Quand l'homme porte trop directement la main au but (quoiqu'il n'y en ait pas), il recommence (sauf si c'était là qu'elle voulait qu'il vienne). Ce sont jeux qui font transpirer. On a d'ailleurs sa petite serviette avec soi. Il existe une infinité de modulations possibles sur ce simple canevas brodé à partir de « Cherche-moi là où je suis et pas là où je ne suis pas », avec cette petite nuance tout de même que le stage va préciser : « Rien de ce que le désir peut étreindre ne m'est en essence étranger. » À vous de jouer. Les participants sortent de là un peu dénoués, moins puérils tout d'un coup devant ce à quoi la sexualité semble vouloir les initier.

Les concepteurs de ces stages parient sur un retour de ce que le *domnei* et sa dame ont expérimenté, seulement en partie, au Moyen Âge, et que Tristan et Iseult auraient réalisé dans un lit. Répondant à la question de savoir pourquoi le tantra intéresse tant les Occidentaux, Sudheer Roche, l'un de ceux chez qui se rend notre ami, répond : « Freud, Jung et Reich ont préparé le terrain pour un renouveau du tantra en Occident. L'approche de la psychologie et celle du tantra ont ce point en commun : elles sont pragmatiques. Il n'y a pas de vision morale, il y a simplement la rencontre de ce que nous sommes. Les religions ont fait l'inverse : elles nous ont séparés de notre réalité en nous proposant un idéal de perfection impossible à atteindre ; elles ont implanté en nous la culpabilité. Avec la psychanalyse et les diverses formes de psychothérapie inspirées d'elle, l'homme retrouve son humanité ; il valorise ce qu'il est ; il se réapproprie ses désirs et sa sexualité[12]. » Qu'est-ce que le tantra, alors, dans sa version délocalisée, réimplanté sur nos terres ensommeillées ? Un aimable loisir ? Une incartade luxurieuse et sans véritables enjeux ? « Le tantra, ce n'est pas adhérer à des croyances ou à des dogmes, explique Roche ; ce n'est pas répéter des rituels extérieurs à soi. Ce n'est pas non plus appliquer des techniques pour atteindre des états extraordinaires. Le but n'est pas de contrôler l'énergie mais de s'y abandonner, d'entrer dans un état de “non-faire”, sans effort, de se laisser guider par l'énergie. Le grand maître tantrique bouddhiste, Tilopa, ne donne aucune technique ; voici ce qu'il enseigne : soyez détendus et naturels, soyez comme un bambou creux, quand le bambou est vide le divin peut jouer sa musique. »

Tout éjaculateur est précoce

Par le seul nombre des éditions, *L'Onanisme* du médecin Tissot tout comme l'*Émile* de Rousseau, où les thèmes de la création du moi et de la masturbation occupent une place importante, figurent en bonne place parmi les best-sellers du XVIIIe siècle (de 1762 à la fin du siècle, le roman de Rousseau se serait diffusé à trois cent mille exemplaires), nous dit Thomas Laqueur, historien à l'Université de Berkeley et auteur d'une magistrale histoire de la masturbation en Occident[13]. Et la question vient immédiatement : « Pourquoi l'un des médecins les plus lus et les plus influents des Lumières ainsi que l'un des philosophes les plus grands et les plus originaux avaient fait cause commune contre un vice surgi d'une obscurité quasi totale à peine cinquante ans plus tôt ? » Car la masturbation en tant que vice est une construction commencée avec la parution d'*Onania* (entre 1708 et 1716), son auteur, anonyme, abordant la question comme s'il s'agissait d'une véritable maladie et prescrivant un traitement. Mal si répandu au demeurant qu'on finit par se douter que l'auteur de l'ouvrage n'avait cherché peut-être qu'à s'enrichir. Ce qu'il fit.

L'unanimité de la riposte que ces quelques publications avaient allumée, émanant d'esprits qui voulaient parler au nom de la science et peut-être davantage du bon sens, s'adossait en réalité à une longue tradition qui, depuis l'Antiquité, condamnait cette façon de laisser « la semence se perdre à terre » (Genèse 38, 8-10). J'ai évoqué quelquefois cette coupable dépense et je crois le moment venu d'y revenir. Que disait la Bible qui pût mettre non seulement les rabbins en émoi mais déjà ces médecins qui, depuis Hippocrate jusqu'à Tissot, s'inquiétaient de savoir de quoi le sperme était l'empreinte et de quelle région du corps il était issu ?

Juda avait trois fils, Er, Onan et Shéla. Lorsque l'aîné est en âge de se marier, Juda lui trouve une épouse, Tamar, afin qu'elle lui donne une descendance. Or Dieu frappe le premier des fils de Juda, pour une raison que le texte ne dit pas, et Tamar est veuve avant d'avoir pu concevoir. Juda appelle alors Onan à la rescousse, en vertu de la loi du lévirat qui dit que, non seulement il doit épouser la veuve de son frère, mais il doit aussi élever les enfants à venir de cette union « au nom de son frère ». Mais Onan refuse de donner à Tamar une descendance qui ne sera pas la sienne, et pour ce, « quand il allait vers la femme de son frère, il laissait la semence se perdre à terre » (Genèse 38, 9). Ces manières déplurent à Dieu, qui le fit mourir. Pour les rabbins qui glosèrent sur ces lignes, l'auto-excitation et la dispersion de la semence hors du creuset de la fécondité s'apparentaient à une forme d'idolâtrie et étaient pour cette raison fortement condamnées. Pour la tradition mystique juive médiévale, « en émettant vainement son sperme, Onan n'empêchait pas simplement l'âme de son frère en transmigration de s'incarner, mais faisait avorter le processus procréateur tout entier, qui est lui-même une petite version du projet divin[14] ». Onan, stérile, engendra pourtant l'*onanisme*, dont les uns firent un crime, les autres une maladie. Et voilà ce qu'il en coûte de se répandre en vain dans la terre.

« À la racine de mainte attitude classique tardive envers le corps masculin, écrit Peter Brown, on retrouve donc un puissant "fantasme de perte du souffle vital". C'est là l'une des multiples notions qui donnent à la continence masculine un solide point d'appui dans la sagesse populaire du monde où l'on va bientôt prêcher le célibat chrétien. L'homme le plus viril est celui qui a conservé un maximum de souffle vital : autrement dit, celui qui perd peu ou point de semence[15]. » Les sagesses ont justifié de mille façons la nécessité, non seulement de ne pas se répandre, de ne pas gaspiller le précieux élixir de vie – c'est-à-dire de ne pas « s'astiquer », comme le dit Alex Portnoy dans le roman de Philip Roth[16] –, mais encore, une fois engagé dans la matrice, de se garder de toute émission dans la mesure du possible, un possible à propos duquel elles font de la surenchère.

Parce que le désir est lié au monde et que le monde est un jeu dont nous ne sortons ni vainqueur ni vivant, il y a lieu de le tenir en mille brides, de le dompter sous peine qu'il ne nous réduise en esclavage. Dans la conception stoïcienne aussi bien que dans le bouddhisme ancien, le soi est perçu par exemple comme « assiégé par le monde extérieur ». Le désir, parce qu'il nous pousse au monde et au crime, est ainsi purement négatif. Arracher le désir jusqu'à ses racines, c'est annuler le monde phénoménal, écrit Bernard Faure, c'est empêcher qu'il ne crée des « imprégnations de conscience », des « germes qui tôt ou tard se développeront, entraînant la constitution de nouvelles séries physiques ou mentales qui visent à perpétuer ou à reproduire l'individu »[17].

Mais même lorsque la sexualité est valorisée comme voie d'expérience, comme c'est le cas dans le tantrisme indien dit « de la main gauche », où les partenaires ne réfrènent par leur propre désir mais tentent de réorienter l'énergie libidinale à travers des exercices sexuels censés réactualiser l'union hiérogamique du dieu Shiva et de la déesse Shakti, le sperme ne saurait non plus être perdu en vain. « Par un processus d'entraînement psychosomatique (*sadhana*), le tantrika [l'adepte du tantra] harmonise son corps et son esprit pour atteindre graduellement les plus hauts niveaux de réalisation, jusqu'à identification complète à la déité originelle bisexuée[18]. » Le rituel sexuel (le *maïthuna*), effectué sous la conduite du guru, inclut méditation, postures yogiques, récitation de mantras, invocation de déités, et exclut toute émission de sperme durant l'acte. Si le tantrika est incontinent, il s'enduira le front du sperme émis, dans la région du « troisième œil », afin d'en réabsorber les pouvoirs. « Le moment de l'orgasme est, en théorie, transformé en une onde prolongée d'extase sans aucune éjaculation. La femme, de son côté, peut faire l'expérience d'un orgasme classique et y est même encouragée pour libérer le *rajas,* la sécrétion vaginale produite par l'excitation sexuelle [19]. »

Les Chinois, plus pragmatiques, considéraient la question du *coïtus reservatus* avant tout du point de vue de la santé et, partant, de la longévité, voire de l'immortalité. Le but de l'acte était d'opérer la conception, mais il était avant tout un moyen de réveiller la nature yin dormante de la femme et de renforcer la vitalité de l'homme en lui permettant d'absorber l'essence yin de sa partenaire une fois stimulée. Pour que l'homme obtienne un descendant mâle en bonne santé, son essence yang devait se trouver à son plus haut niveau au moment où il s'accouplait. Or, pour porter son essence yang à son acmé, il lui fallait avoir des rapports fréquents avec des partenaires différentes, mais sans jamais émettre de semence, « augmentant ainsi son yang grâce à leur yin [20] ». La continence n'étant pas assurée, les manuels dits de la « Chambre à coucher » livraient de précieux conseils pour surmonter les défaillances et vaincre en guerrier de l'amour. Par la discipline mentale ou par des moyens physiques (en comprimant le conduit séminal avec les doigts), l'adepte pouvait parvenir à tenir durablement sa « tige de jade » dans un espace qui s'étendait entre les « Cordes du Luth » et la « Caverne en forme de Grain ». Son essence yang, activée par sa rencontre du yin de la femme, refluait alors en amont le long de la colonne vertébrale jusqu'à son cerveau qu'elle fortifiait. « Si l'on songe que ces théories ont à travers les siècles formé le principe fondamental des rapports sexuels en Chine, écrit le sinologue Robert Van Gulik, il est curieux de constater que pendant plus de deux mille ans, on a dû largement pratiquer le *coïtus reservatus* sans dégâts visibles pour la progéniture et pour le niveau de santé de la race[21]. » Sauf à considérer que les anciens Chinois se sont un peu vantés et qu'ils se sont abandonnés plus souvent qu'ils n'ont bien voulu l'avouer. Comment, sinon, comprendre cet éloge vibrant rendu à la rétention en regard de ce un milliard trois cents millions d'enfants qui peuplent aujourd'hui l'Empire du Milieu ?

Dans cette histoire du jouir et du grand jouir, deux conceptions se partagent le monde. Les gaspilleurs d'un côté qui, peut-être parce qu'ils ne peuvent durer, peut-être parce qu'ils manquent de vigueur, d'éternité, multiplient les prises, les angles, les ébauches de quelque chose qu'ils ratent sans cesse et qui finit, à la longue, par les décevoir. C'est la planète « Je sème à tous vents ». Peut-être ces étranges façons auront-elles découragé certains. Peut-être cette sexualité qui veut tout saisir et ne saisit rien, que la mort cerne de tous côtés, a-t-elle fait, et plus qu'on ne l'imagine, des aigris, des déçus, des asexuels. L'Occident a célébré à travers ces étreintes sans véritable rencontre la dépense et l'excès. Il a cru y reconnaître sa marque de fabrique, et c'est ce gaspillage qu'il montre et sanctifie qui tient lieu de *transport.* Manque de chance : ils sont de plus en plus nombreux à ne pas vouloir embarquer. Le sport sexuel ne nous dit plus rien, les médailles, les chronos, le journal télévisé. Le sexe spectacle achèvera sa carrière brillante devant des salles vides. C'est une prophétie sans grand risque. Nous avons autre chose à faire qu'à regarder des pantins de chair se trémousser. Cette chair est triste, en effet.

Les précoces d'un côté, les pressés, qui donnent l'impression de bâcler. Mais de l'autre ? Peut-être alors cet immense mouvement de reflux que ces excès, ces mensonges ont justifié. Le versant sexuel de l'altermondialisme. Une forme de refus qui se répand devant la réification ignoble des corps qui s'aiment. Une désertion dont on ne peut mesurer encore l'ampleur, précisément parce que le dessein de ceux qu'elle concerne n'est pas de la clamer. Une retenue immense qui implique que des milliers de corps dans ce monde, peut-être des millions, cessent de se frotter les uns contre les autres, de produire du sperme, des sécrétions, des afflux de salive, des petits cris feints ou non, là n'est plus le problème. Une rétention de tout ce qui est gaspillé ici en vains efforts toujours recommencés, une économie libidinale dont le désir va tirer peut-être un nouveau parti.

Cette mise en relation entre ce qui semble préfigurer l'effondrement de la vie sexuelle dans nos contrées essoufflées et ces pratiques sexuelles fondées sur l'apprivoisement et le domptage du désir, sa lente exaltation, a peut-être étonné. On ne voit pas quelle passerelle convoquer pour faire se rejoindre les champions du *coïtus reservatus* chinois ou indiens avec ces peu-sexuels que nos sociétés ont engendrés. Et pourtant. Ne partagent-ils pas une semblable *retenue* ? Bien sûr, elle est motivée ici par l'inquiétude que suscite aujourd'hui l'acte de chair, quand elle est induite là par le souci de conserver par tous les moyens le désir dans sa gloire. Mais elle témoigne bien qu'une partie de notre humanité sort d'une sexualité qui l'afflige et cherche à réinventer le mode de relation des corps.

Sexualités dispendieuses ou continentes, qu'il faut bien considérer comme les reflets d'une certaine manière d'être au monde, dans ce monde et dans nul autre. « Si vous vivez dans une fraction, la sexualité sera fractionnelle. Si vous vivez dans l'avidité et la peur, la sexualité en sera le reflet. On ne peut fabriquer une sexualité saine, c'est un reflet de votre ouverture. Vous conduisez votre voiture de la même manière que vous vous comportez dans vos rapports sexuels. Il n'y a pas de différence[22]. » Peut-être, dans ce temps où chacun se sent un peu las des propagandes et cherche à se porter au plus intime de son vrai désir, la question est-elle en effet de savoir quelle fête nous voulons réinitier entre nous. Que nous apporterait de nous rencontrer plus longtemps sous les projecteurs ? C'est dans la profondeur de nos envies et de nos retenues que le désir s'abîme. Mais c'est dans cette ombre que nous recommençons chaque fois à nous manquer.

Glossaire de l'autre amour

L'*autre amour* n'est pas celui qui ne se fait pas. Il est l'amour qui cherche. L'amour échappé de la réclame, de la copie conforme, du *sexuellement correct.* Il est l'amour qui s'écoute et n'écoute personne. Ces mots choisis (et les auteurs cités) disent à leur manière l'amour frelaté, le plaisir surfait, tout ce tintamarre en somme qui, depuis quelques années, nous crève les tympans et le cœur. Ils dessinent, si l'on veut, une carte du Tendre d'un genre particulier.

ABSTINENCE : « Action de se priver de certains biens matériels ou de certains plaisirs (notamment de la chair). Dans le domaine de la morale ou de la religion, action ou disposition permanente de la volonté consistant à se priver de certains biens ou plaisirs dans une intention de perfection morale ou spirituelle » (*Trésor de la langue française*). « L'abstinence dure toute une vie dans le cas d'un moine, trente années pour une vestale, ou six semaines avant un match pour le boxeur Mohamed Ali » (Elizabeth Abbott, *Histoire universelle de la chasteté et du célibat*).

AMIBES : « L'asexualité, ça ne concerne pas que les amibes ! » (slogan proposé sur le site AVEN, Axexual Visibility and Education Network).

AMOUR : « L'amour, c'est bien autre chose que se bourrer de Viagra et sauter dans tous les sens comme un lapin égaré » (Geraldin Levi Joosten-van Vilsteren, *L'Amour sans le faire. Comment vivre sans libido dans un monde où le sexe est partout ?*).

AMOUREUX : « Il y a des gens qui n'auraient jamais été amoureux s'ils n'avaient jamais entendu parler de l'amour » (La Rochefoucauld, *Réflexions ou sentences et maximes morales*).

AMOUR-PROPRE : « Rien de plus sale que l'amour-propre » (Marguerite Yourcenar, *Feux*).

ANAPHRODISIE : « L'anaphrodisie, l'absence de désir sexuel, est d'ailleurs un signe majeur de la dépression » (Stanislas de Haldat, « Pourquoi les hommes perdent le désir », *Psychologie*, octobre 2005).

ANÉJACULATION : « Il est parfois nécessaire de rééduquer ses comportements éjaculatoires, surtout lorsque l'émission du sperme est tellement longue qu'elle ne vient pas du tout » (Sylvain Mimoun et Rica Étienne, *Sexe et sentiments, version homme*).

ANORGASMIE : « L'impossibilité de jouir, quelles que soient la durée et la qualité des excitations, peut être totale ou partielle (laissant la stimulation du clitoris déclencher d'authentiques orgasmes) ; dans ce cas bien plus fréquent et moins troublant, mieux vaut parler de dysorgasmie. Chez l'homme l'anorgasmie est synonyme d'anéjaculation » (Jacques Waynberg, *Les Idées reçues sur la sexualité*).

ATTIRANCE : « Non seulement ils ont honte de leur propre corps, qui n'est pas à la hauteur des standards du porno, mais, pour les mêmes raisons, ils n'éprouvent plus aucune attirance pour le corps de l'autre » (Michel Houellebecq, *Plateforme*).

AUTRUI : « L'homme s'intéresse si peu à autrui, que même le christianisme recommande de faire le bien pour l'amour de Dieu » (Cesare Pavese, *Le Métier de vivre*).

AVARES : « Il y a des gens qui sont mal logés, mal couchés, mal habillés et plus mal nourris ; qui essuient les rigueurs des saisons ; qui se privent eux-mêmes de la société des hommes, et passent leurs jours dans la solitude ; qui souffrent du présent, du passé et de l'avenir ; dont la vie est comme une pénitence continuelle, et qui ont ainsi trouvé le secret d'aller à leur perte par le chemin le plus pénible : ce sont les avares » (La Bruyère, *Les Caractères*).

BANQUET DE L'AMOUR : « Je serai éternellement reconnaissant à celui qui me convaincra qu'il y a quoi que ce soit d'appétissant dans ces parties sombres, malodorantes et stupidement velues du corps, qui sont censées constituer le mets de choix au banquet de l'amour » (Stephen Fry, cité par Geraldin Levi Joosten-van Vilsteren, *op. cit.*).

BESOIN GÉNITAL : « Il y aurait un grand intérêt à montrer comment certains sujets en arrivent à satisfaire leur besoin génital en construisant dans leur tête des romans d'amour » (Alfred Binet, *Le Fétichisme dans l'amour*).

CASTRATION : « *Chir.* Opération ayant pour but ou résultat de priver l'individu mâle ou femelle de ses facultés de reproduction. *Spéc. Castration complète, bilatérale.* Ablation des testicules ou des ovaires. *Castration incomplète.* Ablation d'un seul testicule ou ovaire. *Psychanal. Angoisse de castration, complexe de castration.* Angoisse liée à la fonction symbolique du phallus et plus précisément à la menace imaginaire de la suppression du pénis » (*Trésor de la langue française*). « Ce qui semblait préoccuper le plus mon entourage était néanmoins de savoir ce que la vieille impératrice faisait avec son grand eunuque dans l'intimité de sa chambre à coucher » (Dan Shi, *Mémoires d'un eunuque dans la Cité interdite*).

CÉLIBATAIRE : « Il n'a jamais été amoureux, il est resté toute sa vie célibataire, il n'a pas eu de maîtresse, ni d'épouse. Il fait partie de ces grands hommes, comme Newton et Robespierre, que la chair féminine a toujours laissés de marbre. Incorruptibles ! Asexués... » (Jean-Baptiste Botul, *La Vie sexuelle d'Emmanuel Kant*).

CHASTETÉ : « Vertu consistant à s'abstenir des plaisirs charnels illicites et de tout ce qui s'y rapporte ; par ext., à faire preuve de retenue dans les plaisirs charnels illicites (dans le mariage). Caractère d'une chose chaste ; pureté » (*Trésor de la langue française*). « En dépit du mythe génital, les femmes peuvent concevoir une passion pour la chasteté, vérité souvent oubliée ou niée dans notre société sexuellement rassasiée et orthodoxe, qui prétend qu'une vie sans sexualité et sans homme n'est pas une vie » (Sally Cline, *Women, Passion and Celibacy*).

CLYSTÉROPHILIE : « Anomalie du fonctionnement sexuel et érotique remontant à l'enfance dans laquelle le lavement sert de substitut au rapport sexuel. Pour le clystérophile, le fait de faire entrer son pénis dans un vagin est une action pénible, dangereuse et répugnante » (John Money, *The Destroying Angel : Sex, Fitness and Food in the Legacy of Degeneracy Theory, Graham Crackers, Kellogg's Corn Flakes and America Health History*, Prometheus Book, Buffalo, 1985, cité par Elizabeth Abbott, *op. cit.*).

COÏT : « On connaît la tristesse après le coït : je peux dire qu'il y a encore plus de tristesse sans coït » (Laurent Jouannaud, *La Condition sexuelle. Notes d'un psychothérapeute*).

Concupiscence : « Les hérétiques arrêtés à Arras avaient expliqué que leur foi leur faisait obligation de vivre du travail de leurs mains, de "retenir la chair de la concupiscence", de ne faire de mal à personne et de pratiquer la charité envers le prochain » (Michel Roquebert, *Histoire des cathares. Hérésie, Croisade, Inquisition du* XI*e* *au* XIV*e* *siècle*).

Condition masculine : « Quand tu seras Premier ministre, n'oublie pas de créer un secrétariat d'État à la condition masculine » (Romain Gary, *Au-delà de cette limite votre ticket n'est plus valable*).

Continence : « État d'abstention (volontaire ou non, partiel ou total) des plaisirs charnels » (*Trésor de la langue française*). « Grâce à la continence, tu t'acquerras un grand fond de sainteté, par l'économie faite sur la chair, tu t'investiras dans l'Esprit » (Tertullien, *De exhortatione castitatis*).

Corps : « Ce dont je me plains : de l'impossibilité de devenir un corps » (Marina Tsvetaïeva, *Lettres à Boris Pasternak*).

Couilles : « Les endroits où l'homme place son honneur, c'est incroyable... Les couilles devraient pousser sur la tête, comme une couronne... » (Romain Gary, *op. cit.*).

Débander : « Et naturellement, voilà que tu débandes ! fit-elle avec une désolation qui me fit sourire malgré moi » (Pierre Louÿs, *Trois filles de leur mère*).

Dédaigner : « Ils disent que Zénon n'eut affaire à femme qu'une fois en sa vie : et que ce fut par civilité, pour ne sembler dédaigner trop ostensiblement le sexe » (Montaigne, *Essais*, livre III, 5).

DYSENTERIE : « Très homme d'affaires, inepte et inintelligent, fort et enfantin, comme la plupart des Américains, prompt à empoigner des chaises dans une bagarre, vain, et qui, à trente ans, avec un esprit de dix, fait de l'acte d'amour une sorte de dysenterie » (Malcolm Lowry, *Au-dessous du volcan*).

ÉCHANGISME : « Dans le monde moderne on pouvait être échangiste, bi, trans, zoophile, SM, mais il était interdit d'être *vieux* » (Michel Houellebecq, *La Possibilité d'une île*).

ÉJACULATION : « Quand une bigote épouse un dévot, cela ne donne pas toujours un couple en éjaculation » (Georg Christoph Lichtenberg, *Pensées*).

ÉMASCULER : « Origène, grand penseur chrétien réputé pour son enseignement et ses travaux scripturaires, théologiques et ascétiques – et aussi connu pour s'être fait émasculer afin de devenir un "eunuque pour le Royaume des Cieux" [...] » (Elizabeth Abbott, *op. cit.*).

EMBRASSER : « Prenons l'exemple d'un baiser : ce n'est agréable que si nous aimons la personne embrassée. Sinon, l'idée de mettre sa langue à l'intérieur d'une autre bouche et d'absorber sa salive est carrément écœurante » (Geraldin Levi Joosten-van Vilsteren, *op. cit.*).

ENDORMIR (UNE FEMME) : « Oh ! Il faut convenir que tu n'as pas ton second pour endormir une femme » (Vivant Denon, *Point de lendemain*).

ÉNURÉTIQUE : On compte que 1 % des jeunes adultes feraient encore pipi au lit. Ils ne viendraient consulter qu'en dernière extrémité, dans la perspective d'une vie en couple.

ÉRECTION : « La puissance masculine est soumise à la possibilité de l'érection et à la durée de son accomplissement. La capacité d'érection n'est pas un signe de puberté et ne dépend pas exclusivement des glandes génitales, ce qui est prouvé par son activité chez les individus castrés et les demi-eunuchoïdes » (Wilhelm Stekel, *L'Homme impuissant*).

EXCITATION GÉNITALE : « On m'a rapporté qu'une personne ne peut entendre jouer au piano l'air du ballet de *Faust* (la nuit de Walpurgis) sans éprouver des phénomènes d'excitation génitale » (Alfred Binet, *op. cit.*).

FAIRE LE SERRURIER : « Quand ça tarde à venir, on *fait le serrurier*, qui prend tout son temps avec son trousseau » (Jean-Claude Carrière, *Les Mots et la Chose. Le grand livre des petits mots inconvenants*).

FEMME : « J'étais tombé si bas que si j'avais eu à choisir entre tomber amoureux d'une femme et lire un bon livre sur l'amour, j'aurais choisi le livre » (Nikos Kazantzakis, *Alexis Zorba*).

FIDÉLITÉ : « C'était très exactement ce que j'entendais par fidélité : lorsqu'on fait passer l'amour avant le plaisir » (Romain Gary, *op. cit.*).

FORNICATION : « [...] contrairement aux nouveaux mariés païens qui assument franchement leur sexualité et augmentent ainsi le nombre de citoyens, les couples chrétiens "ne vont au lit que pour éviter la fornication" » (Elizabeth Abbott, *op. cit.*).

FRIGIDE : « La femme frigide et l'homme impuissant sont les succédanés d'une époque malade » (Wilhelm Stekel, *op. cit.*).

GODEMICHÉ : « Elle lui répond tranquillement qu'il ne s'agit pas d'une personne, mais d'une chose dont elle se sert comme d'un godemiché... » (Chantal Thomas, *Casanova. Un voyage libertin*).

HOMMES ENTREPRENANTS : « La plupart des femmes se rendent plutôt par faiblesse que par passion ; de là vient que pour l'ordinaire les hommes entreprenants réussissent mieux que les autres, quoiqu'ils ne soient pas plus aimables » (La Rochefoucauld, *op. cit.*).

HONTEUX : « [...] l'amour est quelque chose de sordide qui nous ravale au rang de porcs, dont il est abominable et honteux de parler et de se souvenir. Ce n'est pas pour rien que la nature en a fait quelque chose d'abominable et de honteux » (Léon Tolstoï, *La Sonate à Kreutzer*).

IMAGINATION : « J'ai donc fort peu possédé, mais je n'ai pas laissé de jouir beaucoup, à ma manière, c'est-à-dire par l'imagination » (Jean-Jacques Rousseau, *Confessions*).

(VIERGE) INORGASMIQUE : « Je lui ai dit que j'étais une vierge inorgasmique » (Hanif Kureishi, *Le Corps* et sept nouvelles).

JALOUSIE : « Le noyau de toute jalousie est un manque d'amour » (Jung, *Ma vie*).

JOUISSEZ ! : « Faisant écho au fameux conseil de la monarchie de Juillet articulé par Guizot, "Enrichissez-vous !", une injonction paradoxale circule dans l'opinion : jouissez ! » (Jean-Claude Guillebaud, *La Tyrannie du plaisir*).

LYSISTRATISME : « [...] pratique délibérée d'un chantage par la privation du "devoir conjugal" » (Jacques Waynberg, *op. cit.*).

MARI : « À la mort de son troisième mari, ses cheveux, de chagrin, sont devenus blonds » (Oscar Wilde, *Les Pensées*).

MARIAGE : « Le mariage ou l'amour en conserve » (Camillo Sbarbaro, *Feux follets*).

MASTURBATION : « Chacun de nos rapports sexuels n'est qu'un avatar ou une variante de cette *forme canonique*, la *masturbation* » (André Béjin, « Le pouvoir des sexologues et la démocratie sexuelle », in *Sexualités occidentales*, sous la direction de Philippe Ariès et André Béjin).

MÉLANCOLIE NOIRE : « Il tomba dans une mélancolie noire [...] ; pas une dame ne lui donna la moindre tentation » (Voltaire, *Candide*).

NOLONTÉ : « Terme scolastique repris par un certain nombre d'auteurs modernes pour désigner non l'absence de volonté, mais la résistance volontaire à une impulsion, l'inhibition d'une action prête à s'accomplir si la volonté n'y mettait obstacle. » (André Lalande, *Vocabulaire technique et critique de la philosophie*).

ORGASME : « La femme qui animait l'atelier a demandé ensuite combien, parmi les femmes présentes, avaient déjà eu un orgasme. Deux d'entre nous levèrent timidement la main » (Eve Ensler, *Monologues du vagin*).

PASSION : « Il arrive quelquefois qu'une femme cache à un homme toute la passion qu'elle sent pour lui, pendant que de son côté il feint pour elle toute celle qu'il ne sent pas » (La Bruyère, *op. cit.*).

PÉNÉTRATION : « La pénétration n'a pas eu lieu. Elle n'a pas eu lieu car le membre de Vincent est petit comme une fraise des bois fanée, comme le dé à coudre d'une arrière-grand-mère » (Milan Kundera, *La Lenteur*).

PHALLOPLASTIE : Chirurgie réparatrice permettant aux hommes de faire allonger la taille de leur pénis ou d'en augmenter la circonférence. Cinq cents hommes auraient recours en France à cette opération chaque année.

PHIMOSIS : « Lorsque le prépuce a un orifice trop étroit, il est difficile de le faire coulisser afin de décalotter le gland. C'est gênant au cours de la toilette, de l'acte sexuel ou de la masturbation » (Sylvain Mimoun et Rica Étienne, *op. cit.*).

PLAISIR : « Rien ne prouve que le plaisir soit un phénomène heureux » (Georges Perros, *Papiers collés*).

POMME : « Fruit à la nature double, ambiguë, à la fois lunaire et solaire, ambivalente et apparemment antagoniste, objet symbolique fortement imprégné de sexualité et d'érotisme. Servius le Grammairien – illustre commentateur de Virgile – nous enseigne que les Anciens avaient coutume de nommer confidentiellement *mala* (pomme) les testicules de l'homme » (Piero Camporesi, *L'Officine des sens. Une anthropologie baroque*).

POSSÉDER : « Te posséder était déjà le chemin de te perdre » (Fernando Pessoa, *Le Privilège des chemins*).

POTENTIEL ÉROTIQUE : « La valeur d'un être humain se mesure aujourd'hui par son efficacité économique et son potentiel érotique » (Michel Houellebecq, *H.P. Lovecraft : Contre le monde, contre la vie*).

PRÉORGASMIQUE : « [...] à ces femmes qui venaient se plaindre de leur “incapacité” à jouir de la pénétration, [les sexologues] ont donné le qualificatif de “préorgasmiques” [...] » (Jacques Waynberg, *op. cit.*).

RAPPORT SEXUEL : « Il n'y a pas de rapport sexuel » (Jacques Lacan, *Séminaire XX*, 1972-1973).

ROSÉE DU DÉSIR : « Quand la pénétration a lieu, le prépuce est alors décalotté ; l'orifice (ou méat urinaire) qui permet la sortie du sperme triple de volume. Chez 20 % des hommes environ, il en sort parfois quelques gouttes translucides, visqueuses et blanches, appelées “rosée du désir”. Cet écoulement non systématique peut précéder la sortie du vrai sperme » (Sylvain Mimoun et Rica Étienne, *op. cit.*).

SATISFACTION : « Prenez un vigoureux sexagénaire qui ne peut plus conclure et vous êtes sûre qu'il vous donnera satisfaction » (Romain Gary, *op. cit.*).

SEMENCE : « Quand l'homme sent qu'il va bientôt émettre sa semence, il doit toujours attendre que la femme ait atteint l'orgasme » (Maître Tong-Hsuan, *Ars Amatoria*, cité par Robert Van Gulik, *La Vie sexuelle dans la Chine ancienne*).

SEXUEL : « La seule manière de permettre à chacun de vivre ses valeurs sexuelles comme il l'entend, c'est de ne pas imposer une définition de ce qui est sexuel et de ce qui ne l'est pas » (Marcela Iacub et Patrice Maniglier, *Antimanuel d'éducation sexuelle*).

SINGES : « Pourquoi trouvez-vous si étrange que dans quelques pays il y ait des singes qui obtiennent les bonnes grâces des dames ? » (Voltaire, *op. cit.*).

Soif : « Tu es comme un poisson qui dit qu'il a soif » (Janwillem van de Wettering, *Le Miroir vide*).

Speed dating : « Né de l'idée d'un rabbin, afin de permettre à des célibataires juifs de se rencontrer et... de se marier, il s'agit d'un "flirt rapide" » (Willy Pasini, *Nouveaux comportements sexuels*).

Sperme : « Comment ne pas concevoir l'aversion particulière que l'homme voue à son sperme, à cette substance qui porte et emporte à la fois dès qu'elle s'en va toute la libido. » (Pascal Bruckner et Alain Finkielkraut, *Le Nouveau Désordre amoureux*).

Toucher : « En Inde, on sait très bien que, lorsque vous pensez à quelqu'un, vous le touchez » (Éric Baret, *Les crocodiles ne pensent pas !*).

Vaginisme : « La pénétration impossible encore appelée vaginisme est un trouble psychique du comportement sexuel. Il est plus fréquent qu'on ne l'imagine (12 à 17 % des consultations pour troubles sexuels) et s'apparente à une peur panique d'être pénétrée. Il se traduit par une contraction involontaire des muscles du périnée. Le réflexe est si puissant qu'il interdit l'examen gynécologique à un doigt ou un speculum de vierge. Il empêche surtout la "consommation" du mariage » (Sylvain Mimoun et Rica Étienne, *Sexe et Sentiments, version femme*).

Verge : « [...] en dépit de la volonté qui désire la stimuler, [la verge] s'obstine et agit à sa guise, se mouvant parfois sans l'autorisation de l'homme ou même à son insu ; soit qu'il dorme, soit à l'état de veille, elle ne suit que son impulsion ; souvent l'homme dort et elle veille ; et il lui arrive que l'homme est éveillé et elle dort ; maintes fois l'homme veut se servir d'elle qui s'y refuse ; maintes fois elle le voudrait et l'homme le lui interdit » (Léonard de Vinci, *Carnets*, t. I).

VERTU : « Ne crois pas à la vertu d'une vertu durable » (Victor Segalen, *Stèles*).

VIEILLE FILLE : « La vieille fille : une lettre d'amour qui ne fut pas ouverte » (Camillo Sbarbaro, *op. cit.*).

VIERGE : « Tu m'attends, dis-moi tu m'attends, c'est bien vrai ? Nous serons seuls sur la terre. Nous brûlerons. As-tu vu que nous sommes vierges, que quelque chose ne nous a jamais été arraché ? » (Sibilla Aleramo et Dino Campana, *Ce voyage, nous l'appelions amour*).

VIRGULE : « Le signe "," est une petite verge : tel est le sens originel du mot virgule en français. Il vient du latin *virgula* (petite baguette, petite verge), et lui a été donné au XVIe siècle à cause de sa forme : auparavant, Étienne Dolet et d'autres grammairiens l'appelaient "poinct à queue" » (Florence Montreynaud, *Appeler une chatte... Mots et plaisirs du sexe*).

VIVRE AVEC QUELQU'UN : « Je ne comprends pas cette *idée* d'avoir *envie* de vivre avec quelqu'un, dit Jenny Fields » (John Irving, *Le Monde selon Garp*).

VULVE : « [...] l'ensemble des organes sexuels externes des femmes et des autres femelles mammifères. Il vient du latin *vulva*, il a été employé par écrit à partir du XIVe siècle. En espagnol et en italien, en anglais et en allemand, et aussi en russe, c'est le même mot *vulva.* Pendant des siècles, on lui a préféré des expressions moins précises du latin des médecins, comme *pudendum muliebre*, pudeur féminine. En grec ancien, il semble qu'il n'y avait pas de mot précis et on parlait de *oïdia*, parties honteuses » (Florence Montreynaud, *op. cit.*).

Notes

Introduction

1. Jean-Claude Guillebaud, *La Tyrannie du plaisir,* Paris, Points Seuil, 1999 [Le Seuil, 1998].
2. www.lifeway.com/tlw/faq/
3. Léon Tolstoï, *La Sonate à Kreutzer*, précédée du *Bonheur conjugal* et suivie du *Diable*, traduits du russe par Sylvie Luneau et Boris de Schloezer, préface de Jean Freustié, Folio Gallimard, 2005 [Gallimard, 1960].
4. www.theofficialasexualsociety.com/index.html
5. Geraldin Levi Joosten-van Vilsteren, *L'Amour sans le faire. Comment vivre sans libido dans un monde où le sexe est partout ?*, Lausanne, Favre, 2005.
6. Cité par Dominique Frétard, « *No sex please*. Vers une quatrième identité sexuelle... », *Le Monde*, 2 juillet 2005.

1. La faim recommencée

1. Antoine Nouis, « Ève et la sexualité », texte communiqué par l'auteur. On peut obtenir ce texte en écrivant au pasteur, 19, rue Cortambert, 75016 Paris.
2. « Le Café biblique », sur France 2.
3. Voir la bibliographie en fin de volume.

4. Jean-Claude Carrière, *Les Mots et la Chose. Le grand livre des petits mots inconvenants*, Paris, Plon, 2002, p. 12.

5. Laurent Jouannaud, *La Condition sexuelle. Notes d'un psychothérapeute*, Paris, PUF, « Perspectives critiques », 2005, p. 76.

6. Hubert Prolongeau, « Les exclus du nirvana », *Le Nouvel Observateur*, n° 2093, 16 décembre 2004.

7. Elizabeth Abbott, *Histoire universelle de la chasteté et du célibat*, traduit de l'anglais par Paule Pierre, Montréal, Fidès, 2001 [*History of Celibacy*, 1999], p. 501.

8. Cité par Henri Tincq, « Le mariage, le clergé et la voix de l'Orient », *Le Monde*, 20 octobre 2005.

9. Elizabeth Abbott, *op. cit.*, p. 510.

10. www.rentapriest.com/web

11. Donna Marie Williams, *Sensual Celibacy. The Sexy Woman's Guide to using Abstinence for recharging your Spirit, discovering your Passion, achieving greater Intimacy in your next Relationship*, New York, Simon & Schuster, 1999, p. 14-15.

12. *Ibid.*

13. Catherine Vincent, « L'engagement amoureux ». *Le Monde*, 31 août 2005.

14. Wilhelm Stekel, *L'Homme impuissant*, traduit de l'allemand par Gracia Ascoli, Paris, Gallimard, 1950, p. 13.

15. Abbé Pierre, avec Frédéric Lenoir, *Mon Dieu... pourquoi ?*, Paris, Plon, 2005.

16. Elizabeth Abbott, *op. cit.*, p. 138.

17. Claire Chartier, « Nous, les enfants des prêtres », *L'Express*, 27 oct. 2005.

18. Peter Brown, *Le Renoncement à la chair. Virginité, célibat et continence dans le christianisme primitif*, traduit de l'anglais par Pierre-Emmanuel Dauzat et Christian Jacob, Paris, Gallimard, 1995 [*The Body and Society. Men, Women and Sexual Renunciation in Early Christianity*, Columbia University Press, 1988], p. 166.

19. Gaby Hauptmann, *Cherche homme impuissant pour relation longue durée [Suche Impotenten Mann Fürs Leben]*, traduit de l'allemand par Gabrielle Merchez, Paris, Le Livre de Poche, 1999 [Calmann-Lévy, 1997, et Munich, R. Piper GmbH & Co KG, 1995], p. 17.

20. Willy Pasini, *Les Nouveaux Comportements sexuels*, Paris, Odile Jacob, 2003, p. 125-126.

21. Paule Salomon, *La Sainte Folie du couple*, Paris, Le Livre de poche, 2005 [Albin Michel, 1994], p. 12.

22. Eve Ensler, *Monologues du vagin*, traduit de l'américain par Christine Barbaste, Paris, Balland, 1999 [*The Vagina Monologues*, New York, Random House, 1998], p. 72.

23. Marcela Iacub et Patrice Maniglier, *Antimanuel d'éducation sexuelle*, Paris, Bréal, 2005, p. 11.

24. Daniel Welzer-Lang, *Les Hommes violents*, Paris, Petite Bibliothèque Payot, 2005 [Indigo-Côté femmes, 1996], p. 8.

25. Marcela Iacub et Patrice Maniglier, *op. cit.*, p. 29.

26. Nathalie Guibert, « Le bracelet électronique mobile, mesure phare du projet de loi sur la récidive », *Le Monde*, 29 sept. 2005.

27. Elizabeth Abbott, *op. cit.*, p. 433.

28. Anne Dufourmantelle, *Blind date, sexe et philosophie,* Paris, Calmann-Lévy, 2003.

2. Cette infâme ardeur

1. Voir par exemple www.parisdating.fr/, www.turbo-dating.com/, www.speeddating-maghreb.com/, http://www.8minutedating.com/

2. Sigmund Freud, *Un souvenir d'enfance de Léonard de Vinci [Eine Kindheitserinnerung des Leonardo da Vinci]*, traduit de l'allemand et annoté par Janine Altounian, André et Odile Bourguignon, Pierre Cotet et Alain Rauzy, préface de J.-B. Pontalis, Paris, Bilingue Gallimard, 1991 [Gallimard, 1943], p. 67.

3. Adin Steinsaltz, *Introduction au Talmud,* traduit de l'anglais par Nelly Hansson, préface de Josy Eisenberg, Paris, Albin Michel, « Spiritualités vivantes », 2002 [Albin Michel, 1987, et Bantam Books, 1976], p. 160. Voir aussi Jaime Benabou, « Le statut de la sexualité dans le judaïsme », www.press-x.com/Lavoixsepharade/avril 2000/Article/La%20sexualite.htm

4. Aziz al-Azmeh, « Rhétorique des sens. Une réflexion sur les récits du paradis musulman », in *La Virilité en islam*, sous la direction

de Fethi Benslama et Nadia Tazi, La Tour d'Aigues, L'Aube en poche, 2004 [L'Aube et Intersignes, 1998], p. 121.

5. Jacques Waynberg, *Les Idées reçues sur la sexualité,* Paris, Hachette, 1988, p. 85.

6. Voir chez Claude Fischler, « Les frontières du *self* et la nature du dégoût », *L'Homnivore,* Paris, Odile Jacob Poches, 2001, p. 70-77.

7. Germaine Greer, *La Femme eunuque [The Female Eunuch],* traduit de l'anglais par Laure Casseau, Paris, J'ai Lu, 1975 [Robert Laffont, 1971, et 1970 pour l'édition en anglais], p. 66.

8. Ronald Virag, *Le Sexe de l'homme,* Paris, Albin Michel, 1997, p. 43.

9. Peter Brown, *op. cit.,* p. 500.

10. John Irving, *Le Monde selon Garp* [*The World According to Garp*], traduit de l'américain par Maurice Rambaud, Paris, Points Seuil, 1998 [Le Seuil, 1980, et New York, Dutton, 1976], préface.

11. *Ibid.,* p. 37.

12. Léon Tolstoï, *op. cit.*

13. Le dialogue est composé de citations empruntées aux romans de Tolstoï et d'Irving.

14. Alfred Binet, *Le Fétichisme dans l'amour,* préface d'André Béjin, Paris, Petite Bibliothèque Payot, 2000, p. 63.

15. Sudhir Kakar, *L'Ascète du désir,* traduit de l'anglais par Bernard Turle, Paris, Le Seuil, 2001, p. 143.

16. José Pierre, *Qu'est-ce que Thérèse ? C'est les marronniers en fleurs,* Paris, La Musardine, 1998, p. 43.

17. Piero Camporesi, *Les Baumes de l'amour [I Balsami di venere],* traduit de l'italien par Myriam Bouzaher, Paris, Hachette Pluriel, 1997 [Hachette, 1990, et Garzanti, 1989], p. 13.

18. Roger Caillois, *Le Mythe et l'Homme,* Paris, Folio Gallimard, 1987 [Gallimard, 1938], p. 79.

19. Piero Camporesi, *op. cit.,* p. 13.

20. Cité par Piero Camporesi, *ibid.,* p. 154-155.

21. Diogène Laërce, *Vies et doctrines des philosophes illustres,* traduit du grec par J.-F. Balaudé, L. Brisson, J. Brunschwig, T. Dorandi, M.-O. Goulet-Cazé (dir.), R. Goulet, M. Narcy, M. Patillon, Paris, Le Livre de poche, Pochothèque, 1999, Livre VI, 69, p. 736.

22. *Ibid.*, VI, 46 et VI, 69.

23. Léonce Paquet, *Les Cyniques grecs, fragments et témoignages*, avant-propos de Marie-Odile Goulet-Cazé, Paris, Le Livre de poche, 1992, p. 19.

24. Roger-Pol Droit et Jean-Philippe de Tonnac, *Fous comme des sages. Scènes grecques et romaines*, Paris, Le Seuil, 2002, p. 73.

3. Pannes et dépannages

1. Lire de Thierry Janssen, « Les hormones du stress », *La Solution intérieure. Vers une médecine du corps et de l'esprit*, Paris, Fayard, 2006, p. 69-72.

2. Piero Camporesi, *op. cit.*, p. 32-33.

3. Ronald Virag, *op. cit.*, p. 81-82.

4. Romain Gary, *Au-delà de cette limite votre ticket n'est plus valable*, Paris, Gallimard, 1975, et Folio 1986, p. 58.

5. Il s'agissait de l'ouvrage de Sylvain Mimoun et Rica Étienne, *Sexe et sentiments, version femme*, Paris, Albin Michel, 2004, p. 189.

6. Robin Baker, *Sperms Wars. Les secrets de nos comportements amoureux*, traduit de l'anglais par Nicole Alexandre, préface d'Édouard et Émile Servan-Schreiber, Paris, J.-C. Lattès, 1997 [Fourth Estate, 1996], p. 34.

7. Emily Jenkins : *« Sexual moderates. The American media makes us think we are strange if we aren't thinking about sex all the time »*, http://archive.salon.com/sex/feature/2000/10/12/moderates/print.html

8. Jean-Claude Bologne, *Histoire de la pudeur*, Paris, Olivier Orban, 1986, p. 100.

9. Guy de Chauliac, *La Grande Chirurgie* (1363), cité par Jean-Claude Bologne, *op. cit.*, p. 101.

10. Jean-Claude Bologne, *op. cit.*, p. 103.

11. Cité par Jean-Claude Bologne, *op. cit.*, p. 104.

12. Virginie Mouzat, « Éloge du principe de plaisir chez Rykiel », *Le Figaro*, 26 novembre 2002.

13. Bertrand Ferrier et Stéphan Lévy-Kuentz, avec des photographies de Pierre Javelle, *Sex-toys forever*, préface de Catherine Millet, interview de Nathalie Rykiel, Paris, Marabout, 2005, p. 312.

14. « Nous avons sorti les sex-toys de leur ghetto », http: //absolufeminin.nouvelobs.com/psycho/psycho2003_1_119.html
15. Bertrand Ferrier et Stéphan Lévy-Kuentz, *op. cit.*, p. 313.
16. *Ibid.*, p. 351.
17. Jacques Waynberg, *op. cit.*, p. 87.
18. Bertrand Ferrier et Stéphan Lévy-Kuentz, *op. cit.*, p. 132.

4. Les traversées du désert

1. Aristophane, *Lysistrata,* traduction de A. Willems, introduction, notes et commentaire d'Anne Lebeau, Paris, Le Livre de poche, 1996, p. 56.
2. Laurent Jouannaud, *op. cit.*
3. Éditions médico-universitaires pour la thèse et PUF pour l'essai.
4. Cité par Piero Camporesi, *op. cit.*, p. 71.
5. *Ibid.*, p. 58-59.
6. Elizabeth Abbott, *op. cit.*, p. 360.
7. *Ibid.*, p. 361.
8. Voir le site www.medioevo.com/intro.php.
9. Aristophane, *op. cit.*, p. 64.
10. Voir Luc Massardier, « Sexualité en prison », *L'Information psychiatrique,* vol. 80, n° 4, avril 2004.
11. *Id.*
12. Gérard Delteil, « Au fil de la peine », 22 novembre 1994, www.voltairenet.org/article6786.html.
13. *Id.*
14. Cécile Ré, « Détournement de tabou », *L'Humanité*, 12 mars 1991.

5. La chasteté est un sport de combat

1. Jean-Claude Guillebaud, *op. cit.*, p. 177.

2. Uta Ranke-Heinemann, *Des eunuques pour le Royaume des cieux. L'Église catholique et la sexualité*, Paris, Hachette Pluriel, 1992 [Robert Laffont, 1990, et Hoffman und Campe Verlag, 1988], cité par Jean-Claude Guillebaud, *op. cit.*, p. 142.

3. Michel Foucault, « Le combat de la chasteté », in *Sexualités occidentales*, sous la direction de Philippe Ariès et André Béjin, Paris, Points Seuil, 1984 [*Communications*, 1982].

4. *Ibid.*, p. 33.

5. Voir Jacques Lebrun, *Le Pur Amour, de Platon à Lacan*, Paris, Le Seuil, 2002.

6. Marie-Dominique Philippe, *Conférences et homélies*, extrait publié dans *Lettre aux amis de la famille Saint-Jean*, n° 76, novembre 2005.

7. Voir chez Jean-Claude Guillebaud, *Le Goût de l'avenir*, Paris, Le Seuil, 2003, le chapitre intitulé « Entre limite et transgression », p. 81-111.

8. Voir le site officiel www.htb.org.uk

9. Antoine Spire, *Chronique d'Amnesty*, février 1993, cité par un collectif de « chercheurs et [d']enseignants de France et d'ailleurs », « Laissez les Baha'is étudier. En Iran, cette minorité religieuse est interdite d'université. Des scientifiques se mobilisent », *Le Monde*, 16 novembre 2005.

10. Extrait des « articles de foi » de la Fédération des Églises pentecôtistes unies de France, www.epufrance.org/apropos/confession.html

11. *Id.*

12. Elizabeth Abbott, *op. cit.*, p. 276.

13. *Ibid.*, p. 277.

14. Léon Tolstoï, *op. cit.*, p. 148.

15. Pierre Bayle (1720), cité par Sarane Alexandrian, *op. cit.*, p. 195.

16. Sur le sujet, voir Willy Pasini, *op. cit.*, p. 190.

17. Voir leur site www.slaafws.org

6. Les eunuques du palais et du Royaume

1. Jean-Pierre Vernant, « Genèse du monde, naissance des dieux, royauté céleste », introduction à Hésiode, *Théogonie. La naissance des dieux,* traduit du grec par Annie Bonnafé, Paris, Rivages poche, 1993 [Flammarion, 1981, pour la préface de Vernant].
2. Jean-Pierre Vernant, *L'Univers, les dieux, les hommes. Récits grecs des origines,* Paris, Points Seuil, 2002 [Le Seuil, 1999], p. 21-22.
3. Jean D. Wilson et Claus Roehrborn, « Long-Term Consequences of Castration in Men : Lessons from the Skoptzy and the Eunuchs of the Chinese and Ottoman Courts », *The Journal of Clinical Endocrinology & Metabolism* VI, 84, n° 12 4324-4331, http://jcem.endojournals.org/cgi/content/full/84/12/4324
4. Dan Shi, *Mémoires d'un eunuque dans la Cité interdite*, traduit du chinois par Nadine Perront, Arles, Philippe Picquier, 1991, p. 6.
5. *Ibid.*, p. 113.
6. Zia Jaffrey, *Les Derniers Eunuques. En Inde avec les hijras [The Invisibles. A Tale of the Eunuchs of India]*, traduit de l'américain par François Thou-Baret, Paris, Petite Bibliothèque Payot, 2003 [Payot & Rivages, 2001, et Vintage Books, 1996].
7. Elizabeth Abbott, *op. cit.,* p. 418.
8. *Ibid.,* p. 432.
9. Marcela Iacub et Patrice Maniglier, *op. cit.,* p. 147.
10. Cécile Prieur, « Pour les psychiatres, la castration chimique n'est pas une panacée », *Le Monde,* 29 septembre 2005.
11. Cecilia Bartoli, entretien avec Marie-Aude Roux, à propos de son disque *Opera proibita* consacré à des oratorios du début du XVIIIe siècle : « Cecilia Bartoli, une diva sur le terrain des hommes », *Le Monde,* 29 septembre 2005.
12. Roberto Beretta et Élisabeth Broli, *L'amour n'est pas un péché. Tout ce que vous vouliez savoir sur le sexe et que l'Église n'a (presque) jamais osé dire*, Paris, Bayard, 2005, p. 158.
13. Lettre à Héloïse, extrait des *Lamentations* d'Abélard, suivies de *Histoire de mes malheurs* et de *Correspondance avec Héloïse*, traduit du latin et présenté par Paul Zumthor, Arles, Babel Actes Sud, 1992, p. 278.

14. Régine Pernoud, *Héloïse et Abélard,* Paris, Le Livre de poche, 1982 [Albin Michel, 1970], p. 55.

15. Lettre à Héloïse, extrait des *Lamentations* d'Abélard, *op. cit.,* p. 267.

16. Abélard, *Lamentations, op. cit.*, p. 165.

17. Régine Pernoud, *op. cit.*, p. 174.

18. Waris Dirie et Cathleen Miller, *Fleur du désert. Du désert de Somalie à l'univers des top-models,* traduit de l'anglais par Josiane et Alain Deschamps [*Desert Flower,* William Morrow and Compagny Inc., 1998, et Albin Michel, 1998], Paris, J'ai Lu, 2002.

19. Colloque organisé à Paris par l'Académie de médecine en association avec l'ONG Équilibres et Population en 2004. *Le Figaro,* 10 juin 2004.

20. http://perso.wanadoo.fr/associationgams/index.html

21. Waris Dirie et Cathleen Miller, *op. cit.,* p. 56.

22. *Ibid.,* p. 65.

23. Florence Montreynaud, *Appeler une chatte... Mots et plaisirs du sexe,* Paris, Petite Bibliothèque Payot, 2005 [Calmann-Lévy, 2004], p. 161-162.

24. Thomas Laqueur, *Le Sexe en solitaire. Contribution à l'histoire culturelle de la sexualité,* traduit de l'anglais par Pierre-Emmanuel Dauzat [*Solitary sex. A Cultural History of Masturbation,* Urzone Inc., 2003], Paris, Gallimard, 2005, p. 42.

25. Eve Ensler, *op. cit.,* p. 79.

26. Stéphanie Hasendahl, « Le docteur Pierre Foldes, urologue français, répare les femmes blessées par l'excision », *Le Quotidien du médecin,* 26 août 2004.

27. *Id.* Voir aussi Hubert Prolongeau, *Victoire sur l'excision, Pierre Foldes, le chirurgien qui redonne espoir aux femmes mutilées,* préface de Bernard Kouchner, Paris, Albin Michel, 2006.

7. Les immaculées conditions

1. Sylvia Pagan Westphal, « Feature : Glad to be Asexual », *New Scientist*, 14 octobre 2004, www.newscientist.com/article.ns?id=dn6533
2. Anthony F. Bogaert, « Asexuality : Prevalence and Associated Factors in a National Probability Sample », *Journal of Sex Research*, août 2004, http ://www.findarticles.com/p/articles/mi_m2372
3. Asexual Visibility and Education Network, Réseau pour l'éducation et la promotion de l'asexualité, la dimension prosélyte est clairement soulignée. www.asexuality.org et www.asexuality.org/fr/ pour le site français.
4. Propos rapporté par Dominique Frétard, « *No sex please*. Vers une quatrième identité sexuelle », *Le Monde 2*, 16 juillet 2005.
5. Geraldin Levi Joosten-van Vilsteren, *op. cit.*
6. www.theofficialasexualsociety.com/index.html
7. Geraldin Levi Joosten-van Vilsteren, *op. cit.*, p. 105.
8. Elizabeth Abbott, *op. cit.*, p. 301-302.
9. Voir leur site, www.lifeway.com/tlw
10. Roberto Beretta et Élisabeth Broli, *op. cit.*, p. 222.
11. Jean-Claude Guillebaud, *op. cit.*, p. 302.
12. On trouvera le texte du *Protévangile* de Jacques sur www.livres-mystiques.com/partietextes/apocryphes/protevan.html
13. Voir notamment Joachim Bouflet et Philippe Boutry, *Un signe dans le ciel. Les apparitions de la Vierge*, Paris, Grasset, « Les Écritures sacrées », 1997, p. 151.
14. Peter Brown, *op. cit.*, p. 498-499.
15. Jacques Lacan, *Encore. Le séminaire (1972-1973)*, cité par Jean-Noël Vuarnet, *Extases féminines*, Paris, Hatier, 1991, p. 134.
16. Citée par Michel Hulin, *La Mystique sauvage*, Paris, PUF, « Perspectives critiques », 1993, p. 19.
17. Jean-Noël Vuarnet, *op. cit.*, p. 138.
18. Traduction d'Arnaud d'Andilly (1702), citée par Jean-Noël Vuarnet, *op. cit.*, p. 125.

8. Trois manières de se mettre à l'abri de l'autre

1. Jacques Sédat est membre d'Espace analytique, vice-président de l'Association internationale d'histoire de la psychanalyse et secrétaire du Groupe de contact qui rassemble les principales associations de psychanalystes. Il est aussi l'auteur d'un *Freud* chez Armand Colin (2002, dernière éd.), un classique, et de l'édition des conférences, articles, entretiens et séminaires du psychanalyste lacanien François Perrier, dont il revendique l'héritage (*La Chaussée d'Antin*, Albin Michel, 2000).

2. Sigmund Freud, *Trois essais sur la théorie sexuelle* (1905), traduit de l'allemand par Philippe Koeppel, préface de Michel Gribinski, Paris, Gallimard, Folio essais, 1985, p. 164-165.

3. *Ibid.*

4. Sigmund Freud, *Un souvenir d'enfance de Léonard de Vinci* [*Eine Kindheitserinnerung des Leonardo da Vinci*, 1910], traduit de l'allemand et annoté par Janine Altounian, André et Odile Bourguignon, Pierre Cotet et Alain Rauzy, préface de J.-B. Pontalis, Paris, Bilingue Gallimard, 1991 [Gallimard, 1943], p. 73 (« *Nessuna cosa si puo amare né odiare, se prima non se ha cognition di quella* »).

5. « Les théories sexuelles infantiles » (1908 c), in *La Vie sexuelle*, Paris, PUF, 1969, p. 14-27.

6. *Ibid.*

7. *Ibid.*

8. Sigmund Freud, *Un souvenir d'enfance de Léonard de Vinci*, *op. cit.*, p. 84.

9. *Ibid.*

10. *Ibid.*, p. 85.

11. *Ibid.*

12. Sigmund Freud, *La Naissance de la psychanalyse*, Paris, PUF, 1969, p. 106.

Conclusion

1. Pascal Bruckner et Alain Finkielkraut, *Le Nouveau Désordre amoureux*, Paris, Points Seuil, 1997 [Le Seuil, 1977], p. 19.

2. Robert Van Gulik, *La Vie sexuelle dans la Chine ancienne [Sexual Life in Ancient China. A Preliminary Survey of Chinese Sex and Society from ca 1500 B.C. till 1633 A.D.]*, traduit de l'anglais et du latin par Louis Évrard, Paris, Gallimard, « Tel », 1977 [Gallimard, 1971, et Leiden, E.J. Brill, 1961], p. 188-189.

3. Sarane Alexandrian, *op. cit.*, p. 12.

4. Emmanuel-Juste Duits, *L'Autre Désir. Du sado-masochisme à l'amour courtois*, Paris, La Musardine, 2000, p. 63-67.

5. René Nelli, *L'Érotique des troubadours*, Toulouse, Privat, 2005.

6. André Le Chapelain, *Traité de l'amour courtois*, traduit du latin par Claude Buridant, Paris, Klincksieck, 1974.

7. Michel Cazenave, « Ni vous sans moi, ni moi sans vous », introduction à *Tristan et Iseult* (manuscrit de Vienne, Codex 2537), adaptation en français moderne de Pierre Dalle Nogare, Paris, Philippe Lebaud, 1991, p. 21. On peut lire aussi, notamment, *Le Philtre d'amour : la légende de Tristan et Iseult*, Paris, Corti, 1969 ; *Tristan et Iseult*, préface de Jean Markale, Paris, Albin Michel, « Espaces libres », 1994 ; *Le Mythe de Tristan et Iseult*, adaptation de Michel Cazenave, Paris, Garnier Flammarion, 2000.

8. Jacques Sédat, « Autour de l'amour courtois. Naissance du féminisme au XIIe siècle », publié dans le séminaire de Jacques Perrier 1970-1971, *L'Amour*, Paris, Hachette, « Pluriel », 1998.

9. *Ibid.*

10. René Nelli, *op. cit.*, cité par Jacques Sédat, *op. cit.*

11. Sarane Alexandrian, *op. cit.*, p. 187-223.

12. Voir son site, http://sudheer.free.fr

13. Thomas Laqueur, *op. cit.*, p. 54.

14. Pour tout ce passage, voir Thomas Laqueur, *ibid.*, p. 127-142.

15. Peter Brown, *op. cit.*, p. 41.

16. Philip Roth, *Portnoy et son complexe*, traduit de l'anglais par

Henri Robillot, Paris, Folio Gallimard, 1987 [Gallimard, 1970, et 1967 pour l'édition américaine, *Portnoy's Complaint*].

17. Bernard Faure, *Sexualités bouddhiques. Entre désir et réalités*, Paris, Flammarion, « Champs », 2005 [Le Rocher, 1994], p. 28-29.

18. Clifford Bishop, *Le Sexe et le Sacré*, postface de Michel Cazenave, traduit de l'anglais par Philippe Cornu [*Sex and Spirit*, Duncan Baird Publishers, 1996], Paris, Albin Michel, 1997, p. 146.

19. *Ibid.*, p. 152.

20. Robert Van Gulik, *op. cit.*, p. 75.

21. *Ibid.*, p. 76.

22. Éric Baret, *Les crocodiles ne pensent pas !*, présentation de Placide Gaboury, Boucherville (Québec), éd. de Mortagne, 1994, p. 29.

Bibliographie

Le sujet de la sexualité convoque, comme on l'imagine, une bibliographie « océanique ». Celui de l'asexualité, sous toutes ses déclinaisons, est en passe de rattraper son retard. On ne trouvera donc ici que les livres ou les articles que j'ai pu consulter avec profit pour le bien de mon enquête.

Elizabeth ABBOTT, *Histoire universelle de la chasteté et du célibat*, traduit de l'anglais par Paule Pierre, Montréal, Fidès, 2001 [*History of Celibacy*, 1999].

ABÉLARD, *Lamentations*, suivies d'*Histoire de mes malheurs* et de *Correspondance avec Héloïse*, traduit du latin et présenté par Paul Zumthor, Arles, Babel Actes Sud, 1992.

Jean-Pierre ALBERT, *Le Sang et le Ciel. Les saints mystiques dans le monde chrétien*, Paris, Aubier, 1997.

Sarane ALEXANDRIAN, *La Magie sexuelle. Bréviaire des sortilèges amoureux*, Paris, La Musardine, « L'Attrape-corps », 2000.

ANDRÉ LE CHAPELAIN, *Traité de l'amour courtois*, traduit du latin par Claude Buridant, Paris, Klincksieck, 1974.

ARISTOPHANE, *Lysistrata*, traduction de A. Willems, introduction, notes et commentaire d'Anne Lebeau, Paris, Le Livre de poche, 1996.

Saint AUGUSTIN, *Confessions*, traduit du latin par Louis de

Mondadon, présentation par André Mandouze, Paris, Points Sagesses Seuil, 1982.

Saint AUGUSTIN, *La Cité de Dieu*, traduit du latin par Louis Moreau (1846), revue par Jean-Claude Eslin, introduction, présentation et notes par Jean-Claude Eslin, 3 vol., Paris, Points Sagesses Seuil, 1994.

Robbin BAKER, *Sperms Wars. Les secrets de nos comportements amoureux*, traduit de l'anglais par Nicole Alexandre, préface d'Édouard et Émile Servan-Schreiber, Paris, J.-C. Lattès, 1997 [Fourth Estate, 1996].

Éric BARET, *Les crocodiles ne pensent pas !*, présentation de Placide Gaboury, Boucherville (Québec), Éditions de Mortagne, 1994.

Cécilia BARTOLI et les musiciens de Louvre-Grenoble, dirigés par Marc Minkowski, *Opera proibita*, oratorios de Caldara, Haendel et Scarlatti, texte de présentation de Claudio Osele, Decca, 2005.

André BÉJIN, « Le pouvoir des sexologues et la démocratie sexuelle », in *Sexualités occidentales*, sous la direction de Philippe Ariès et André Béjin, Points Seuil, 1984 [*Communications*, 1982].

Aloysius Quintâo BELO DE OLIVEIRA, « L'homme, "Broxa" », www.etatsgeneraux-psychanalyse.net/mag/archives/paris2000/texte220.html.

Fethi BENSLAMA et Nadia TAZI (dir.), *La Virilité en islam*, La Tour-d'Aigues, L'Aube en poche, 2004 [L'Aube et Intersignes, 1998].

Roberto BERETTA et Elisabetta BROLI, *L'amour n'est pas un péché. Tout ce que vous vouliez savoir sur le sexe et que l'Église n'a (presque) jamais osé dire*, Paris, Bayard, 2005.

Alfred BINET, *Le Fétichisme dans l'amour*, préface d'André Béjin, Paris, Petite Bibliothèque Payot, 2000.

Clifford BISHOP, *Le Sexe et le Sacré*, postface de Michel Cazenave, traduit de l'anglais par Philippe Cornu, Paris, Albin

Michel, 1997 [*Sex and Spirit*, Duncan Baird Publishers Ltd, 1996].

Jean-Claude BOLOGNE, *Histoire de la pudeur*, Paris, Olivier Orban, 1986.

Peter BROWN, *Le Renoncement à la chair. Virginité, célibat et continence dans le christianisme primitif*, traduit de l'anglais par Pierre-Emmanuel Dauzat et Christian Jacob, Paris, Gallimard, 1995 [*The Body and Society. Men, Women and Sexual Renunciation in Early Christianity*, Columbia University Press, 1988].

Pascal BRUCKNER et Alain FINKIELKRAUT, *Le Nouveau Désordre amoureux*, Paris, Points Seuil, 1997 [Le Seuil, 1977].

Roger CAILLOIS, *Le Mythe et l'Homme*, Paris, Folio Gallimard, 1987 [Gallimard, 1938].

Piero CAMPORESI, *L'Officine des sens. Une anthropologie baroque*, traduit de l'italien par Myriem Bouzaher, Paris, Hachette, 1989.

Piero CAMPORESI, *Les Baumes de l'amour [I Balsami di Venere]*, traduit de l'italien par Myriem Bouzaher, Paris, Hachette Pluriel, 1997 [Hachette, 1990, et Garzanti, 1989].

Piero CAMPORESI, *La Chair impassible* [*La Carne impassibile*], traduit de l'italien par Monique Aymard, Paris, Flammarion, 1986 [Milan, Il Saggiatore, 1983].

Jean-Claude CARRIÈRE, *Les Mots et la Chose. Le grand livre des petits mots inconvenants*, Paris, Plon, 2002.

Michel CAZENAVE, « Ni vous sans moi, ni moi sans vous », introduction à *Tristan et Iseult* (manuscrit de Vienne, Codex 2537), adaptation en français moderne par Pierre Dalle Nogare, Paris, Philippe Lebaud, 1991.

Michel CAZENAVE, *Le Philtre d'amour : la légende de Tristan et Iseult*, Paris, Corti, 1969.

Michel CAZENAVE, *Tristan et Iseult*, préface de Jean Markale, Paris, Albin Michel, « Espaces libres », 1994.

Michel CAZENAVE, *Le Mythe de Tristan et Iseult* (adaptation), Paris, Garnier Flammarion, 2000.

Claire CHARTIER, « Le dogme et la réalité », *L'Express*, 27 octobre 2005 (à propos du livre de l'abbé Pierre et du célibat).

Claire CHARTIER, « Nous, les enfants des prêtres », *L'Express*, 27 octobre 2005.

Boris CYRULNIK, « Éthologie de la sexualité », *Krisis*, n° 17, mai 1995.

DAN SHI, *Mémoires d'un eunuque dans la Cité interdite*, traduit du chinois par Nadine Perront, Arles, Philippe Picquier, 1991.

Pierre DARMON, *Le Tribunal de l'impuissance. Virilité et défaillances conjugales dans l'ancienne France*, Paris, Le Seuil, 1979.

DIOGÈNE LAËRCE, *Vies et doctrines des philosophes illustres,* traduit du grec par J.-F. Balaudé, L. Brisson, J. Brunschwig, T. Dorandi, M.-O. Goulet-Cazé (dir.), R. Goulet, M. Narcy, M. Patillon, Paris, Pochothèque, Le Livre de poche, 1999.

Waris DIRIE et Cathleen MILLER, *Fleur du désert. Du désert de Somalie à l'univers des top-models*, traduit de l'anglais par Josiane et Alain Deschamps, Paris, J'ai Lu, 2002 [*Desert Flower*, William Morrow and Compagny Inc., 1998, et Albin Michel, 1998].

Françoise DOLTO, *La Sexualité féminine. La libido génitale et son destin féminin,* édition établie par Muriel Djéribi-Valentin et Élisabeth Kouki, Paris, Folio Gallimard, 1999 [Gallimard, 1996].

Roger-Pol DROIT et Antoine GALLIEN, *La Réalité sexuelle. Enquête sur la misère sexuelle en France*, préface du Dr Pierre Simon, Paris, Robert Laffont, 1974.

Roger-Pol DROIT et Jean-Philippe de TONNAC, *Fous comme des sages. Scènes grecques et romaines*, Paris, Le Seuil, 2002.

Anne DUFOURMANTELLE, *Blind Date. Sexe et philosophie*, Paris, Calmann-Lévy, 2003.

Emmanuel-Juste DUITS, *L'Autre Désir. Du sado-masochisme à l'amour courtois*, Paris, La Musardine, 2000.

Mircea ELIADE, *Le Chamanisme et les techniques archaïques de l'extase*, Paris, Payot, 1968.

Henry HAVELOCK ELLIS, *L'Évolution de l'amour, la Chasteté, l'Abstinence,* tome VIII des *Études de psychologie sexuelle,* traduit de l'anglais par A. Van Gennep, Paris, Mercure de France, 1932 [1928].

Eve ENSLER, *Monologues du vagin*, traduit de l'américain par Christine Barbaste, Paris, Balland, 1999 [*The vagina monologues*, New York, Random House, 1998].

Bernard FAURE, *Sexualités bouddhiques. Entre désir et réalités,* Paris, Flammarion, « Champs », 2005 [Le Rocher, 1994].

Bertrand FERRIER et Stéphan LÉVY-KUENTZ, avec des photographies de Pierre Javelle, *Sex-toys forever*, préface de Catherine Millet, interview de Nathalie Rykiel, Paris, Marabout, 2005.

Jean-Louis FLANDRIN, *Le Sexe et l'Occident. Évolutions des attitudes et des comportements*, Paris, Points Seuil, 1986 [Le Seuil, 1981].

David FONTAINE, *No Sex Last Year. La vie sans sexe*, Paris, Éditions les Petits Matins-Arte Éditions, 2006.

Sophie FONTANEL, *Sublime Amour*, Paris, Robert Laffont, 2005.

Michel FOUCAULT, « Le combat de la chasteté », in *Sexualités occidentales,* sous la direction de Philippe Ariès et André Béjin, Paris, Points Seuil, 1984 [*Communications,* 1982].

Michel FOUCAULT, *Histoire de la sexualité : I. La Volonté de savoir, II. L'Usage des plaisirs, III. Le Souci de soi*, Paris, Gallimard, « Tel », 1994 et 1997 [Gallimard, 1974 et 1984].

Dominique FRÉTARD, « *No sex please*. Vers une quatrième identité sexuelle... », *Le Monde*, 2 juillet 2005.

Sigmund FREUD, *Un souvenir d'enfance de Léonard de Vinci [Eine Kindheitserinnerung des Leonardo da Vinci]*, traduit de l'allemand et annoté par Janine Altounian, André et Odile Bourguignon, Pierre Cotet et Alain Rauzy, préface de

J.-B. Pontalis, Paris, Bilingue Gallimard, 1991 [Gallimard, 1943].

Sigmund FREUD, *Trois essais sur la théorie sexuelle,* traduit de l'allemand par Philippe Koeppel, préface de Michel Gribinski, Paris, Folio essais Gallimard, 1985 [1987 et 1905 pour l'édition originale], p. 164-165.

Audrey GARRIC et Adeline PERCEPT, « Les anticonsommations veulent changer le monde hors des partis », *Le Monde,* 25-26 septembre 2005.

Romain GARY, *Au-delà de cette limite votre ticket n'est plus valable,* Paris, Folio Gallimard, 1986 [Gallimard, 1975].

Germaine GREER, *La Femme eunuque,* traduit de l'anglais par Laure Casseau, Paris, J'ai Lu, 1975 [Robert Laffont, 1971, et 1970 pour l'édition en anglais, *The Female Eunuch*].

Frédérique GRUYER, *Le Paradis trop violent. Autour des femmes-fontaines,* Paris, Robert Laffont, « Réponses », 1984.

Nathalie GUIBERT, « Le bracelet électronique mobile, mesure phare du projet de loi sur la récidive », *Le Monde,* 29 septembre 2005.

Jean-Claude GUILLEBAUD, *La Tyrannie du plaisir,* Paris, Points Seuil, 1999 [Le Seuil, 1998].

Jean-Claude GUILLEBAUD, *Le Goût de l'avenir,* Paris, Le Seuil, 2003.

Pierre HADOT, *Qu'est-ce que la philosophie antique ?,* Paris, Folio essais Gallimard, 1996 [Gallimard, 1995].

Henri HAGET et Delphine SAUBABER, « Régime sans sexe », *L'Express,* 24 novembre 2005.

Stanislas de HALDAT, « Pourquoi les hommes perdent le désir », *Psychologie,* octobre 2005.

Gaby HAUPTMANN, *Cherche homme impuissant pour relation longue durée [Suche Impotenten Mann Fürs Leben],* traduit de l'allemand par Gabrielle Merchez, Paris, Le Livre de Poche, 1999 [Calmann-Lévy, 1997, et Munich, R. Piper GmbH & Co KG, 1995].

Bertrand HELL, *Possession et chamanisme. Les maîtres du désordre*, Paris, Flammarion, 1999.

Shere HITE, *Le Nouveau Rapport Hite. L'enquête la plus révolutionnaire jamais menée sur la sexualité féminine* [*The New Hite Report*], traduit de l'américain par Théo Carlier et Catherine Vacherat, Paris, J'ai Lu, 2004 [Robert Laffont, 2002].

Francis HOFSTEIN, *L'Amour du corps*, Paris, Odile Jacob, 2005.

Nancy HUSTON, « Interdiction et sexualité », *Dire et interdire. Éléments de jurologie*, Paris, Petite Bibliothèque Payot, 2002 [Payot, 1980].

Marcela IACUB et Patrice MANIGLIER, *Antimanuel d'éducation sexuelle*, Paris, Bréal, 2005.

John IRVING, *Le Monde selon Garp* [*The World According to Garp*], traduit de l'américain par Maurice Rambaud, Paris, Points Seuil, 1998 [Le Seuil, 1980, et New York, Dutton, 1976].

Zia JAFFREY, *Les Derniers Eunuques. En Inde avec les hijras* [*The Invisibles. A Tale of the Eunuchs of India*], traduit de l'américain par François Thou-Baret, Paris, Petite Bibliothèque Payot, 2003 [Payot et Rivages, 2001, et Vintage Books, 1996].

Emily JENKINS : « *Sexual moderates. The American media makes us think we are strange if we aren't thinking about sex all the time* », http://archive.salon.com/sex/feature/2000/10/12/moderates/print.html

Stine JENSEN, *Les femmes préfèrent les singes*, traduit du néerlandais par Micheline Goche, Paris, Le Seuil, 2006.

Laurent JOUANNAUD, *La Condition sexuelle. Notes d'un psychothérapeute*, Paris, PUF, « Perspectives critiques », 2005.

Olivia JUDSON, *Manuel universel d'éducation sexuelle à l'usage de toutes les espèces*, traduit de l'anglais par Jean-Baptiste Grasset, avec le concours de Fabien Raimbault, Paris, Le Seuil, 2004 [*Dr Tatiana's Sex Advice to all Creation*, New York, Metropolitan Books, 2002].

Sudhir KAKAR, *Mira et le Mahatma*, traduit de l'anglais par Bernard Turle, Paris, Le Seuil, 2006.

Sudhir KAKAR, *Au nom de l'extase,* traduit de l'anglais par Dominique Vitaylos, Paris, Le Seuil, 2005.

Sudhir KAKAR, *L'Ascète du désir,* traduit de l'anglais par Bernard Turle, Paris, Le Seuil, 2001.

Rapport KINSEY, *Le Comportement sexuel de la femme,* éd. du Pavois, 1948, et éd. Amiot-Dumont, 1954, trad. de l'anglais sous la direction de Pierre Jacquemart.

Richard von KRAFFT-EBING, *Psychopathia Sexualis,* traduit de l'allemand par René Lobstein, préface de Pierre Janet, 2 vol., Paris, Pocket, 1999.

Hanif KUREISHI, *Le Corps et sept nouvelles* [*The Body and Seven Stories*], traduit de l'anglais par Mona de Pracontal, Paris, 10/18, 2005 [Christian Bourgois, 2003].

Dany LAFERRIÈRE, *Comment faire l'amour avec un nègre sans se fatiguer*, Paris, Le Serpent à Plumes, 1999.

Georg LANGER, *L'Érotique de la Kabbale,* traduit de l'allemand par Maurice-Ruben Hayoun, préface de Jacquy Chemouni, Paris, Solin, 1992.

Thomas LAQUEUR, *Le Sexe en solitaire. Contribution à l'histoire culturelle de la sexualité [Solitary Sex. A Cultural History of Masturbation]*, traduit de l'anglais par Pierre-Emmanuel Dauzat [Urzone Inc., 2003], Paris, Gallimard, 2005.

Thomas LAQUEUR, *La Fabrique du sexe. Essai sur le corps et le genre en Occident*, traduit de l'anglais par Michel Gautier, Paris, Gallimard, 1992 [*Making sex. Body and Gender from the Greeks to Freud*, Harvard College, 1990].

David LE BRETON, *L'Adieu au corps,* Paris, Métailié, 1999.

Jacques LEBRUN, *Le Pur Amour, de Platon à Lacan*, Paris, Le Seuil, 2002.

Gérard LELEU, *Le Traité des caresses,* Paris, Flammarion, 1998.

Geraldin LEVI JOOSTEN-VAN VILSTEREN, *L'Amour sans le faire. Comment vivre sans libido dans un monde où le sexe est partout ?*, Lausanne, Favre, 2005.

Paulette L'HERMITE-LECLERC, « La vie quotidienne des recluses », *Moines et religieux au Moyen Âge,* Paris, Le Seuil, Points Histoire, 1994.

Dom Jean-Pierre LONGEAT, *Paroles d'un moine en chemin,* entretiens avec Monique Hébrard, Paris, Albin Michel, 2005.

Tara MC CARTY, *Haven't Done That : A Virgin's Memoir,* Warner Books, 1997.

Jacques MAÎTRE, *Mystique et féminité. Essai de psychanalyse sociohistorique*, Paris, Le Cerf, 1997.

Jacques MAÎTRE, *Anorexies religieuses, anorexies mentales. Essai de psychanalyse sociohistorique, de Marie de l'Incarnation à Simone Weil*, Paris, Le Cerf, 2000.

Bronislaw MANILOWSKI, *La Sexualité et sa répression dans les sociétés primitives [Sex and Repression in Savage Society]*, traduit de l'anglais par S. Jankélevitch, Paris, Petite Bibliothèque Payot, 2001 [Payot, 1932].

Luc MASSARDIER, « Les maltraitances sexuelles dans les maisons de retraite, les prisons et l'armée », communication donnée à la conférence sur les « Conséquences des maltraitances sexuelles ; les reconnaître, les soigner, les prévenir », organisée par la Fédération française de psychiatrie, les 6 et 7 novembre 2003.

Luc MASSARDIER, « Sexualité en prison », *L'Information psychiatrique,* vol. 80, n° 4, avril 2004.

Rommel MENDÈS-LEITÉ, « Des "révolutions sexuelles" à l'ère du sida : bascule et reconstruction(s) des sexualités » [http://semgai.free.fr], version remaniée des articles « Le sida et la (re)construction de l'imaginaire social de la sexualité », S. GUTH (dir.), *L'Insertion sociale*, Paris, L'Harmattan, 1994 ; « Des "révolutions sexuelles" à l'ère du sida : bascule et reconstruction(s) des sexualités », R. MENDÈS-LEITÉ (dir.), *Sexualités et sida*, Paris, Dunod, « Sociétés », 1993.

Rommel MENDÈS-LEITÉ, avec la collaboration de Catherine Deschamps et Bruno-Marcel Proth, *Bisexualité : le dernier tabou,* Paris, Calmann-Lévy, 1996.

Isabelle MEURET, *L'Anorexie créatrice*, Paris, Klincksieck, 2006.
Ondine MILLOT, « Bonsoir, je suis dépendant affectif et sexuel », *Libération*, 21 octobre 2005.
Sylvain MIMOUN et Rica ÉTIENNE, *Sexe et sentiments, version homme*, Paris, Albin Michel, 2004.
Sylvain MIMOUN et Rica ÉTIENNE, *Sexe et sentiments, version femme*, Paris, Albin Michel, 2004.
Florence MONTREYNAUD, *Appeler une chatte... Mots et plaisirs du sexe*, Paris, Petite Bibliothèque Payot, 2005 [Calmann-Lévy, 2004].
Janine MOSSUZ-LAVAU, *La Vie sexuelle en France*, Paris, Points Seuil, 2005 [La Martinière, 2002].
René NELLI, *L'Érotique des troubadours,* Toulouse, Privat, 2005.
Mikaël OLLIVIER, *La Vie, en gros,* Paris, Thierry Magnier, 2001.
Susie ORBACH, *The Impossibility of Sex. Stories of the Intimate Relationship between Therapist and Patient*, New York, Scribner, 2000.
Sylvia PAGAN WESTPHAL, « Feature : Glad to be Asexual », *New Scientist,* 14 octobre 2004, www.newscientist.com/article.ns?id=dn6533
Léonce PAQUET, *Les Cyniques grecs. Fragments et témoignages,* avant-propos de Marie-Odile Goulet-Cazé, Paris, Le Livre de poche, 1992.
Willy PASINI, *Nourriture et amour*, Paris, Petite Bibliothèque Payot, 1998 [Payot et Rivages, 1995].
Willy PASINI, *Les Nouveaux Comportements sexuels*, Paris, Odile Jacob, 2003.
Régine PERNOUD, *Héloïse et Abélard,* Paris, Le Livre de poche, 1982 [Albin Michel, 1970].
Abbé PIERRE, avec Frédéric LENOIR, *Mon Dieu... Pourquoi ?*, Paris, Plon, 2005.
Hubert PROLONGEAU, « Les exclus du nirvana », *Le Nouvel Observateur*, n° 2093, 16 décembre 2004.
Hubert PROLONGEAU, *Victoire sur l'excision. Pierre Foldes, le chi-*

rurgien qui redonne espoir aux femmes mutilées, Paris, Albin Michel, 2006.

Uta RANKE-HEINEMANN, *Des eunuques pour le royaume des cieux. L'Église catholique et la sexualité*, Paris, Hachette, « Pluriel », 1992 [Robert Laffont, 1990, et Hoffman und Campe Verlag, 1988].

Aelred de RIELVAUX, *La Vie de recluse,* suivi de *La Prière pastorale,* traduits du latin par Charles Dumont, Paris, Le Cerf, « Sources chrétiennes », 1961.

Jean-Noël ROBERT, *Éros romain. Sexe et morale dans l'ancienne Rome,* Paris, Hachette, « Pluriel », 1998 [Les Belles Lettres, 1997].

Philip ROTH, *Portnoy et son complexe,* traduit de l'anglais par Henri Robillot, Paris, Folio Gallimard, 1987 [Gallimard, 1970, et 1967 pour l'édition américaine, *Portnoy's Complaint*].

Denis de ROUGEMONT, *L'Amour et l'Occident*, Paris, 10/18, 1979, [Plon, 1956, 1972].

Gérard SALAMA, avec Nathalie DEMARTA, *Confidences d'un gynécologue*, Paris, Plon, 2005.

Paule SALOMON, *La Sainte Folie du couple*, Paris, Le Livre de poche, 2005 [Albin Michel, 1994].

Kristofer SCHIPPER, *Le Corps taoïste,* Paris, Fayard, « L'espace intérieur », 1982.

Jacques SERGUINE, *Éloge de la fessée*, Paris, Folio Gallimard, 2004 [Gallimard, 1973].

Le Grand Rabbin SITRUK et Daniel SIBONY, *Judaïsme et sexualité,* Paris, L'Esprit du Temps, 2001.

Alfred SPIRA, Nathalie BAJOS et le groupe ACSF (Analyse des comportements sexuels en France), *Les Comportements sexuels en France*, Paris, La Documentation française, 1993.

Wilhelm STEKEL, *L'Homme impuissant,* traduit de l'allemand par Gracia Ascoli, Paris, Gallimard, 1950.

Wilhelm STEKEL, *La Femme frigide*, traduit de l'allemand par Jean Dalsace, Paris, 1950, et Gallimard, « Idées », 1973.

Robert J. STOLLER, *L'Excitation sexuelle, dynamique de la vie érotique*, traduit de l'américain par Hélène Couturier, Paris, Payot, 1984 [*Sexual Excitement*, New York, Pantheon Books, 1979].

Xavier TERNISIEN, « Amoureux, le père William N. renonce publiquement à sa vocation », *Le Monde*, 21 décembre 2005.

Chantal THOMAS, *Casanova. Un voyage libertin*, Paris, Folio Gallimard, 1998 [Denoël, 1985].

Chantal THOMAS, *Souffrir*, Paris, Payot, 2004.

Henri TINCQ, « Le mariage, le clergé et la voix de l'Orient », *Le Monde*, 20 octobre 2005.

Léon TOLSTOÏ, *La Sonate à Kreutzer*, précédée de *Le Bonheur conjugal* et suivie de *Le Diable*, traduits du russe par Sylvie Luneau et Boris de Schloezer, préface de Jean Freustié, Paris, Folio Gallimard, 2005 [Gallimard, 1960].

Jean-Philippe de TONNAC, *Anorexia. Enquête sur l'expérience de la faim*, Paris, Albin Michel, 2005.

André VAN LYSEBETH, *Le Tantra, le culte de la féminité*, Paris, Flammarion, 1992.

Robert VAN GULIK, *La Vie sexuelle dans la Chine ancienne [Sexual Life in Ancient China. A Preliminary Survey of Chinese Sex and Society from ca 1500 B.C. till 1633 A.D.]*, traduit de l'anglais et du latin par Louis Évrard, Paris, Gallimard, « Tel », 1977 [Gallimard, 1971, et Leiden, E.J. Brill, 1961].

Jean VARENNE, *L'Enseignement secret de la Divine Shakti. Anthologie de textes tantriques*, traduits du sanskrit et commentés par Jean Varenne, Grasset, « Les Écritures sacrées », 1995.

Jean-Pierre VERNANT, *L'Univers, les Dieux, les Hommes. Récits grecs des origines*, Paris, Points Seuil, 2002 [Le Seuil, 1999].

Jean-Pierre VERNANT, « Genèse du monde, naissance des dieux, royauté céleste », introduction à Hésiode, *Théogonie. La naissance des dieux*, traduit du grec par Annie Bonnafé, Paris, Rivages poche, 1993 [Flammarion, 1981, pour la préface de Vernant].

Georges VIGARELLO, *Histoire du viol, XVIe-XXe siècle*, Paris, Le Seuil, 1998.

Enrique VILA-MATAS, *Bartleby et compagnie [Bartleby y compania]*, traduit de l'espagnol par Éric Beaumatin, Paris, 10/18, 2003 [Christian Bourgois, 2002, et Editorial Anagrama, 2000].

Catherine VINCENT, « Poils à cacher », *Le Monde*, 12 octobre 2005. Voir aussi l'entretien de C. Vincent avec le psychanalyste Francis Hofstein, « Un rejet de la bestialité plus que de l'animalité ».

Catherine VINCENT, « L'engagement amoureux », *Le Monde*, 31 août 2005.

Jean-Didier VINCENT, *Biologie des passions*, Paris, Odile Jacob Poche, 2002 [Odile Jacob, 1986].

Ronald VIRAG, *Le Sexe de l'homme*, Paris, Albin Michel, 1997.

Jean-Noël VUARNET, *Extases féminines*, Paris, Hatier, 1991.

Jacques WAYNBERG, *Les Idées reçues sur la sexualité*, Paris, Hachette, 1988.

Jacques WAYNBERG, « William H. Masters, thérapeute inspiré et pédagogue politiquement correct », http://www.sexologie-fr.com

Daniel WELZER-LANG, *Les Hommes violents*, Paris, Petite Bibliothèque Payot, 2005 [Indigo-Côté Femmes, 1996].

Daniel WELZER-LANG, *Sexualités et violences en prison*, Lyon, Aléas, 1997.

Françoise WILDER, *Un provocant abandon*, Paris, Desclée de Brouwer, 2004.

Douglas WILE, *Art of the Bedchamber. The Chinese Sexual Yoga Classics*, incluant *Women's Solo Meditation Texts*, Albany, State University of New York Press, 1992.

Donna Marie WILLIAMS, *Sensual Celibacy. The Sexy Woman's Guide to using Abstinence for recharging your Spirit, discovering your Passion, achieving Greater Intimacy in your next Relationship*, New York, Simon & Schuster, 1999.

Jean D. WILSON et Claus ROEHRBORN, « Long-Term Consequences

of Castration in Men : Lessons from the Skoptzy and the Eunuchs of the Chinese and Ottoman Courts », *The Journal of Clinical Endocrinology & Metabolism*, vol. 84, nº 12 4324-4331, jcem.endojournals.org/cgi/content/full/84/12/4324

Jean-Pierre WINTER, *Les Errants de la chair. Études sur l'hystérie masculine,* Paris, Petite Bibliothèque Payot, 2001 [Calmann-Lévy, 1998].

Virginia WOOLF, *Une chambre à soi* [*A Room of One's Own*], traduit de l'anglais par Clara Malraux, Paris, 10/18, 1996 [Denoël, 1977].

Remerciements

Impossible de s'avancer sur un terrain aussi miné que celui de la sexualité ou de l'asexualité sans quelques sérieux alliés. M'apprêtant à les remercier ici, je me suis inquiété d'abord en considérant le nombre de ceux qui m'avaient donné la main et par conséquent de la longueur probable de ces remerciements. Ensuite, je me suis rassuré en imaginant que seuls les intéressés s'y engageraient.

L'enquête sur le « peu de sexualité » s'inscrit dans un projet de longue haleine sur le NON, un non tout bartlebien, commencé avec la publication d'*Anorexia* (Albin Michel, 2005), et qui continue à m'apparaître comme la *fabrique* par excellence de l'humain. Je dois donc d'abord à Mathilde-Mahaut Nobécourt, qui me fit confiance, d'avoir poursuivi vers ces contrées de la chasteté. Sans doute cette intuition que, sous le discours obligé, la sexualité était rare doit-elle beaucoup à la lecture du *Monde selon Garp* de John Irving, qui paraissait annoncer cet extraordinaire effondrement de la libido en Occident (1976 pour l'édition aux États-Unis et 1980 pour la France). Un peu comme si les excès de cette première libération dans les années 70 avaient en quelque sorte épuisé les stocks. Curieux revirement. Or c'est Raphaël, mon fils, à une époque où nos choix de lectures commençaient à diverger, qui me rendit cette lecture légitime puis délicieuse. Je le remercie de m'avoir fait découvrir cette somme romanesque sur la *concupiscence.*

Viennent ensuite ceux qui m'ont aidé à théoriser l'approche de mon sujet, véritable savonnette pour l'esprit en ce sens qu'on ne sait pas très bien ce que la sexualité désigne : nos organes génitaux stimulés par le désir, nos ébats, les plaisirs que nous en retirons, l'apaisement qui suit l'excitation, la détumescence après l'érection, peut-être nos fantasmes, nos rêves érotiques, le manque de la chose, le manque d'un autre que la chose que nous ne faisons pas vient exacerber, nos impuissances, nos déserts, nos pénitences, nos absences prolongées dans les draps de l'amour. Où est cette chose dont nous parlons sans cesse et que nous faisons si peu ? À ces différents « médecins » de la sexualité je dois donc d'avoir élargi le spectre de ma recherche.

Thierry Janssen, ancien chirurgien urologue, aujourd'hui psychothérapeute à Bruxelles et promoteur d'une nouvelle médecine du corps et de l'esprit : je lui dois quelques schémas utiles pour comprendre la fonction érectile et éjaculatoire – sans doute n'est-il jamais trop tard pour apprendre. Marie-Thérèse Verdys, gynécologue obstétricienne à la clinique Isis (XIIIe), me fit découvrir l'ampleur du phénomène de l'hyménorraphie en France (restauration de l'hymen). Marie Veluire, sexologue, me fit part de ses travaux sur le désir sexuel après une hystérectomie (ablation de l'utérus). Déborah Steimberg, psychanalyste, manifesta un intérêt persistant pour cette recherche et l'enrichit de ses réflexions. Jacques Sédat, psychanalyste, consacra une après-midi, entre Noël et le jour de l'an, à revenir sur le cas Léonard de Vinci et à reconstruire pour moi la théorie de la sublimation chez Freud. Avec Christophe Vaessen, urologue à la Pitié-Salpêtrière, nous évoquâmes la question importante du recouvrement de la fonction érectile après une opération de la prostate. Françoise Gorog, psychanalyste et psychiatre à Sainte-Anne, me mit en relation avec les psychiatres Odile Dormoy et Luc

Massardier à la prison de la Santé. Florence Dupont, gynécologue obstétricienne à Montpellier, me fit connaître l'histoire de Solange (chap. 1, « De la violence à l'amour ») et m'aida à la contacter. Je passai deux heures instructives avec Sylvain Mimoun, dont les travaux et la clinique enrichissent notre approche des (a)sexualités. François Desgrandchamps me fit comprendre tout l'avantage qu'il y avait pour les hommes du troisième millénaire à consulter un andrologue, un urologue, voire un sexologue, ces disciplines se trouvant aujourd'hui invitées à s'enrichir les unes les autres. Anne Dufourmantelle, psychanalyste, a précisé pour moi le sens de l'inconfort où les hommes aujourd'hui se tiennent et la manière dont ils essaient de le faire entendre. Michel Cazenave, moins « médecin » qu'érudit, adorateur de ce dont *Tristan et Iseult* témoigne dans notre littérature, me permit de démêler les origines de l'amour en Occident que Denis de Rougemont, avec lyrisme il est vrai, avait contribué à rendre plus obscures encore.

Je citerai ici tous ceux qui m'ont accordé un peu de leur temps pour me livrer un témoignage, réfléchir avec moi sur ces sexualités sans acte ou pour m'indiquer quelques pistes prometteuses : Nicole Nougaret, Régine Waintrater, Sandrine Guillou, Jean-Pierre Kogut, Delphine Simonis, Savina de Bazelaire, Leila Marouane, Frédéric Guérin, Roger Walsh, Jean-Claude Guillebaud, Olivier Pascault, Rola Younes et Iman Humaydan Younes, Laurence d'Hont, Catherine Aviel, Sœur Monique, Geraldin Levi Joosten-van Vilsteren, Muriel Coyco, Monica Imen, Luc Massardier, Estelle Pouchelon, Nadia Kuntzelmann, Myriam Morteau, Laurence Abou, Catherine Despeux, Antoine Nouis, Victoria Gravelat, Djénane Kareh Tager, Florence Quentin, Christian Doumet, Emmanuel-Juste Duits, Alexandra Therizol, Reine Malo, Leva Djoneidi, Mayane Benchimol, Pascal Mourier, Anne Delmas, Frédéric Lenoir, Odile Dormoy, Maxence et Jean-Claude Zinguillian, Hanane Harrath, Lucie Boudaud, Natacha Giafferi, Bernard Bouheret,

Isabelle Baudouin, Roger-Pol Droit, Philippe Gersbach, David Le Breton, Éric Vigne, Florianne Gauffre, Gérard Longuet, Laetitia Missir de Lusignan, Sœur Francine, Guy Fournier et Maryse Beauregard, Elizabeth Abbott, Vincent Esterman, Frère Samuel, Vincent Fagot, Anice Clément, Madeleine Borgomano, Sherazade Bahri, Jean-Pierre Barbou, John Lagerwey.

Je remercie ceux qui m'ont accompagné durant la rédaction de ce livre. En plus de celle que j'ai nommée en ouverture, Aurélia et Raphaël, le chat Vanille qui en a profité pour partir, Trang Houang, Michel Grospelier, Xavier et Françoise Pommereau, le *bar mitsvah*, ses nombreux frères et sœurs, Catherine et Alain à Bordeaux, Maurice Lagrange descendu rejoindre Agnès, Amaury à Cordes-sur-Ciel.

Les corrections d'Emmanuelle Touati, sévères et justes, me firent descendre de mon olympe et me remirent au travail. Je la remercie de cette précieuse lecture, ainsi qu'Hélène Ibanez.

Je rends hommage enfin à la persévérance de Daly Champaphonevilay, lequel m'aida à imaginer le site sur lequel j'ai voulu recueillir, plus loin que ce livre, les témoignages qu'il susciterait :

www.asexualites.com

Table

Du même auteur

Qui vive ?, textes rassemblés en hommage à Julien Gracq, José Corti, 1989.

Les Promenades de Hermann Hesse, photos de Daniel Faure, Le Chêne, 1996.

L'Occident en quête de sens, textes rassemblés et présentés en collaboration avec Catherine David, préface de Jean Daniel, Maisonneuve et Larose, 1996.

Égyptes. Anthologie de l'Ancien Empire à nos jours, textes rassemblés et présentés en collaboration avec Catherine David et Florence Quentin, Maisonneuve et Larose, 1997.

Les Hauts Lieux sacrés de France, photos de Daniel Faure, Le Chêne, 1997.

René Daumal, l'archange, Grasset, 1998.

Entretiens sur la fin des temps, avec Jean-Claude Carrière, Jean Delumeau, Umberto Eco, Stephen Jay Gould (en collaboration avec Catherine David et Frédéric Lenoir), Fayard, 1998 ; Le Livre de Poche, 1999.

Révérence à la vie, Conversations avec Théodore Monod, Grasset, 1998 ; Le Livre de Poche, 2002.

Little Bang. Le roman des commencements, avec Catherine David, Nil, 1999.

Sommes-nous seuls dans l'univers ?, avec Jean Heidmann, Nicolas Prantzos, Hubert Reeves, Alfred Vidal Madjar (en collaboration avec Catherine David et Frédéric Lenoir), Fayard, 2000 ; Le Livre de Poche, 2002.

Père des brouillards, roman, Fayard, 2002.

Fous comme des sages. Scènes grecques et romaines, avec Roger-Pol Droit, Le Seuil, 2002 ; Points Seuil, 2006.

Sous le regard des dieux, Entretiens avec Christiane Desroches-Noblecourt (en collaboration avec Catherine David et Isabelle Franco), Albin Michel, 2003 ; Le Livre de Poche, 2009.

La Mort et l'immortalité. Encyclopédie des savoirs et des croyances, codirigée avec Frédéric Lenoir, Bayard, 2004.

Anorexia. Enquête sur l'expérience de la faim, Albin Michel, 2005.

Le corps, un plaisir ou un poids ?, avec Jacques Fricker, Alain Houziaux, Didier Sicard, Éditions de l'Atelier, 2006.

Composition Nord Compo
Impression : Imprimerie Floch, avril 2006
Éditions Albin Michel
22, rue Huyghens, 75014 Paris
www.albin-michel.fr

ISBN : 2-226-17257-2
N° d'édition : 24293 – N° d'impression : 65649
Dépôt légal : mai 2006
Imprimé en France